1963年5月，在纽约军校。

1964年春天，与父母在纽约军校。

1964年毕业照。

1963年10月哥伦布纪念日阅兵式上，带领纽约军校队伍走过第五大街。这也是我第一次目睹第五大街主要的不动产。（以上照片由Don Donato / 摄）

伊万娜——我的第一任妻子，加拿大顶级时装名模，摄于1975年。

1977年与伊万娜在阿卡普尔科（墨西哥南部港市）度蜜月。

1975年，我29岁的时候，提交了纽约34号大街铁路站场的会议中心项目方案，1978年，纽约市最终从备选方案中选择了我的方案。（Marianne Pernold／摄）

1976年6月，向记者们说明为什么34号大街铁路站场的选址是会议中心项目的最佳方案。（Bill Mark／摄）

1976年6月，与建筑师乔丹·格鲁泽、德尔·斯卡特一起，于希尔顿酒店回答媒体就会议中心的提问。（Bill Mark／摄）

1986年10月，中央公园沃尔曼溜冰场成功重建，再次站在新制的美丽冰面上。（Ted Thai / 摄）

1986年11月，出席沃尔曼溜冰场重新开放剪彩仪式。

1985年5月，在百老汇带领队伍参加越战阵亡将士纪念碑落成的庆祝活动。我强烈支持纪念越战阵亡将士的活动，也为筹办纪念活动和承担曼哈顿市中心纪念碑建设费用而深感自豪。（Chase Roe / 摄）

1986年，受到里根总统的接见。

1986年12月23日，我们募集到了10万美元，并帮助希尔女士赎回了农场，图为烧掉抵押契据以表庆祝。

1986年10月，与鲍勃·霍普和伊万娜在一起。

在一次招待会上，与朋友、合作伙伴李·艾柯卡合影。

1986年7月，与明星瓦莱丽·贝尔蒂内利拍摄短剧《风雨娉婷》（*I' ll Take Manhattan*），该剧由哥伦比亚广播公司拍摄完成。（Bob Greene / 摄）

1983年9月23日，与签约新泽西将士队的四分卫球手赫歇尔·沃克在一起。

1986年5月29日，在美国人力资源中心20周年纪念晚会上。

与纽约市市长爱德·科赫以及我的父亲、伊万娜、我的母亲玛丽·特朗普在市政厅。（Holland Wemple／摄）

1987年2月严寒的一天，组织第五大街庆祝仪式，纪念丹尼斯·康纳和他的“Stars & Strips”帆船队从澳大利亚手上重新捧回“美洲杯”。此次活动吸引了大约50万纽约市民，组成共同庆祝胜利的队伍。

Mar-a-Lago是特朗普在棕榈滩（Palm Beach）的私人俱乐部，是一幢有 128 间房间的公寓，采用从意大利运来的多利安石柱，还使用了 3.6 万块 15 世纪的西班牙瓷砖。

纽约第五大街特朗普大厦是一座用大理石、不锈钢和玻璃堆砌出来的摩天大楼。大厦1至6层遍布各种名牌商店和餐厅，7至26层是办公室，27至68层是公寓。分别从高层房间的窗户眺望可以看到北面的中央公园，南面的自由女神像，东面的九特河，西面的哈得孙河。

芝加哥特朗普大厦，高1362英尺，共92层。

大西洋城滨海大道的泰姬陵赌场酒店，仿印度的泰姬陵风格建造，当时计划设计成为世界上最大、最豪华的赌场酒店。酒店主楼有43层，巍峨壮观，总耗资达8亿美元，赌博、娱乐、住宿、餐饮等功能一应俱全，成为大西洋城滨海大道上的标志性赌场建筑。

1975年，特朗普以一千万美元买进邻近纽约中央火车站的破旧旅馆，历经5年的运筹帷幄，不仅说服市政府给予40年减税优惠、顺利办妥贷款手续，而且亲自监督重建工程，于1980年竣工的“君悦大酒店”是特朗普房地产事业上的重要里程碑。

特朗普大楼的顶端为282.5米，总共有70层，于1930年落成，建造时间只有11个月，曾经在1930年4月至1930年5月27日之间成为世界上最高的建筑物。特朗普在1995年以800万美元买下这栋大楼，重新修整。目前则是美国第20高的建筑。

特朗普广场位于纽约第三大道和61号大街交汇处的哥伦布圆环（Columbus Circle）上，是一座高44层的摩天大楼。

拉斯维加斯特朗普大厦是一座高190米，共64层的奢华酒店。濒临拉斯维加斯林荫大道。外窗全部镀24K黄金，是“世界一流酒店组织”的会员，于2008年3月31日对外开放。

冬季的沃尔曼溜冰场

沃尔曼溜冰场,是纽约中央公园中的一个巨大的露天滑冰场,以曼哈顿为背景，是1970年影片《爱情故事》的背景地。特朗普1986年5月接手溜冰场的重建工程，短短两年内把溜冰场重新还给了纽约人民。

夜幕下的沃尔曼溜冰场

秋季的沃尔曼溜冰场

位于佛罗里达州棕榈滩的劳德代尔堡国际大酒店，工程预计2009年完工，但由于拖欠1.39亿贷款，被迫丧失了抵押赎回权。2010年11月，特朗普宣布解除与此工程项目的关系。

美国新泽西州泽西城特朗普广场。

特朗普海洋俱乐部（Trump Ocean Club），是特朗普首次打入拉丁美洲市场的开创性开发项目。

特朗普自传

—从商人到参选总统—

TRUMP
THE ART OF THE DEAL

唐纳德·特朗普
托尼·施瓦茨
著

中国青年出版社

图书在版编目(CIP)数据

特朗普自传：从商人到参选总统 /（美）唐纳德·特朗普，（美）托尼·施瓦茨著；尹瑞珉译.
—北京：中国青年出版社，2016.6

书名原文：Trump

ISBN 978-7-5153-4263-4

Ⅰ.特… Ⅱ.①唐… ②托… ③尹… Ⅲ.特朗普，D. J.—自传 Ⅳ.①K837.125.38

中国版本图书馆CIP数据核字（2016）第142021号

特朗普自传：从商人到参选总统

作　　者：[美]唐纳德·特朗普　托尼·施瓦茨
译　　者：尹瑞珉
策划编辑：李玲香
责任编辑：周　红
美术编辑：夏　蕊　张燕楠
出　　版：中国青年出版社
发　　行：北京中青文文化传媒有限公司
电　　话：010-65511272/65516873
公司网址：www.cyb.com.cn
购书网址：zqwts.tmall.com
印　　刷：大厂回族自治县益利印刷有限公司
版　　次：2016年6月第1版
印　　次：2024年12月第21次印刷
开　　本：787mm × 1092mm　1/16
字　　数：100千字
印　　张：15.5　16页插页
京权图字：01-2010-6387
书　　号：ISBN 978-7-5153-4263-4
定　　价：59.90元

媒体推荐

生意场让特朗普大展拳脚……你可以喜欢他，也可以讨厌他，但你不能无视他……加里·格兰特的口音迷倒万人，克拉克·盖博的八字胡形象深入人心，而唐纳德·特朗普的“杀手锏”，就是他的金钱和权力。和其他名声大噪的人物一样，特朗普懂得如何将自己的“杀手锏”用到极致。本书向我们展示了特朗普的传奇人生。

——《芝加哥太阳时报》

精彩纷呈、引人入胜……此书是唐纳德·特朗普奇幻人生的一个缩影，让读者一经阅读便无法释手。

——《波士顿先锋报》

此书文笔轻松，直言不讳，既是特朗普不凡人生的写照，亦是他的商海宝典。特朗普爱交易胜过一切，如他所说，生意场上最重要的是商人推销自己商品的能力——这本书会让你知道特朗普是如何发挥这种能力的。

——《纽约邮报》

特朗普是为交易而生的……这本书值得一读。要知道，特朗普对纽约城的发展规划做出了不可磨灭的贡献。

——《纽约时报书评》

此书是我读过的有关生意方面的最好著作。唐纳德·特朗普这位天才企业家对自己的想法毫无隐瞒，他率直、傲慢，有时又过于保守——总之，非比寻常。

——《密尔瓦基报》

想做生意或成为地产大亨？来读这本书吧。让特朗普这位谋利高手和地产界的领军人物告诉你，交易之路该怎么走。

——《弗吉尼亚导报》

正如狮子的属性是“肉食动物”,水的属性是“液体”,特朗普的属性,是“生意人”。

——《圣地亚哥联合报》

这本书好像特朗普的个人奋斗史……特朗普向我们展示了他做生意的方方面面，以及怎样在经营赌场酒店方面施展才华，实在是精彩。

——《新女性》

特朗普在本书中夸夸其谈、毫无戒备、引人入胜……从资金、发展前景、建设方面向我们展示了纽约房地产界的黄金时代。

——《出版人周刊》

对于那些想追随特朗普到达顶峰的人来说，这是一本入门指南……特朗普用自己的亲身经历向人们证明了，只有那些不畏艰险勇攀高峰的人，才能到达胜利的顶点。

——《伯克郡雄鹰》

特朗普是这个时代独一无二的“优良品种”，是商界巨星。单是从他拯救美国橄榄球联盟的举措来看，这本书就非常值得一读。

——《托莱多刀锋报》

这本书让人激情澎湃。特朗普直言不讳、耐心细致，让我们知道了特朗普交易之道里“道”为何物。

——《南方航空论坛》

本书是来自纽约年轻富豪的成功指南。即使对于那些对房地产、纽约政治和赚钱不感兴趣的人来说，阅读此书也是一段相当愉快的经历。

——《圣安东尼奥快讯》

很有实用价值的一本书。如果你想成为亿万富翁，这本书会对你有些启发。

——《华盛顿时报》

TRUMP

THE ART OF THE DEAL

目 录

1

人在商海

我的一周掠影

Dealing: A Week in the Life

我并不是为了钱才做生意的。我已经赚了不少钱——比我实际需要的多得多。做生意是因为我热爱这项事业，把它当作我钟爱的一门艺术。正如有人喜欢吟诗，有人喜欢作画，而我喜欢做生意，特别是大笔买卖，尤其让我乐在其中。

我不拘一格的工作方式让很多人备感惊讶：不拎公文包，尽量减少开会次数，自己办公室的门永远敞开。这么做，是因为我相信，太多的固定模式只会束缚一个人的想象力，影响一个企业家的判断力。我喜欢每天上班都能感受到日复一日的发展，这就足矣。

我每周的生活内容相对固定。通常，6 点就早早起床，花 1 个小时的时间读早报，9 点之前来到办公室，开始一天的工作。打电话是我工作中重要的一部分，每天 50 几个电话对我来说是家常便饭，有时打到 100 多个，也不足为奇。放下电话，还有至少 12 个会议在等着我。大部分会议我们都能速战速决，少部分则需要开 15 分钟以上，我的午饭也因此都在奔忙中解决。即使我 6 点半下班回家，也常常要为工作打电话到深夜，有时还要牺牲自己的周末。

这种生活周而复始，我从未想过要改变。**过去的经历让我成长，而只有专注现在，努力当下，我才能创造更好的未来**，这正是我工作的乐趣之所在。没有乐趣，又何谈工作的意义呢？

星期一

上午 9:00 第一个电话，我打给了阿兰·格林伯格。阿兰是华尔街最大的投资银行贝尔斯登公司的行政总裁，也是过去 5 年里，跟我合作最好的投资银行家。两周前，我们以每股 50 美元的价格，买入了假日酒店（Holiday Inns）的股份。在电话里，阿兰告诉我，我拥有的 100 多万股股票，其实仅占酒店股份的 4% 多一点。还说上周五股市收盘时，假日酒店的股票是每股 65 美元，他认为造成这一价格的主要原因在于，华尔街曾经有消息称我是个大买家，并据此猜测我正计划掌控假日酒店。

对于传言中的内容，事实上我有三种选择。第一种是，我可能最终会取得假日酒店的控制权，虽然它已经多少有些贬值。以现有股票价格，我能赚接近 20 亿美金，假日酒店的三家赌场酒店，基本值这个价钱。更何况，酒店另外还有 30 万间客房，凭借它们我也可以获得可观的收入。

第二种选择，是卖出我的股份，并获取不错的收益。当然，这种选择的前提是股票价格上涨，我会因此赚得 700 万美金。

第三种情形，假日酒店有可能为了把我赶走，以高价买回我手中持有的股份。如果他们的出价足够高，我也会同意卖出股份的。

无论做哪种选择，想到酒店糟糕的管理者竭尽全力保住自己的工作，并且美其名曰维护企业的独立自主权，我就觉得好笑！

上午 9:30 亚伯拉罕·赫希费尔德打来咨询电话。他虽然是位成功的房地产开发商，内心的愿望却是当个政治家，不料事与愿违，他的政治家梦想成了泡影。

今年秋天，亚伯拉罕参加了纽约州副州长的竞选，他的竞争对手是州长科莫亲自挑选的候选人斯坦·伦丁。为剥夺亚伯拉罕的参选权，科莫组织了一次法庭辩论，想通过法律手段达到目的。果不其然，竞选进行到一半，法庭判亚伯拉罕出局。亚伯拉罕知道我跟科莫私交不错，因此想让我帮他出出主意，他是该接受科莫对自己的所作所为，还是转而加入科莫反对者的队伍，与科莫对抗。我的建议是:支持科莫，他是个好人。

我们约好了周四见一面。

上午 10:00 我打电话给丹·伊姆斯致谢。伊姆斯在纽约市 4 频道（WNBC）主持美国最成功的一档电台节目，并且致力于安娜贝尔·希尔基金筹集善款一事。这件事情被媒体关注的迅速程度让我感到意外。事情起因于上个星期，我在看汤姆·布罗考的国内新闻报道时，注意到了来自佐治亚州柔弱的希尔女士，她费劲周折想要赎回因贷款抵押出去的农场。为了保住家族世代相传的农场，她的丈夫，67 岁的希尔先生几周前自杀了，希望以此得到保险金赎回农场。可是这笔钱根本不够。这件事情令人痛心，让我感触很深。有的人辛辛苦苦操劳一生，却眼睁睁地看着自己的努力付诸东流。对我而言，这种事情本不该发生。

通过全国广播公司（NBC），我与佐治亚州一位名叫弗兰克·阿根布莱特的人取得了联系。弗兰克人特别好，很快就开始为希尔女士的事情积极奔走,他让我跟希尔女士抵押农场的银行联系。第二天早上,我打电话过去，一位副行长接了电话。我跟他说自己是来自纽约的一位商人，很乐意帮助希尔女士收回抵押出去的农场。他说虽然这件事他也感到难过，但是现在做什么都来不及了，银行已经决定拍卖农场，“这件事情不会有任何阻力。”

他的这番话让我感到事不宜迟。我告诉他:“你听好了，如果你们敢撤销农场的赎回权，我就以个人的名义起诉你和你们银行犯有谋杀罪，因为是你们的侵扰,导致了希尔先生的死。”这话让这位银行官员突然紧张起来，他用微颤的声音告诉我，他会马上给我回话。

事情有了很大的转机。一小时后，银行官员打电话给我:“特朗普先生，您放心，这件事情我们一定马上解决。”希尔女士和弗兰克把这件事情告诉了媒体，很快事情成了网络新闻的头版头条。

到上周周末，我们已经筹集了 4 万美金，光是伊姆斯的热心听众就捐了两万美金。我们把这笔钱当作圣诞礼物送给了希尔和她的家人，同时还准备平安夜的时候在特朗普大厦（Trump Tower）的中庭举办一个庆祝仪式。对于这次筹款活动，我有信心能够筹到所需款项。我曾答应希尔女士，如果筹的钱不够赎回农场，我也会自掏腰包，补足差价。

伊姆斯功不可没，为此我邀请他作为我的贵宾，观看下周的美网公开赛。我在球场前排有一间包厢，以前几乎天天去看比赛。现在由于太忙，大部分时间我都让朋友们去看了。

上午 11:15 美国橄榄球联盟（USFL）主管人哈里·亚瑟来电，跟我商量反垄断诉讼的事情。上个月，我们起诉国家橄榄球大联盟（NFL）垄断一案得到了宣判，我方胜诉，但是陪审团只是象征性地让败诉方赔偿我们一美元。我已经让自己手下的新泽西将士队（New Jersey Generals）里一些不错的队员签约到国家橄榄球大联盟，但却无法接受他们荒唐的制度。

我和哈里在电话里商量了一些对策。我的意见是加大诉讼力度，表现得更强势一些。“现在最让我烦心的是，我这边还缺一个推波助澜的人。”我如是说。

中午 12:00 舒伯特电影公司（Shubert Organization）的老板格里·斯科恩菲尔德给我打来电话。舒伯特电影公司拥有百老汇最成功的剧场，格里来电是想推荐一位女士做我的行政专员。格里说这位女士一心想来我的公司工作，我回复说，看来她热情满满，我愿意见见她。

我们还聊了一些剧场生意的事情，接下来我说，我打算带孩子们再看一次剧场热映的音乐剧《猫》（*Cats*）。他提出让他办公室的人帮我订票。我告诉他，自己不太愿意那么做。格里答道：“别犯傻了，我们公司有位女办事员，专门负责给关系好的人订票。我把她的电话告诉你，赶紧跟她联系吧。”

这真是来自一位好人的善举。

下午 1:15 安东尼·格里埃德曼路过我们公司，进来跟我谈了一下沃尔曼溜冰场（Wollman Rink）的建设项目。格里埃德曼曾是市长爱德·科赫手下的住房管理委员，那时候，我们常常意见不一致——有一次我在法庭上还打了他。尽管如此，我依然欣赏他的聪明才智，我不会因为别人跟我意见迥异就对他们抱有成见。我会利用所有机会，找寻最有才华的人，并把他们挖掘到自己门下。

我们公司的托尼一直负责位于中央公园的沃尔曼溜冰场的重建事宜，这项市政工程曾在七年前无疾而终。今年 6 月，我主动请缨接下这个工程。现在，我们已经在超进度完成任务了。托尼跟我说，他准备这周四浇筑混凝土。在这最后一项重要工程完工后，开一个新闻发布会，庆祝一下。

对我而言，这似乎不是一个需要开发布会的新闻。我问托尼，有人愿意来吗？他说，已经有至少十几家媒体说要来了。看来我对新闻事件的判别力还不够。

下午 2:00 我要到法庭出庭作证，因为我们起诉了特朗普大厦的一位承包商。承包工程进展到一半的时候，我们发现承包商完全不负责任，我们跟他们解除了合约，并且诉诸法律，以求赔偿。我十分讨厌法律诉讼、出庭作证一类的事情，可是我也承认，如果真理在我手中，我必须坚持立场，否则就只能任人欺负。即使我没有提起诉讼，也免不了得去出庭作证。唐纳德·特朗普似乎成了一个标签，走到哪里都有人想跟我打官司。

下午 3:00 我让助理诺玛·福德勒给我拿一瓶番茄汁，作为自己的午餐。诺玛负责我每天的日程，跟工作无关的事情我很少亲自处理，因为它们大部分都是浪费时间。

下午 3:15 我给查尔斯·格尔斯坦阁下打了个电话。电话没接通，我就留了个口信。查尔斯阁下是一位成功的房地产律师，不过我不喜欢他。

我敢肯定查尔斯阁下是布朗克斯人，他很自大，总以贵族自居，所以我才称呼他“阁下”。上周末，我听说李·艾柯卡聘用了查尔斯阁下，让他代表自己洽谈棕榈海滩的一笔生意。这笔生意艾柯卡打算让我做他的合伙人，但李不知道，我跟查尔斯阁下之间有一段小插曲。不久前，跟我谈生意的一个伙伴需要一位律师，我就把查尔斯阁下推荐给他。哪想到，查尔斯居然建议这位伙伴不要跟我做生意了，这实在让我哭笑不得。

这次聘用查尔斯阁下洽谈的是在棕榈海滩附近买两栋公寓大厦的生意。我在棕榈海滩有一处豪华公寓，取名为海湖庄园（Mar-a-Lago）。去年冬天的一天，我来这里度周末。跟朋友们出去吃午饭的路上，两幢漂亮的公寓大厦吸引了我。我当即决定买下它们，于是打了几个咨询电话。知情人告诉我，这两处房产造价 1.2 亿美元，而且纽约的一家大银行刚刚没收了它们，因为开发商还不起贷款，而大厦是抵押财产。接下来，我开始运作，以 4000 万美元买下了这两处房产。

中间人威廉姆·富家奇最先提议，我可以跟李·艾柯卡一起做这笔房产生意。我觉得李是一位出色的商人，他以精明的策略挽救了克莱斯勒公司，从个人情感角度，我也很欣赏他。通过种种机缘，我们开始一起探讨购买两处大厦的事宜。这是一笔巨额投资，我尚不确定李是否已经下定决心跟我合作。如果他不跟我合作，我想，那一定是查尔斯从中作梗了，他真是位无所不能的好律师。查尔斯给我回电话的时候，我就这么跟他说。

下午 3:30 我打电话给姐姐玛丽安·巴里，探讨最近我们在大西洋城（Atlantic City）一个法律诉讼的判决。玛丽安是新泽西州联邦法院的一名法官，她的丈夫约翰，是一位才华横溢的律师，很多事情他都帮我出谋划策。

“法庭居然否决了我们，简直不可思议！”我在电话里说。玛丽安非常机敏，法律方面的知识，她懂的比我多。对于这个结果，玛丽安也很吃惊。我对她说，我已经安排把有关案件的所有材料整理好，会立刻给约翰送去，让他负责上诉。

下午 4:00 我来到会议室，想看一下特朗普大厦中庭圣诞节装扮方案的幻灯演示。雄伟壮观的特朗普大厦中庭由大理石建造而成，有六层楼那么高，它已经成为纽约标志性旅游景点之一，每周都有来自世界各地的 10 余万游客到这里参观、购物，它也因此成为特朗普集团（Trump Organization）的象征。特朗普大厦中庭的地位如此重要，关于它的圣诞装扮方案，我自然也不敢怠慢。

绝大多数的幻灯片我都不满意，看到最后一张，展示的是在大厦入口处放置一个巨大、华丽的金色花环，我当即决定采用这个方案。我们往往会遇到这种情况：有时候，最简单的办法，反而达到了最好的目的。

下午 4:30 尼古拉斯·瑞比斯来电说他将飞往澳大利亚的悉尼，尼古拉斯负责我在大西洋城申请赌场经营许可证的事情。他说这次飞悉尼需要 24 小时，我感谢道："很高兴你能代替我过去。"

其实这笔生意非常值得去这么一次，澳大利亚的新南威尔士州政府正在物色一家投资商，拟建造世界最大的赌场，我们公司是竞标活动的领先者。尼古拉斯这一趟，正是要跟新南威尔士州政府的重要官员见面。他说，有任何消息，都会在第一时间通知我。

下午 5:15 我打电话给亨利·卡奈斯伯格。亨利现在负责为全国广播公司新总部选址。过去一年多的时间里，我们一直向全国广播公司"献殷勤"，希望他们能将总部搬到我们公司在曼哈顿西区（West Side）的地段。一年前我买下这块地产，它紧挨哈得孙河（Hudson River），占地 78 英亩。最近我还对外宣称，将在这里建造世界最高的楼。

我明白，亨利只不过想给我透露一下他们关于选址的近况，我也一直在附和他。我提到布卢明代尔百货商店（Bloomingdale）业绩将日渐下滑，到特朗普大厦开零售店，才会真正使他们名利双收。我还说，纽约各界似乎对我们的计划很感兴趣，我们争取在接下来的几个月里让这个计划获得初步批准。

卡奈斯伯格听上去被我这番说辞打动了。挂电话之前，我又渲染了一番全国广播公司总部设在世界第一高楼的好处，我说："请您珍惜这次机会，这可是一处绝佳的地标。"

下午 5:45 我 9 岁的儿子多尼打电话问我什么时候回家。无论在忙什么，我都会接孩子们的电话。除了多尼，我另外还有两个孩子，6 岁的女儿伊万卡和 3 岁的小儿子艾瑞克。随着孩子们年龄的增长,当爸爸的“任务”似乎减轻了——我爱我的孩子们，但是我总玩不好他们喜欢的玩具卡车和洋娃娃。现在，多尼已经开始关注建筑、房地产和体育运动方面的事情了，这让我感到欣慰。

我在电话里告诉儿子，爸爸一定尽早回家。但是多尼却一定让我说一个准确的时间。也许，他是遗传了我不达目的不罢休的基因吧。

下午 6:00 又打了几个电话，我从楼上乘电梯回到位于特朗普大厦住宅区的家。当然，回家后我还要再打几个电话。

星期二

上午 9:00 我给伊万·博斯基致电。博斯基是一个套利者，同时，他跟他的妻子是比弗利山酒店（Beverly Hills Hotel）的主要所有者。我刚听说他打算卖出酒店。可我并不知内情，打过电话两周后，博斯基急于卖出酒店原是为了迅速融资。

我打算聘请 54 俱乐部（Studio 54）和百略达公司（Palladium）的创始人，史蒂夫·卢博和伊恩·施格拉替我管理比弗利山酒店。史蒂夫是一位不可多得的人才，他一定能重振酒店的雄风。我在电话里告诉博斯基，自己对这笔生意有兴趣。他告诉我，摩根士丹利集团（Morgan Stanley）已经开始着手这笔交易，待会儿摩根公司的人会跟我联络。

我钟情于洛杉矶这座城市。20 世纪 70 年代，我经常去洛杉矶度周末，就住在比弗利山酒店。当然，我不会让个人情感影响到自己的商业判断力，就算再喜欢这家酒店，也得等到它的出价对我有利，才会出手。

上午 9:30 阿兰·格林伯格来电说我们又购进 10 万股假日酒店的股票，而且股价上涨了 1.5 个百分点，股市的波动是很大的。我告诉阿兰，听说假日酒店的高层们急得像热锅上的蚂蚁，正召开紧急会议商量怎么对付我呢。阿兰认为，假日酒店领导层会制订出“毒丸计划”，来抵制我“邪恶”的收购行为。

我们的对话仅用了不到两分钟。我喜欢跟阿兰这种高效的人通话，他从不说废话。

上午 10:00 我会见了一些承包商，他们负责特朗普广场的室内停车场和交通运输中心的建设工程。这片交通区位于大西洋城海滨步行道（Boardwalk），与特朗普广场有一街之隔，建成后能容纳 2700 个车位，工程造价 3000 万美元。今天他们来向我汇报工程的进展，他们说，目前一切都在按计划进行，费用也在预算之内。

车库将在 1987 年 5 月的最后一个周末投入使用。这是大西洋城每年最盛大的一个周末，因为紧随其后的周一便是阵亡战士纪念日（Memorial Day），这一活动将使我们公司收益颇多。目前特朗普广场虽没有正规的停车场，但对效益没造成什么影响。新的停车场位于通向海滨大道的主干道的末端，离海滨大道很近，去我们的赌场也只需穿过一条人行道。凡是在这里停车的人，都将成为我们的财源。

上午 11:00 我会见了纽约金融界一位高官，他想来我这儿找生意做。我跟他大体介绍了一下最近正准备接手的几笔生意。很有意思，现在都是银行家来找我，从我这儿借钱用，他们也图个万无一失嘛。

中午 12:15 助理诺玛到我办公室说，我们原定周四举行的沃尔曼溜冰场新闻发布会要改到这周三了。因为与纽约州公园管理委员会主席亨利·斯特恩的日程发生了冲突，他这周四要到纽约上西区为中央公园新运动场建成仪式献词。这个运动场是歌手黛安娜·罗斯承包经营的。

现在的问题是，工程要按部就班，我们不能提前浇筑混凝土，但是如果没浇筑混凝土就开新闻发布会，又失去了新闻的时效性，真是添乱，可又能怎样？只能临时应付一下，我不想让亨利为难。上一周，我的保安以没有我签字的放行证为由，拒绝亨利进入溜冰场施工现场。这件事做的有点过，可想而知，亨利生气了。

中午 12:45 我的会计杰克·米特尼克打来电话，跟我商量我们最近这笔生意对公司上交税金的影响。我问他，新的联邦税法将取消房地产行业的销账行为，这是否对我们很不利。

出乎我的意料，米特尼克说，他认为新政策对我有百利而无一害。他分析说，我的大部分收入依靠的是经营赌场和共管大厦，再说现在最高税率从 50% 下降到了 32%。可我还是认为，新法是一个败笔，因为它取消了对开发商投资和建设的激励机制。要知道，在那些非中心地段，没有政府的激励机制，是没有开发商愿意承包的。

下午 1:30 我叫诺玛致电密苏里州新当选的共和党议员约翰·丹弗斯。我并不认识丹弗斯，但他是为数不多的强烈反对新税法的几个议员之一，所以我要跟他联系。也许现在做什么都于事无补，因为新税法已经公布。我打电话只是想赞赏他能不顾自己仕途的多舛，敢于坚持自己的观点。

丹弗斯没在办公室。他秘书说，丹弗斯会再与我联络的。

下午 1:45 诺玛见我刚好没在打电话，进来问我对几份邀请函的处理意见。第一份来自戴夫·温菲尔德，他邀我担任晚宴的主持。戴夫是纽约扬基队的外场手，他拥有一个反对运动员使用禁药的基金会，这个晚宴与基金会有关。本月我已经为两场晚宴担任了主持，一场是为脑瘫患者联合会（United Cerebral Palsy），另一场是为警察运动联盟（Police Athletic League）。

我很清楚，自己为什么总是受邀担任主持或在仪式上讲话。不是因为我伟大，而是因为邀请我参加慈善活动的人知道，我有一帮富人朋友，我的出席可以带动他们出钱买宴会桌位。我熟悉游戏规则，虽然不愿参与，却不好推脱。然而，这个月我已经两次求助于朋友们。慈善——只有这个理由，我才好意思开口让朋友花 10 万美元去买一个桌位。我吩咐诺玛，让她婉言拒绝戴夫的请求。

另一个邀请来自青年总裁组织（Young President's Organization），邀我出席他们的一场晚宴并致词。青年总裁组织的成员都是年龄在 40 岁以下的各公司总裁，两个月前我已经过了 40 岁生日，所以我想，在他们眼里，我已经是个元老级人物了。

大概还有六个派对的邀请，诺玛问我去不去，我选了其中两个。一个是房产经纪人爱丽丝·梅森的派对，她请的都是纽约房产界有头有脸的人物。请到这些人，梅森的身价也随之提升，跻身到社会名流之列。另一个邀请来自一对可人儿:美国广播公司（ABC）的芭芭拉·沃尔特女士和洛利玛影艺公司（Lorimar–Telepictures）的总裁墨夫·埃德森先生，他们几个月前刚在加利福尼亚州完婚。

说实话，我在派对里不太引人注意，因为我不喜欢跟人闲谈。可是，闲谈是做生意的一部分，所以我会逼着自己多聊一些，然后争取早点回家。当然，幸运的时候，我也能碰上自己喜欢的话题。我常常是很早接受了派对的邀请，想着赴约的日子遥遥无期，等到这一天真正来了，却后悔当初不该答应，但也无计可施。

下午 2:00 我有了个想法，就又打电话给阿兰·格林伯格。我的意思是，如果收购假日酒店，要先取得内华达州的赌场经营许可，因为假日酒店在内华达有两家赌场。我问阿兰:“我想把假日酒店的股份卖掉，赚上一笔，得到赌场经营许可后，再收购假日酒店，你意下如何？”

阿兰坚决反对，让我不要出手。我听取了他的意见，就挂了电话，想到做事情还是应该留有尽量多的余地。

下午 2:15 约翰·丹弗斯给我回电。我们聊得很愉快，我鼓励他为了目标继续努力。

下午 2:30 我给拉斯维加斯沙丘饭店（Dunes Hotel）的老板回了电话。沙丘饭店所拥有的地段，应该是拉斯维加斯一带未开发地段中最好的一块，如果价格合适，我会考虑买下那里。

我崇尚大规模的赌场生意，这对我有无穷的吸引力。归根到底，我迷恋的是滚滚的财源。如果你熟知自己涉足的生意，并且善于运作，就能够从中谋利，精明的运作可以给你带来广袤的财源。

下午 2:45 我的两位兄弟，罗伯特和哈维·费里曼来到我办公室，他们都是我的副总裁。前几天，他们跟联合爱迪生电力公司（Con Edison）和全国广播公司的高层讨论了西城建楼的事情，今天是过来汇报的。爱迪生电力公司在西城最南端有一个排烟塔，各位高层讨论的是，如果新建大厦紧挨着排烟塔的话，是否会影响正常排烟。

罗伯特小我两岁，说话温和、平易近人、天资聪颖并且做事高效。也许做我的弟弟并不容易，但是他从无怨言，还跟我保持着亲密的关系。罗伯特是这个世界上唯一一个我亲切地称为“老弟”的人。他跟大部分人都处得很好，这对我是一大优势，因为作为公司的最高领导，我有时难免“当坏人”。哈维的性格跟罗伯特截然相反，他不苟言笑，说话直奔主题，但是思维缜密，擅长逻辑分析。

他们跟我说，联合爱迪生公司的人认为，新楼的建设并不会影响排烟塔正常工作。我听了很高兴，但也清楚，电力公司没有最终决定权。在得到许可之前，我们应该独立制定一份该区域的环境影响报告书。

下午 3:15 我打电话给城市规划委员会（City Planning Commission）的赫伯特·斯高茨。城市规划委员会对西城建楼计划有初审权，这周五赫伯特和他的同事会对我们的选址进行实地考察。

赫伯特不在，我给他的秘书留了口信，希望周五能跟赫伯特先生见一面。

下午 3:20 吉拉德·施勒格律师来电。吉拉德供职于美国最好的房地产公司之一——德雷尔 & 特劳布公司（Dreyer & Traub）。1974 年我买回康莫得酒店后的每笔大生意，他几乎都经手过。吉拉德不仅是位律师，更是一个极具商业头脑的人。跟其他商人一样，他能迅速地看出每笔交易里最重要的东西。

我们谈了谈假日酒店的近况，还有另外几笔进展不同的生意。吉拉德和阿兰·格林伯格一样，是个不说废话的人。我们聊了六个问题，用了不到 10 分钟。

下午 3:30 我的妻子伊万娜要乘直升机去大西洋城，走之前来跟我道别。我常跟伊万娜打趣说，她工作比我还拼命。去年，我从希尔顿集团买下一家赌场，成为我的第二家赌场，取名“特朗普城堡”，我想让伊万娜掌管这家赌场。伊万娜无论做什么都能出类拔萃，天生就是个管理者坯子。

伊万娜在捷克斯洛伐克长大，是家里的独生女。她的父亲是一名电力工程师兼优秀运动员，他在伊万娜很小的时候，就教她学习滑冰。伊万娜6岁开始在滑冰比赛中拿奖，1972年，她作为捷克斯洛伐克滑雪队的一名替补队员，参加了日本札幌的冬奥会。1973年，从布拉格的查理斯大学（Charles University）毕业后，伊万娜来到加拿大蒙特利尔，很快便成为加拿大的顶尖模特。

1976年8月，我和伊万娜相识于蒙特利尔夏季奥运会。在那之前我跟不少女性约会过，但是都没有真正投入。伊万娜跟她们都不同，我真的动了心。我们交往了10个月后，终于在1977年4月结合在一起。婚后不久，我让她负责一项正在进行的工程的内部装修工作，她干得非常漂亮。

伊万娜是我见过的做事最井井有条的人。除了照顾我们的三个孩子，她还负责打理我们的三处房子，分别是我们在特朗普大厦的公寓，在棕榈海滩的豪华俱乐部海湖庄园和位于康涅狄格州格林尼治的家。另外，她还要掌管特朗普城堡的生意，养活大约4000名员工。

特朗普城堡经营得非常好,但我仍希望伊万娜能做得更好。我告诉她，我们拥有大西洋城最好的赌场设施，理应做成最赚钱的一家。伊万娜的商业抱负不亚于我，她坚持认为我们的赌场经营并不占优势。她让我建更多的套房，却没考虑到建这些套房需要花费4000万美元。她只考虑到没有套房就会影响生意，特朗普城堡就不会是最好的赌场。我当然不会当面驳斥她。

下午 3:45 通用汽车公司负责凯迪拉克汽车销售的副总裁奉总裁之命打来电话。我跟凯迪拉克分部总裁约翰·格雷登伯格是在棕榈海滩认识的，凯迪拉克公司想跟我们合作，生产一种新的豪华轿车，取名为“特朗普金色系列”（Trump Golden Series）。我对这个提议很感兴趣，于是跟对方约好最近两周找个时间坐下来好好聊一聊。

下午 4:00 德崇证券（Drexel Burnham Lambert）的赌场分析员，丹尼尔·李和同事前来拜访，希望在一笔收购酒店的生意中，做我的投资银行家。

德崇证券有位员工，名叫迈克尔·米尔肯，发明了“风险债券”投资法。过去几年里，他经常给我打电话，希望我能到德崇证券接受服务。我并没有料到德崇证券不久会陷入内幕交易的丑闻，制造震惊华尔街的爆炸性新闻。不管怎么说，我觉得迈克尔是美国橄榄球队的聪明人。但是，阿兰·格林伯格却不这么认为。阿兰忠心耿耿地替我做了出色的工作，我自然听从他的建议。

我听说丹尼尔·李和他的同事做生意亏本了，不过这事跟我没什么关系。我说会再跟他们联络，便送走了他们。

下午 5:00 曾在迈阿密海豚队（Miami Dolphins）担任后卫的拉里·科桑卡，给我打来电话，建议将美国橄榄球联盟和加拿大橄榄球联盟（Canadian Football League）合并。拉里是个阳光、和善的青年，充满了活力，可是他却没能说服我。我告诉他，如果美国橄榄球联盟不能让赫歇尔·沃克和吉姆·凯里这样优秀的队员成功，怎么指望加拿大球队的一些无名之辈帮助他们？我们必须先打赢官司，推翻国家橄榄球大联盟的垄断。

下午 5:30 我给设计师卡尔文·克莱因打去祝贺电话。特朗普大厦刚开业的时候，卡尔文租下了大厦一楼的所有办公室，作为自己新研发的“迷情”（Obsession）香水的生产基地。他的生意相当成功，不到一年，他把二楼也租下来了。现在，卡尔文的公司进入了全盛时期，他的企业也扩展到了大厦的三楼。

我非常佩服卡尔文，这一点我对他如实相告。他是一位才气逼人的设计师，思维敏捷的推销员，精明能干的企业家，正是这些过人之处，帮助卡尔文走上了成功之路。

下午 6:00 我草拟了一封信，写给《纽约时报》建筑评论员保罗·戈德伯格。一周前，保罗·戈德伯格在时报周末版的专栏里撰文回顾了炮台公园（Battery Park City）的设计建成，带动了曼哈顿下城（曼哈顿南部地区）的发展，还说，这与特朗普公司正在西街建造影视城的行为形成了鲜明的对比。说白了，保罗是在给我们出难题。

但是他不知道，我们正在让新建筑师用全新理念设计这项工程，没有人知道新方案的内容。戈德伯格见都没见新的方案，就要把它封杀掉。

我在信中这样写道："保罗先生，您好。从最近您在《纽约时报》上发表的评论员文章可以看出，无论我们新建的影视城是一项多么利国利民的工程，您都铁了心要否定它。您的口才要是够好，干脆把全国广播公司从纽约说到新泽西得了，我很看好您。"

很多人说我不该以这种口气给评论员写信。可我却觉得，既然评论员能够随心所欲地发表对我们工作的看法，我们为什么不能以牙还牙？

星期三

上午 9:00 我和妻子一起去给女儿选学校。五年前如果有人跟我说，为了孩子我得大清早地去参观幼儿园的教室，我一定会笑他们的。

上午 11:00 出席沃尔曼溜冰场的新闻发布会。现场情况让我有点吃惊，已经有 20 几位记者和摄影师在等着了。

纽约公园管理委员会主席亨利·斯特恩第一个发言，他对我赞赏有加。他说，如果纽约市想独立完成当前的改革任务，那么"我们希望财政预算审查委员会（Board of Estimate）能够批准唐纳德·特朗普先生的这项市政工程"。

轮到我发言的时候，我告诉大家，我们已经铺设了 22 英里的管道，全部经过严格测试，没有裂缝。我们的工程进度比原计划提前了至少一个月，预算控制在 40 万美元以内。我还宣称，我们已准备好滑冰场 11 月 13 日的盛大开业，届时将有众多世界级的溜冰运动员给大家带来精彩纷呈的表演。

等我发言完毕，记者们问了一大堆问题。最后，我和亨利都站到溜冰场上。虽然今天还不能浇筑混凝土，但是我们可以象征性地表示一下。几个工人用独轮车推来一些湿混凝土，把小车立在我和亨利面前，我们俩各用铁铲挖了一些，浇在管道上，摄影记者则在旁边忙着拍照。

尽管这种“我做你拍”的事情我已做过不少，每每碰到，还是觉得滑稽可笑。想想看，几个西装笔挺的人，拿着铁铲挖混凝土，该是一幅怎样的景象。但是，我会投记者所好的，说白了，一个愿买，一个愿卖。

中午 12:45 从溜冰场一回来，我就开始处理未接来电。我得尽快处理这些工作，以便早点动身去特顿，参加新泽西赌场管理委员会（New Jersey Casino Control Commission）一位委员的退休欢送晚宴。

第一个回电，我打给了亚瑟·巴伦。亚瑟·巴伦是海湾西方石油公司娱乐集团的总裁，他们名下有著名的派拉蒙电影公司。我跟海湾西方石油公司的主席马丁·戴维斯交情很深，亚瑟这个电话，显然是对我两周前写给马丁的一封信作出回应。我在信中说，公司最近买了一处优势地段，正计划建一座大厦，在大厦底层建八家电影院，不知马丁先生是否有兴趣买下来。

“马丁先生，您永远是我做生意的首选伙伴，这一点，想必您也很清楚。”说这话，我没有半点儿虚情假意，马丁先生确实是一位值得结交的精明商人。目前另有十几家公司在向我主动示好，希望能买下这八家影院。所以，即使没能如愿跟马丁先生谈成这笔生意，我也不是别无选择。

不过我已料到，亚瑟·巴伦先生打来电话，是有意跟我合作。我们约好，下周开会洽谈合作事宜。

下午 1:30 我给亚瑟·斯诺比克回了个电话。亚瑟是纽约顶尖的经纪人之一。三周前，亚瑟来电说，他有一批外国客户，想购买我的西城地块。他不愿透露买方姓名，只说他们都是讲信用的人，愿意出远高于 1 亿美元的高价买下这块地，一年前，我是以 1 亿美元购入这块地的。

我对这个出价不太满意，告诉亚瑟说："报价太低，如果他们愿意抬高价格，我也许会考虑卖出。"亚瑟打来电话，是想给我汇报一下这件事的近况。

事实上，出多少价，我都不愿意卖出这块地产。在我眼里，这一百英亩紧挨哈得孙河的地产，是世界上未开发的最好地段。不过，规则是人订的，我不会把事情说死。亚瑟说这批客户还是很想要这块地，而且有可能抬高出价，但不会比最初报价高太多。我让亚瑟"继续跟他们抬价"。

下午 2:00 负责在海湖庄园别墅建游泳池的承包商来电。虽然很忙，我还是接了电话。我的设计理念是，让新建的游泳池最大程度地跟别墅原来的建造风格一致，每一个细节都不能忽略。

我买海湖庄园只是为了自己居住，并不是什么房地产投资，尽管如此，它的购买还是经历了一番生意上的讨价还价。

这幢别墅建于 20 世纪 20 年代初，最早由珀斯特谷物公司（Post）的女继承人玛乔丽·梅里韦瑟·珀斯特出资所建，当时，她已是金融天才赫顿的妻子。别墅占地 20 英亩，与大西洋和沃斯湖（Lake Worth）相对，内有 118 间房屋，全部建成花了四年时间。别墅的外墙，是用由意大利经海路运来的多利安石头筑成的，共耗费三船石头。另外，整座别墅内外墙，一共用了 36000 块有着近 500 年历史的西班牙瓷砖。

珀斯特夫人死后，将别墅捐给了联邦政府，做总统行宫。政府后来又把别墅还给了珀斯特基金会（Post Foundation），基金会把别墅公开拍卖，开口价 2500 万美元。1982 年我在棕榈海滩度假时，第一次参观了别墅。我当即开价 1500 万美元，打算将其买下，但是基金会没有接受。后来，基金会又跟多个买家洽谈，他们出价比我高，但都没有谈成。每次看他们交易谈崩，我都会向基金会再开个价，而且开价一次比一次低。

1985 年底，我终于将别墅收入囊中。我出 500 万美元现金购房，另加 300 万购买室内家具。基金会可能再也不愿意为这笔买卖操心了，于是答应了我的出价。一个月后，我们的交易顺利完成。交易成功的消息传出的当天，棕榈海滩《每日新闻》（*Daily News*）就在头版头条用大篇幅报道了此事，新闻取名为《跳楼价卖出海湖庄园豪华别墅》。

没过多久，另外几处跟海湖庄园面积相仿的房产，都保守要价到 1800 万美元。还有人跟我说，光是海湖庄园的那些家具，都比我买整座房子的价格贵。看来，做生意也讲究一个好时机，时机一到，立刻出手。当然，海湖庄园的保养是一笔不小的开支，每年我花在这上面的钱，都能在美国任何一个地方买一处体面的房子。

以上这些，算是我给泳池承包商致电原因的“背景资料补充”。他的问题很简单，但是只要跟别墅有关我都会过问。他问我，泳池现在用的多利安石料是否跟别墅整体风格匹配。电话虽然只打了两分钟，但这却可能节省他们两天的工作量，而且，经我批准之后，就不用担心工程会被否决了。

下午 2:30 一位在苏联做过不少生意的商人给我打电话，告诉我莫斯科筹建豪华酒店的事情，这正是我要接手的生意。早些时候，我跟苏联驻美国大使尤里·杜宾宁一起参加了一个午餐会，主办人是雅诗·兰黛的儿子伦纳德·兰黛，他是一位成功的商人。后来，尤里大使的女儿知道了我和我的特朗普大厦，于是经她引荐，经过一系列洽谈，我现在得以跟苏联政府合作，筹划在克林姆林宫对面建一座豪华酒店。这位商人打电话告知我，苏联方面邀请我今年 7 月份去一趟莫斯科。

下午 3:00 罗伯特来我办公室，我们商量了几个有关全国广播公司和西区地块的事情。

下午 3:30 一位田纳西州的朋友来电，想跟我合作做生意。他是一个有魅力的人，长相英俊，衣着得体，田纳西式的说话风格让人听起来很舒服。他亲切地称我多尼，我对这个昵称很反感，还好，他念这个名字的口气没让我讨厌。

两年前，这位朋友为了另一桩生意打电话给我。他想召集一批有钱人，组建一家石油公司。他当时是这么跟我说的：“多尼，我希望你能出资 5000

万。这笔生意没有亏本一说，我敢保证，你的钱在一个月后就能翻两到三番。”他跟我分析得头头是道，我也被他说服了。就在要签合同的时候，一天早上，我一睁眼想到的第一件事就是，这个合同不能签。

我给他打了电话，跟他说:“我总觉得这件事有些地方不对劲，也许是因为看不到石油而心里不安，也许是因为石油生意已经没什么新意了，总之，我不想入股了。”他听了，只好说:“好吧，多尼，我不会勉强你，但是机不可失啊。”几个月之后，石油价格猛跌，他们的公司宣告破产，投资者们血本无归。当然，这些都是过去的事了。

这件事情让我明白了一些道理。**第一，不管外界条件多么诱人，一定要相信自己内心的声音。第二，人应该坚持做自己有把握的事情。第三，有时候，不投资就是最好的投资。**

我的及时收手，保住了自己的5000万美金以及和朋友的友谊。这次他又要跟我合作，我在电话里不便直接拒绝他，就让他先把合同发来看看。不过，我签约的可能性不大。

下午 4:00 给朱迪斯·克朗茨回电。朱迪斯非常了不起，她是一位漂亮可爱的女士,她写的三本书连续登上畅销书榜首。她最新的一本小说《风雨娉婷》（*I'll Take Manhattan*）是以特朗普大厦为背景写的，她还把我写进了书里。我答应朱迪斯，在以她的书改编的电视剧里，客串一场扮演“我自己”的戏。跟我在戏里合作的是明星瓦莱丽·贝尔蒂内利，那场戏的拍摄地点就在特朗普大厦。

朱迪斯在电话里说，我拍的那场戏反响不错。我听了很高兴。虽然我不会改行当演员，但在电视剧里露面，不失为一个提高特朗普大厦知名度的好办法。

下午 4:50 今天的最后一个电话，我打给了保罗·哈林比。保罗是我在贝尔斯登公司的合作伙伴，1985 年，我们成功地为我的两家赌场发行了5.5 亿美元的新债。

我们在电话里商量建立特朗普基金的事情。打算用处理价购买被查封或取消赎回权的地产，特别是西部地区符合条件的地产。

哈林比告诉我，计划书已经拟好，他有信心通过公开拍卖这些地产，让我们轻松赚到 5 亿美元。这种交易的优势是，我可以在每笔交易中都能占据股权优势，即使生意失败了，我也不会承担风险。但劣势是，我要做自己的思想工作。比如，一块被查封的地产，我既想以自己的名义买下，又想留给特朗普基金，这种情况该怎么办？

虽然有这种顾虑，我还是打算看完计划书再做定夺。

下午 5:00 我驱车赶往 60 号大街的直升机场，乘直升机飞往特顿，参加 5 点半的鸡尾酒会。

星期四

上午 9:00 我跟亚伯拉罕·赫希费尔德如期碰面，亚伯还是对州长科莫赶他出局一事耿耿于怀。我跟亚伯拉罕说理解他的感受，但州长确实是个好人。而且，亚伯拉罕一个民主党人，怎么可能一下子转成共和党人呢。再说了，现在的大局是，科莫极有可能在连任竞选中胜出，聪明的做法是，亚伯拉罕应该支持胜出者。

亚伯拉罕是个倔犟的人，不过最后还是做出了让步，他说:“你想办法让州长给我打个电话行吗？”我告诉他会尽力而为。虽然我对亚伯拉罕的想法并不苟同，可我依然喜欢他和他的家人。

上午 10:15 阿兰·格林伯格来电，因为股市开盘一小时之后下跌了 25 个百分点。阿兰说现在人人都在抛售股票，所有股票都在跌，但是假日酒店的保持平稳。这个消息让我喜忧参半。我既希望假日酒店的股票能跌，这样就可以再廉价买入一些，可我又希望它的股票能升，因为股票每升值一个百分点，我都能轻松坐收不少赢利。

上午 10:30 负责美国橄榄球联盟反垄断案的律师哈维·梅尔森，到我办公室开会。哈维是一位不可多得的辩护律师，他接手了我们这起并不为人看好的官司，虽然只获得了一些象征性的赔偿，但我们还是成功赢了这起案子。

然而，从上次辩护结束，我就开始担心，哈维会不会在法庭上对陪审团某些成员的言词过于尖锐了。每天他都穿一身漂亮的条纹西装上班，西装的上衣口袋里放一块小手帕。我不清楚，他的风格是否受人欢迎。

总的说来，他跟其他员工一样能出色完成工作，而且，对于反垄断一案，我在他身上寄予厚望，我比较欣赏他做事热情的态度。他自己对上诉也充满信心，认为我们一定能大获全胜。

上午 11:30 史蒂芬·海德来电。自从 6 月份我将假日酒店的股份全部买下，并将其转入特朗普赌场酒店之后，我就聘用史蒂芬为我管理赌场酒店的生意。史蒂芬以前为史蒂芬·永利效力，是金砖大酒店的副总裁。永利先生是赌场业的经营高手。我有一条用人哲学，就是从高手中挖掘高手，史蒂芬正是这样的可贵之才。经过一段长时间的交涉，我给史蒂芬开出更高的职位和薪酬，于是他答应投奔我。我觉得他是心甘情愿为我工作的，他倒不在乎离开永利。

永利先生为人圆滑，又有点无厘头。几周前，他给我打电话说："唐纳德先生，我跟我妻子要离婚了。"我说："史蒂芬，想开点儿。"他说："没什么的，我们还爱着彼此，只不过不做夫妻了，她现在就在我旁边，你想跟她打个招呼吗？"我婉言谢绝了。

海德在电话里向我汇报刚统计出来的酒店 8 月份财务收支情况。他说，本月我们经营酒店的毛利是 903.8 万美元，而去年同期毛利是 343.8 万美元，当时还是假日酒店跟我合伙经营的。

"情况还不错。"我听后跟海德说，"我们现在还没有停车场嘛，建好后也能取得收益。"不过我也没忘督促他一下，"现在你要做的，是努力提高酒店的卫生质量。"我是一个对清洁程度要求严格的人，上次实地考察的结果让我不太满意。

史蒂芬温和地回答道："唐纳德先生，我们已经在下功夫了，而且也小有成效。"

中午 12:00 我步行到沃尔曼溜冰场，今天是浇筑混凝土的日子。早上，所有的报纸都报道了我们的新闻发布会。

我到了溜冰场，看到外面停满了装水泥的车队，像是在准备一场军事行动。负责这项工程的建筑公司任务一直完成得不错，不过，今天才是重头戏的部分：看到几千磅湿混凝土一卡车一卡车地倒在溜冰场上，就像在看全世界最大蛋糕的制作过程。

虽然新闻发布会昨天已经开过了，但是今天还是有很多摄影记者从四面八方赶来，见证这个令人期待的时刻。

下午 1:30 《财富》杂志的记者来采访我有关房地产和新税法的问题，报道刊登后，我也将成为同期的封面。很多人认为我喜欢跟记者打交道，恰恰相反，我总是被不同的记者反复提问同一个问题，而且，我也不愿意在媒体面前曝光自己的个人生活。不过我知道，登上报纸、杂志可以扩大我生意的影响力，所以我从不介意在记者面前谈论生意方面的事情。但是，我对采访我的记者要有所选择，诺玛每星期都会替我推掉 20 几个世界各地的采访邀请。即使我接受的采访，也要在短时间结束，今天采访我的记者前后共用了不到 20 分钟。如果我不加限制的话，恐怕他们感兴趣的话题，我一辈子也说不完。

下午 2:45 一位知名的画家朋友，来电邀我参加一场开幕仪式。跟这位朋友在一起让我觉得很开心，因为他不像某些艺术家那样喜欢自吹自擂。

几个月前，他邀我去他的工作室。我们正站着聊天，他忽然问我："午饭前我能挣 25000 美元，你想看我怎么挣吗？"我嘴上说着"可以啊"，却不知他葫芦里卖的什么药。他拎起一只颜料桶，往平铺在地上的油画布泼了一些颜料。然后又拎起一只，跟上一次颜色不同，泼了一些倒在油画布上。这样一共泼了 4 次，每次换一种颜色。不到两分钟，“作品”完成了。他跟我说:“看吧，25000 美元到手了，咱们吃午饭去。”

他虽然笑着，但口气却是认真的。他是想告诉我，现在一些所谓的收藏家，并不能辨别收藏作品的真正价值，他们可能只认画家的名字。

我也有同感，总觉得很多的现代艺术充满了欺骗。最成功的画家倒不是在艺术上有多少成就，反而是因为他们销售和吹捧自己的“画作”有方。如果那些收藏爱好者们知道了事情的真相，他们会作何感想呢？如果我朋友把这件事情揭露出去，他的画作有可能被炒作得更加值钱——艺术圈就是这么荒唐。不过，朋友是不愿把自己牵连其中的。

下午 4:00 我们几个主要负责人在会议室审核西区地块工程的计划书，打算明早将其呈给城市规划委员会。委员会的赫伯特·斯高茨明天因故不能出席，但是他的主要负责人会来。

今天大约有 15 个人到会，包括我的两位副总裁兄弟，亚历山大·库珀和他的团队。亚历山大是两周前我聘用的一位城市规划设计师，负责西区地块工程的设计工作。我原来聘用的那位设计师，海尔姆特·扬的设计方案不符合城市设计的总体要求。我不知道他的方案哪里不行，可能是因为太德国化了，也可能因为他是芝加哥人而不是纽约本地人，要么就是他的方案太老套了，总之，城市规划委员会不同意他的设计方案。

亚历山大跟海尔姆特不同，他原来就是一名城市规划设计师，当时在城市规划委员会小有名气，炮台公园的成功设计让他名声大噪。从政治角度考虑，我也应该选他，我就是这么实际的人。

为了制订出一个达成共识的计划书，过去几个月里，我们每周开一次这样的会议。计划书的内容要涉及到居民区、街道、公园和购物中心的具体位置。今天，亚历山大把大家一致通过的计划书初稿带了过来。我们打算在地块最南端建全国广播公司的办公大楼，紧邻我们的世界第一高楼。再往北，是一个居民楼，居民楼东侧是一条林荫大道，西侧是一座有八个街区那么长的大型购物中心，而且在楼上可以欣赏哈得孙河的景色。每一处建筑都有得天独厚的地理位置，这对我们至关重要。

我对计划书非常满意，亚历山大也是。我认为，我们的高层建筑是工程里的亮点，但我不会只沉浸在幻想的喜悦里。我们肯定要在城市规划委员会面前做出一些让步，但是，我认为有些很有经济价值的规划，我不会轻易妥协，等新一届委员会走马上任之后，再拿去让他们审批。地块只会越放越升值。

下午 6:00 因为要参加一个重要晚宴，我提前下班，准备按时参加。这场晚宴是纽约区大主教约翰·卡迪内尔·奥康纳主办的，他邀请我和伊万娜共同出席，地点在纽约圣派翠克大教堂（St. Patrick's Cathedral）。

晚上 7:00 不管一个人一年里跟多少叱咤风云的人物打过交道，当坐在圣派翠克大教堂，跟红衣主教和一些重要的主教、神父在单间里共进晚餐的时候，心里还是会有肃然起敬的感觉。

我们谈论了政治、城市发展、房地产等话题，整晚都过得非常愉快。我们回去的路上，我告诉妻子，跟红衣主教的谈话让我受益匪浅。他不仅是一位有虔诚信仰的信徒，也是一个有着高度政治敏锐性的商业家。

星期五

早上 6:30 我在翻阅《纽约时报》的时候，看到一张沃尔曼溜冰场混凝土浇筑的巨幅照片，刊登在报纸头版的中间部分，关于溜冰场的报道才刚刚拉开帷幕。

上午 9:15 负责西区地块的人和城市规划委员会的人见面，昨天来开会的人今天基本到场。跟我们碰面的是四位城市规划设计师，其中两位瑞贝卡·罗宾逊和科恩·豪直接负责我们项目的评估工作。

亚历山大给大家做了幻灯演示，表现不俗。几乎城市规划委员会看重的所有方面，他都详细地解说到了。比如我们会建立公园，修建去哈得孙河的通道，以及我们疏缓区域交通的方法，等等。当被问到建筑的高度这个决定我们命运的问题时，亚历山大只是泛泛地说，我们还在考虑之中。

会面结束，我们的自我感觉普遍不错。

上午 10:30 我回办公室开会讨论关于特朗普高尚住宅（Trump Parc）的工程进度。这座高层建筑的前身是巴比松广场酒店（Barbizon-Plaza Hotel），地点在中央公园南区，此处地理位置相当优越，建成后我们将受益无穷。

与会人员包括：工程的建筑师弗兰克·威廉姆，项目经理安德鲁·维斯和分管销售的副总裁布兰琪·思碧。弗兰克是一位优秀的建筑师，说话很和气。布兰琪很有能力，我们都亲切地叫她布兰切特——布兰琪的昵称。她伶牙俐齿，说起话来总是滔滔不绝，这也许是做好销售的必备素质吧。我常跟她开玩笑说跟她一起生活的人一定经常挨说。不过，我们一直相处得不错。

我们首先讨论了大厦窗框的颜色。我们想要的效果是色彩能烘托大厦的整体气氛，让它看起来与众不同。半个小时后，我们一致通过选用浅米色，因为可以跟楼体建筑石料的颜色融为一体。米色属于大地色系，我刚好对这一色系情有独钟。这种颜色比原始色彩更丰富，看起来也更高雅。

上午 11:00 弗兰克·威廉姆离开会议室，我们三个转而讨论特朗普高尚住宅内部的翻新工作。安德鲁汇报说，工作还没完成，负责此项任务的承包商让我们多付给他们 17.5 万美元额外报酬。所谓额外报酬，就是指如果你对原来双方达成的协议有任何改动的话，承包商在原来要价的基础上，额外索取的报酬。这种情况下，你就必须跟他们来硬的，否则就会让承包商牵着鼻子走。

我拿起电话，拨通了拆除工作负责人的电话："史蒂夫，我是唐纳德·特朗普。现在工程进度已经落后了，请抓紧利利索索地干完，你必须亲自指挥。"他听了我的话，急忙解释起来，我并不理会，继续说："别跟我说这些没用的，把活儿给我干好，立马走人。你听着，你提的这些额外报酬简直就是在宰我。有事不用找安德鲁，直接联系我，如果你再敢玩花样，我让你吃不了兜着走。”

我第二个顾虑跟大厦楼层地面有关。我向安德鲁要了水泥工的电话，水泥工人难缠起来也是很让人头疼的。拨号之前，我不无自嘲地说：“我的命运寄托在手里的电话上了。”我拨通了 2 号水泥工的电话。“你好。你的老板费了好大劲才从我这争取到铺地面这个活儿。当时我没打算给他，但是他跟我保证能够出色完成任务。昨天我到施工现场看了一下，发现你们铺的地面跟原有地面不持平，有的地方差了接近 1/4 英寸。”那人听了没什么反应。我接着说：“特朗普公司以后会有很多活让你们做，这一点任何其他一家公司都办不到，别人破产的楼我都会接手重建，所以把这次活干好，以后还有很多机会。”

这回他有了反应，对我说：“特朗普先生，这里的每个伙计都很专业，我们向您提供的是最好的团队。”

“这就好！下次打电话给我汇报一下工作情况吧。”

中午 12:00 阿兰·格林伯格来电说，假日酒店已经开始行动了。他们制订出“毒丸计划”，也就是让自己的公司负债累累，让它失去对收购者的吸引力。这一点我并不担心。如果我意已决，没有什么能阻碍我收购假日酒店。

股市还在下跌。昨天跌了 80 个百分点，今天又跌了 25 个百分点，而假日酒店却只跌了 1 个百分点。阿兰告诉我，我们现在已经拥有假日酒店 5% 的控制权了。

中午 12:15 安德鲁走后，布兰琪过来让我挑选特朗普高尚住宅的宣传海报。她拿了近 10 张海报，可是我一个也没看上，布兰琪有点无奈。

她的意思是用线形图勾勒出住宅楼和中央公园的全景，“我同意用线形图，但是我不喜欢海报里的线形图，还有，我希望图中主要反映的是住宅楼，中央公园是好，可是它不是咱们的商品，我卖的是这幢公寓楼。”

中午 12:30 诺玛抱来一摞表格让我签字，这些表格是我申请内华达州赌场经营许可必须签的。我签字的过程中，诺玛问我写谁做我的担保人。我想了约一分钟，让她先写下皮特·道金斯将军。皮特是个仗义的人，我们关系很亲密。他曾是军队里的足球明星，现在是希尔森集团（Shearson）的投资银行家。第二个，我想到了本杰明·霍拉韦，他是公平房产集团（Equitable Real Estate Group）的执行主席兼行政总裁，然后是大通曼哈顿银行（Chase Manhattan Bank）的康拉德·斯蒂芬森。“还有一位，”我跟诺玛说，“写上约翰·卡迪内尔·奥康纳。”

中午 12:45 伊万娜来电，她现在在办公室，想叫上我一起去替女儿选明年秋天就读的学校。“一起去吧，反正你现在也没什么事情。”有时候我就想，她该不会真以为我无事可做吧。

我跟她说:“亲爱的，我现在手头有点事情。”不过这不起作用，3 分钟之后，她来到我办公室，要拉着我走。签完所有表格，我们就出发了。

下午 2:30 比尔·富家奇来电。我喜欢称他“富家奇小能人”，但是他好像不喜欢我这么叫他。富家奇是做豪华轿车生意的，但我觉得他更应该去做房产经纪人，因为他跟每个人都很熟。他是李·艾柯卡最好的朋友之一，也是他介绍我跟约翰大主教认识的。

富家奇问我昨天在圣派翠克的晚宴怎么样，我回答说棒极了。挂电话之前，我们约好这周末一起去打高尔夫球。

下午 2:45 约翰·达雷西奥来我办公室，讨论我在特朗普大厦的三层公寓的装修问题。约翰负责这项装修，今天是带着施工图纸来的。公寓几乎需要全部重新装修，除了三楼孩子们的卧室和公寓屋顶。屋顶是留着将来在上面建公园用的——在整座大厦 68 层的位置。这项装修我投入了极大的热情。首先，因为我把相邻的公寓扩展过来了，这样房子面积大了一倍。也许你已经猜到了，我想建一座 20 世纪的凡尔赛宫，现在每项工作都井井有条地进行着。在客厅，我装了 27 根意大利最好的工匠手工雕刻的大理石柱，它们昨天才运来，做工十分精美。我能买得起最好的装饰品，当它们运到我家时，我想过做这些是否值得，然而我也知道答案只有一个，我只要最好的，并且愿意为此付出一切代价。

我仔细看了一遍施工图纸，做了几个改动，然后问约翰:“进度怎么样了？”约翰说:“还不错，一切按计划进行。”

“很好。”我说，“继续努力吧。”

下午 3:30 一位希腊的大船商来电。我问他:“最近生意怎么样？”他说有笔生意想跟我合作，具体什么生意他没说，交易对方也不便在电话中透露。我想如果不是大生意的话,他是不会打电话来浪费我的时间的。于是，我们约了一个时间面谈。

下午 4:00 一位出租和买卖商务飞机的人打来电话。我最近一直在考虑买一架 G–4 型飞机，现在大部分公司都用这一款。我在电话里告诉对方，自己有意购买 G–4 型号的飞机，同时让他帮我留心有没有 727 型号的，因为这是我真正想拥有的一款飞机。

下午 4:30 尼古拉斯·瑞比斯从澳大利亚打来电话，他这次是去帮特朗普集团争取世界最大赌场的建设和经营权的。尼古拉斯在电话里说，洽谈很成功，并且提及很多细节问题。他还说，下周一我们就能知道更多消息了。我很高兴，告诉他:“太棒了，你回国之前给我打个电话。”

下午 4:45 诺玛告诉我，脱口秀节目主持人大卫·莱特曼，正在特朗普大厦中庭录制两名外地游客一天的生活，大卫想借机过来拜访一下。

我从没熬夜看过莱特曼先生的节目，但是我知道他很有名，我同意了他的请求。5 分钟后,莱特曼进来了,和他一起的还有一位摄影师,几位助理,一对路易斯维尔的新婚夫妇。我们闲聊了一会儿，我说路易斯维尔是个很漂亮的地方，也许有机会我会去那里做生意。莱特曼问我特朗普大厦里一套公寓多少钱，我告诉他，用一百万美元可以买下公寓的一间卧室。

我们又开了一些玩笑，莱特曼问我:“说真的，现在是周五下午，你意外地接到我们的电话，同意我们来访，现在又站在这儿跟我们聊天。我看，你一定是没什么事情做吧。”

“你猜对了，我的确是无事可做。”我不无调侃地说。

TRUMP

THE ART OF THE DEAL

2

特朗普秘笈

教你做生意

Trump Cards:The Element of the Deal

我做生意的方式简单又直接。我给自己定很高的目标，然后为此不断付出，直到成功。有时候可能所得比预想的少，但多数情况我都能如愿。

我要强调一点，一个人做生意是需要天赋的，也就是说要有做生意的基因。这话并不是自以为是，做生意不是只要聪明就够了，虽然聪明是必要条件之一。做生意靠的是商人的直觉。比方说，一个沃顿商学院最聪明的学生，他的所有成绩都满分，智商 170，如果他缺少生意人的直觉，也当不了成功的企业家。

此外，很多人有这种直觉，却没能发现自己的这种能力，因为他们缺乏勇气，或是不够幸运。这个世界上一定有这样的男人，他们的高尔夫球可以打得比杰克·尼克劳斯更为出色，却没有握过球杆；也一定有这种女人，她们的网球技术可以超过克里斯·埃弗特和玛蒂娜·纳芙拉蒂洛娃，却从未挥过球拍。因此，他们永远也发现不了自己的潜力，于是满足于坐在电视机前，看球星们的精彩表现。

每当我回顾自己做过的那些生意，成也好，败也罢，总能从中发现一些共通的东西。现在电视上到处充斥着所谓房产生意的传经布道者，我不是他们中的一员，因此也不能保证我的书可以助你一夜暴富。要知道，成功是没有捷径的，很多人期望快速致富，反而落得个倾家荡产。至于那些生来就是做生意的料的读者朋友，我也希望你们不要按照我说的做，因为这样加大了你们与我竞争的砝码，却苦了我自己。哈，开个玩笑。

心怀大事

我喜欢想那些大事情。道理很简单，既然人总是要思考问题的，那么为什么不把思路放宽一些呢！很多人思考问题畏首畏尾，他们畏惧成功，害怕做决定，讨厌竞争，正好给了我这种人以可乘之机。

我的父亲原来在纽约市郊的布鲁克林区和皇后街区做中低收入者的房产生意，从那时起，我就渴望能去最好的地段。后来，在皇后街区做生意的时候，我就想去好一点的福里斯特高地（Forest Hills）住宅区。随着年龄增长，我的阅历更丰富，我开始想去曼哈顿的第五大道发展房产生意，它比福里斯特高地好多了，于是，我开始向曼哈顿进军。很早我就清楚自己心里想要的是什么。

我并不满足于挣钱解决温饱，我想要万众瞩目，我要花大力气建出不朽的工程。很多人只是做些简单的石料生意，或是盖那些满大街都是的红砖楼。我的理想却是在曼哈顿西区，哈得孙河旁 100 英亩的土地上，盖一座宏伟壮观的大厦，或是在公园大道（Park Avenue）和 42 号大街交会处的中央车站（Grand Central Station）旁，建一座豪华酒店。

对我而言，大西洋城同样是一块充满商机的土地。在那儿建一家豪华酒店，也相当不错。如果酒店建在大型赌场旁边，日后挣的钱，要比单靠出租酒店房间所得多 50 多倍，两个数字根本就不是一个数量级。

心怀大事，核心就是全神贯注。这种全神贯注几乎达到了“强迫症”的程度，很多以致富成名天下的人，都具备这一品质。为了一笔生意，他们忘我、着迷、一心一意，有时近乎疯狂。有些普通人由于过度专注产生了精神上的困扰，优秀的商人却凭借这种精神走向成功。

心怀大事并不会让人生活更幸福，或更优越，但却可以激励你去获得你心之所想。在纽约房产界，这是一条适用的真理，因为跟你打交道的，都是业界最厉害的人物。幸运的是,我愿意跟他们打交道,跟他们斗智斗勇,然后击败他们。

做最坏的打算，最好的准备

很多人认为我是一个投机取巧者。事实上，我从不做投机取巧的事情。投机者是那些玩老虎机并且期望碰巧赚一把的人，我要做的是经营老虎机生意的人，这种游戏很适合在室内经营。

有人认为我喜欢从好的方面想问题。事实恰好相反，我认为做事从坏处打算更有帮助。我是生意场上的保守派，每笔生意，我的原则都是:做最坏的打算。如果你凡事做最坏的打算，并且提前想好应对措施，那么好事就会不请自来。我人生中唯一一次违背这条原则，是跟国家橄榄球大联盟的那场官司。之前，我买了一家业绩下滑联盟的一支前景惨淡的球队。在对抗国家橄榄球大联盟的反垄断官司里，我把形势估计得过于乐观了，后来官司失败，我自然没有退路，这件事让我懂得人不能太贪婪。拿棒球比赛作比方，如果你每次都想打出全垒打，那么你三振出局的可能性就很大。我不愿冒太大的风险，但有时也不得不打几个险球。

而我遵守这条原则取得成功的最好例子，是在大西洋城的一笔生意。几年前，我在海滨大道只收购小块土地，把它们最终整合成一片条件甚佳的大地块。在做每一笔小地块交易的时候,我都事先考虑它们能否整合起来,不能又怎么办。这样，直到这片大地块全拿下，我都没有花费太多的资金。

土地整合好后，我并没有急着在上面施工，这意味着我需要付很长一段时间的土地存储费。但在决定动土施工之前，我打算先取得赌场经营许可。虽然耽误了一些时间，但是我为自己降低了风险。

我得到赌场经营许可之后，假日酒店提出跟我合作赌场生意的想法。有人劝我:“不要放弃 50% 的股份去答应这样的条件。”但是，假日酒店方面愿意出全部的建设费用，还保证我五年内只赚不赔。我面临的选择是，是将赌场的经营权和风险自己独揽，还是只需让出赌场一半的股份，就能降低风险且自己不用花费任何资金，这个选择并不难做。

巴伦·希尔顿则相反，他在大西洋城建赌场的时候决策过于鲁莽。为了尽快开张,他一边申请经营许可,一边开始了耗资 4 亿美元的建设。结果，距赌场原定开张时间还有两个月的时候，希尔顿的经营许可没有批下来。希尔顿承受着巨大的压力，在走投无路的情况下，把赌场卖给了我。我把它重新命名为特朗普城堡，并把它经营成了世界上最成功的赌场酒店之一。

不要把所有的鸡蛋放在一个篮子里

我做生意还有一条原则，就是多样化选择，我不会只寄希望于一笔交易或一种方法。初涉商海，应该做好几手准备，很多生意起初看来很诱人，却多以失败告吹。另外，即使已经接手的生意，我也常常准备好几套运行方案，最完美的计划也有出问题的可能，不得不防。

比如说，如果我建特朗普大厦的申请没批下来，那我就盖一座写字楼好了，也一样能干好。再比如，如果我没办成大西洋城赌场经营许可证，我就以高价将赌场卖给别人，这样也没有损失。

关于这条原则，我有一个最好的例子。第一次在曼哈顿做生意的时候，我得到一个机会，可以购买位于 34 号大街的宾州中央铁路（Penn Central Railyards）附近的地块。最初我设想在地块上建一片面向中等收入者的住宅区，建设资金由政府财政拨款。不巧的是，政府偏偏遇上财政危机，那笔拨款也随之成为泡影。我并不因此灰心丧气,相反,我实施了第二套方案，在这个地块上建一座会展中心。经过两年的筹划协商，政府终于同意了我的申请，现在，会展中心已然矗立在宾州中央铁路旁。

我心里清楚，即使我第二个申请失败，我也会动用第三套方案的。

了解市场动向

有人能敏锐地觉察市场动向,有些人就不行。史蒂文·斯皮尔伯格可以,李·艾柯卡可以,裘迪丝·克兰兹也可以。伍迪·艾伦观察动向,为的是扩大自己作品的受众范围。西尔维斯特·史泰龙也会,只不过以自己独有的方式。虽然有人不喜欢他,但是你得承认他创造的辉煌。一个只有41岁的人,却已在《洛基:勇者无敌》(*Rocky*)和《第一滴血》(*Rambo*)里塑造了经久不衰的荧幕形象。在我眼里,他就是一颗天然去雕饰的钻石,生来就是当演员的。他知道观众想要什么,而且能投其所好。

我认为自己也有这种敏锐力,所以不会聘用统计员,也不看那些天花乱坠的市场分析报告,我自己观察,自己做结论。我始终坚持做决定前进行广泛的市场调查,这是一种本能反应。如果打算买一块地产,我会先向住在附近的人咨询那里的教育、治安、购物环境怎么样。如果我在另一个地方出差,也会在乘坐出租车的时候向司机询问当地的一些情况。我会一直问,直到我自己都觉得没什么可问的时候,才做决定。

自己的随机调查能给我更有价值的信息,这比最好的咨询公司强。如果你请一家咨询公司做顾问,他们会从波士顿派一班人马,在纽约租一间办公室,问你要10万美元报酬。最后,他们什么也没查出来,还耗费了很长时间。如果一笔好生意请他们做顾问的话,估计结果还没出来,生意就泡汤了。

另一类我不爱打交道的就是商业评论家——当然,只要他们别妨碍我做生意就行。我认为,他们写评论只不过是为了同行之间相互炫耀,而且流行什么,他们就写什么。这周他们把闲置的玻璃大厦捧上天,下周他们发现自己跟不上形势了,就开始赞美大厦的局部和装修。他们当中很少有人认真想想公众需要什么,要是让这些评论家做开发商,他们一定会落得惨败。

我打算建特朗普大厦之前，评论家们并不看好，可是公众一致看好。我所指的公众，不包括某些住在公园大道和 84 号大街的富人，他们的祖先一个世纪以前就留下了财产。我面向的是来美发家致富的外国人，比如一个拥有美丽娇妻和红色法拉利的意大利富商。

大厦建成后，建筑评论家对它一片褒奖之词。商业评论家却不愿承认它的优越性，不过，最后他们还是张开金口赞美了这座伟大的建筑。我相信自己的判断力，不过，给你透露一点:被评论家表扬，也是很开心的。

牵制对手

在一笔生意中，千万不要表现出你为了生意奋不顾身，这会让对手轻而易举地把你干掉。在生意中，要善于发挥优势，能够牵制对手，就是一大优势。牵制对手，就是你手里要握有对方想要、需要、离不了的东西。

不过，这一点并不是可以轻而易举做到的。你需要发挥自己的创造力和营销手段，让对方知道，这笔生意可以让他得到很多好处。

早在 1974 年，我打算购买位于 42 号大街的康莫得酒店，于是为了得到政府批准而积极奔走。我说服了酒店老板，让他们对外宣布酒店即将停业。等他们照做之后，我转脸对外宣称，这样一家酒店在中央车站关门停业，是多么大的损失啊，出这一招，我并不感到羞愧。

当初，我在大西洋城建赌场的地段吸引了假日酒店的董事们，他们认为我的赌场工程进度比其他经营者快。事实并非如此，我很少亲自过问工地的事情，但是我想尽一切办法，让对方相信，赌场已经基本建好了。我所做的，只是将他们脑中预设的情景进行了确认，从而成功地牵制了对方。

我买曼哈顿西区铁路附近的地段（West Side Railyards）时，并没想过把这块地方取名“电视城”（Television City），我不是碰巧想起这个名字，也不是觉得这名字好听，而是想制造一种效应:对纽约市，特别是对美国全国广播公司来说，电视网都是一件梦寐以求之物，如果不抓住这次机会，对曼哈顿西邻的新泽西州也是精神和经济上的双重损失。

做生意，一定要想办法牵制对手。

让地段增值

很多人觉得做好房地产的关键是地段位置要好。其实，说这话的人根本不懂房地产。首先，你需要的并不是最好的地段，而是一单最好的生意。正如你能想办法牵制对手，你也可以通过营销和心理战术，让地段增值。

如果你的地段和特朗普大厦一样是优势地段，就不怎么需要营销。不过，为了万无一失，我还是大力地宣传了特朗普大厦，把它说成了人生中至高无上的东西。相反，跟特朗普大厦相隔两个街区，位于纽约现代艺术馆（Museum of Modern Art）之上的博物馆大厦（Museum Tower）经营得就比较失败。它的“气质”不够，也没有取得像特朗普大厦那么好的业绩。

地段有时候跟流行趋势密切相关。你可能买了一块很普通的地段，但是只要吸引到了合适的人，它就能给你创造价值。在特朗普大厦之后，我又建了特朗普广场（Trump Plaza），它位于第三大道和 61 号大街交会处，当时那块地价并不高。但是特朗普大厦已经把“特朗普”的品牌打响了，再加上特朗普广场造型别致，很快，那些富有和成功人士，看到特朗普大厦最好的位置都销售一空，便转而投向特朗普广场，使我们自然而然提高了特朗普广场的地价。现如今，第三大道成了名望的代名词 ，而特朗普广场也取得了巨大成功。

所以说，并不是用最多的钱买最好的地段就能赚到钱，也不是低价买到差地段可以赚钱，这两者都可能让你承担巨大风险。你不能为了买一块地就不惜一切代价，有时候需要忍痛割爱，这是选地段时该花大力气抉择的问题。

善用媒体，巧妙营销

你可能拥有世界上最好的产品，但是如果别人不知道，你还是不能利用它创造价值。世界上有很多人拥有比法兰克·辛纳屈更好的嗓子，却只能在自家车库里一展歌喉，因为别人没听过他唱歌。你应该激发别人的兴趣，让他们为你着迷。想达到这种效果，一种方法是高价聘用公关人员，让他们推销你的一切产品。这么做对我而言，就像从别处聘用市场分析师一样，远不如自己调查的可靠。

据我所知，媒体总是喜欢“大事件”，越轰动越好，这是他们的职业天性。所以，如果你稍微有些与众不同，或者令人难以容忍，做事情十分大胆或饱受争议，媒体都会关注到你。我做的事情通常都有点与众不同，不怕非议，而且很有野心。另外，我年轻有为，做事风格又始终如一，因此，媒体经常捕捉我的消息。

这倒不是说我很讨媒体的喜欢。有时他们从正面报道我，有时相反。单纯从生意角度讲，能经常上报是利大于弊的。道理很简单，比方说，我在《纽约时报》用一个版面为新项目做广告，可能要花费 4 万美元，还不能保证公众对这则广告的认可度。但是，如果《纽约时报》用即使不太正面的语言写一篇关于我生意的报道，不仅不用我花费一分钱，还有可能给我带来远大于 4 万美元的宣传效果。

有意思的是，即使是一篇反面报道，虽然从个人角度讲很受伤害，却可能对生意起到极大的促进作用，电视城的建设就是这方面的好例子。1985 年我买下西区地块的时候，很多人，包括一些住在西区的人，都不知道这个地块的存在。然后我对外宣称，将在这个地块建造世界第一高楼。一时之间，创造了巨大的媒体效应：《纽约时报》把这则消息刊登在了头条，丹·如则在晚间新闻对此进行了报道，乔治·维尔在《新闻周刊》(*Newsweek*)也进行了专栏报道。建筑评论员和报社编辑对此仁者见仁智者见智。并不是每个人都支持第一高楼的计划，但重点是我们得到了高度关注，单这一项就是一笔财富。

另外，面对记者的采访，我通常直言不讳。我一般不会欺骗记者，或者有所保留，因为很多人为此跟媒体结下梁子。当记者向我提问尖锐的问题时，我一般只回答这一问题的积极方面，或者是转移话题。比如，记者问我世界第一高楼可能会对西区产生什么不良影响。我会扭转话题，告诉他，世界第一高楼属于所有纽约人，它会让纽约因此闻名。如果记者问我，为什么只为富人盖高楼大厦。我会回答，我盖的高楼大厦并不是只让富人受益的,大厦的建设使一大部分施工人员远离了失业的危险,而且每项工程,我都会给政府贡献一笔不菲的税金，特朗普大厦的建成和投入使用为推动纽约发展做出了重要贡献。

巧妙营销，还要学会虚张声势，我会想办法激起别人的好奇心。很多人不敢从大的方面想问题，但是当他们看别人这么做，自己也会跟着兴奋。所以,适度的夸大可以接受,有的人就是喜欢那些“最大型、最重要、最气派”的东西。我把这叫作真实的夸大，它是夸张的温和手法，也是营销当中的一种有效策略。

有力反击

大部分情况，我们应从积极方面回答问题，但是，有些时候你只能反驳。基本来说，我是一个很好相处的人，谁对我好，我也对他们好。但是，如果有人对我态度恶劣，或者不公平，甚至想利用我，我的原则就是:有力反击。这样做的风险是，有时候你可能让坏事更坏，所以我并不将这条原则推荐给所有人。但是,从自身经验来说,如果你为了自己坚信的事情抗争,虽然有可能在这个过程中疏远某些人，但是事情到最后都会出现转机。

有一次，政府在特朗普大厦的问题上对我不公，他们要对我取消其他开发商在享受的标准税减免政策。我在六个不同的法庭分别起诉了他们，这让我花了一大笔钱。很多人都认为，我肯定会输，跟政府打官司，本来就处在不对等的位置。但是，不管结果如何，我都觉得官司打得值得。在这种情况下，我赢了官司，这对我更加有利了。

假日酒店曾经是我在特朗普大厦和大西洋城赌场的合资方。当时，他们在大西洋城经营的一家赌场生意持续低迷，我给他们施加了很大的压力，让他们把赌场股权出让给我。成功后，我又开始考虑连假日酒店也一起收购过来。

即使我不犯人，也总有那么一些人想置我于死地。要知道，当你成功之后，别人的很多羡慕和嫉妒就会接踵而至。这种人认为阻止别人成功就是本事，我称他们为生活的失败者。如果他们真的有本事，应该去积极构建自己的人生才对，而不是处处给别人使坏下绊。

说得出，做得到

不要欺骗别人，不要扔出一个谎言就不闻不问了。你可以引起别人的好奇，也可以利用所有媒体制造很好的营销效果，甚至可以稍微夸大你在做的事情，但是，如果你说出去没有做到，别人就会抓住你的小辫子。

我想到了吉米·卡特，他跟罗纳德·里根竞选失败后，曾来我办公室找我，告诉我他想筹款建立吉米·卡特图书馆（Jimmy Carter Library）。我问他需要多少钱，他说："唐纳德，如果你能捐给我 500 万美元，我将十分高兴。"我听得目瞪口呆，根本就没回答这个问题。

不过这件事倒是教给我一些东西，因为我并没想过卡特有一天也会成为美国总统。虽然他也许不能胜任总统的工作，但是他沉着、勇敢、机敏和追求卓越的品质帮他坐到了总统的位子上。不过，美国人民很快发现他并不适合做总统，导致他在连任竞选中惨败。

罗纳德·里根与他相反，他圆滑又会逢场作戏，很讨美国人民的欢心。

直至今天，他已经不做总统七年了，人们才开始思考他的笑容背后是否隐藏了什么。

生意场上这种例子也很多。很多人说的天花乱坠，但是不对自己的承诺负责。比如，特朗普大厦建成后，很多开发商想效仿大厦中庭的设计，于是找来设计师画设计图，并且开始做预算。

结果，他们发现装青铜色的电梯要额外开支 100 万，室内喷泉又得多花 200 万，还有大理石的开支也是一个无底洞，这样下来，花费不计其数，于是这些雄心勃勃的人跟自己说，算了，忘了中庭这回事儿吧。

没有资金，说了也是白说。我很幸运，因为我在生意场上找到了最有利的位置，而且也花得起巨资修建最好的建筑。在购买特朗普大厦的楼盘时，我曾许诺要还它昔日风采，而且，我做到了。

控制成本

我一向认为，钱是该花则花，但不能乱花。给低收入者建住宅区，就要建得省时、省钱、数量正好，这样就可以很快将它们出租，取得收益。这就是我的成本意识。我从不乱花钱，从父亲那儿我学到了积少成多的道理，每一分钱都是有价值的，它们积聚起来就是财富。

直到今天，如果我觉得承包商跟我要价过高，我都会直言不讳地提出来，哪怕是为了 5000 或 1 万美元。有人不理解，问我："何必为了这些小钱斤斤计较呢？"我的答案是，如果哪天我不能拿起电话，花 25 美分的电话费讲下 1 万美金的价钱，我就该破产了。

你可以拥有宏伟的目标，但是你得把实现它的金额控制在合理范围内。我在大西洋城建特朗普广场的时候，银行是不情愿给新项目贷款的，因为当时好多赌场的建设都超支了成百上千万美元。但是我的特朗普广场不仅没有超支，而且按时完工。我们赶在阵亡战士纪念日之前开张营业，正好是营业的旺季。与我们相反，《阁楼》（*Penthouse*）杂志的创办者鲍勃·古西奥尼过去七年里一直想在海滨大道，在我们的赌场旁边建一家赌场。结果，赌场没建出来，只剩下未完成的锈迹斑驳的框架以及因为预算不慎造成的数以百万元的损失。

如果不谨慎，小事也有可能变坏事。有将近 7 年的时间，我每天都能从自己办公室窗户看到中央公园里政府打算重建的沃尔曼溜冰场。那时，这项工程已经花费了上百万美元，但是迟迟建不好。他们打算重新浇筑混凝土的时候，我再也看不下去了，就提出接手这个工程。整个工程只花了 4 个月就完成了，而且花的钱，只占政府之前耗资的一小部分。

乐在其中

不是自欺欺人，生命其实是很脆弱的，即使成功也不能改变这个事实，相反，成功还可能让生命更不堪一击。没有什么是永恒的，很多事情的改变没有任何预兆，明白了这些道理，我总是想着过去的事情就让它过去吧。**钱不是我生命的全部，它只是衡量我成功的方式之一，我真正享受的是赚钱的过程**。我从不去想如果那件事换一种方式做会怎样，也不会为明天发生什么而忧虑。如果你问我做这些生意是为了什么，我可能没法给你一个确切的答案，但我唯一可以肯定的是，每笔生意我都乐在其中。

TRUMP

THE ART OF THE DEAL

3

我的成长经历

父亲的教诲

Growing Up

在我成长过程中，父亲弗雷德·特朗普对我的影响最大。从父亲那里我学会：棘手的生意要强硬，激励别人很重要。我还学会了，做生意的四个步骤，即进入、动工、做好、退出，每一步都要讲方法、讲效率。

我很早就意识到自己不会做父亲做的房产生意。父亲原来在皇后区和布鲁克林区出租廉租房，面向低收入人群。虽然他的生意很成功，我却觉得这样赚钱太慢，我想做大型、刺激、有吸引力的生意。我不希望别人提到我时，只会说："那是弗雷德·特朗普的儿子。"我要走出去干一番自己的事业，创造自己的知名度。好在父亲自己将生意打理得不错，这样我就可以放心地在曼哈顿闯荡。无论在哪，我都不会忘记父亲教给我的东西。

父亲是艰苦创业的典范。他 1905 年出生于新泽西州。我的祖父幼年时代从苏格兰来到美国，经营一家旅馆，生意还不错。祖父患有肝硬化而且酗酒成性，他在父亲 11 岁那年去世了。祖母伊丽莎白为了养活三个孩子，做了一名裁缝。当时我的姑姑 16 岁，名字也叫伊丽莎白，叔叔约翰，只有 9 岁。父亲排行老二，作为家里第一个男孩，理所当然挑起了家庭的重担。父亲开始打零工，什么活都干，他去水果店运水果，也给建筑工地的搬运工擦鞋。父亲对建筑业很感兴趣，高中时，他开始念夜校，学习木工活，以及怎样做规划和评估，想学一门以此为生的手艺。父亲 16 岁时，已经有了第一件木匠作品——为邻居建的一座容纳两辆车的车库。那时中产阶级的人刚开始买车，很多人家里没有车库，父亲便开始做可拆卸车库的生意，每个车库要价 50 美元。

1922 年，父亲高中毕业，因为要养家就没有继续上大学，他去皇后区给一位建筑师的木匠做了助手。父亲手艺精湛，其他方面也很在行。虽然刚入行，父亲却表现出了干这行的天资。即使现在，他还能心算 5 纵行数字相加的结果。通过夜校学习加上自己的悟性，父亲进步很快，他给自己的工友们传授了很多干活的窍门，比如用钢曲尺做椽子。

另外，父亲是个专注而且很有理想的人。很多工友只满足有个工作，父亲却要把工作做精做好，期望得到提升。从我记事起，父亲就跟我说：**“人最重要的是热爱自己从事的事业，因为这是唯一一件你能做出成就的事情。”**

高中毕业一年后，父亲建了第一所房子，那是一处单户住宅，位于皇后区的伍德黑文。建房花了不到 5000 美元，父亲以 7500 美元卖出。父亲的第一家公司名为“特朗普母子公司”（Elizabeth Trump & Son），因为建公司时他尚未成年，很多法律文书都要祖母代签。成功卖出第一处房子后，他用赚的钱又盖了一所，就这样一个接一个地盖了起来。房子都位于皇后区的工薪族社区，像伍德黑文、霍里斯、皇后村等等。对于一直住在又小又挤的公寓房里的工薪阶层来说，父亲建的砖房价格公道，又有别墅风格，向住户传达了新的生活理念。房子卖得非常好，几乎供不应求了。

出于本能，父亲打算将生意做大。1929 年，父亲开始建造大一点儿的房子，面向稍微富裕一些的人群。与小型砖瓦房不同，父亲这次建的是殖民风格、都铎王朝风格、维多利亚王朝风格的三层小别墅，地点在大家后来熟知的皇后区牙买加小区，我们的第一个家也建在这里。经济大萧条时，房价下跌，父亲转而做起了别的生意。他买了一家破产的贷款公司，一年之后将其卖出，赚了一些钱。父亲还在伍德黑文建了一家自助超市，成为比较早开始做超市生意的人。超市刚建好，当地的肉店老板、裁缝、鞋匠就纷纷前来租赁摊位。各类商业集中在一起，方便了消费者，超市生意也很成功。没过一年，父亲想转回房地产生意，于是把超市高价卖给了金·库伦。

1934 年，大萧条基本结束，可货币还是没有升值，于是父亲打算建低价房屋。这次，他选择了布鲁克林区比较贫穷的弗拉特布什（Flatbush），那里地价便宜，父亲觉得会有很大开发空间。他再一次预感正确。三个星期里，父亲卖出了 78 栋房子。后来的十几年里，父亲在皇后区和布鲁克林区建了 2500 多栋房子，成了一名成功的地产商人。

1936 年，父亲跟我亲爱的母亲玛丽·麦克劳德结婚了。父亲自己没能上大学，经济富足之后，就资助他的弟弟上了大学。在父亲的资助下，我的叔叔，约翰·特朗普不仅上了大学，还获得了麻省理工学院的博士学位。现在他是一名物理系教授，也是全国最伟大的科学家之一。也许因为没上过大学的缘故，父亲总带着一种敬畏感去看那些上过大学的人。其实很多情况下，那些人没有什么过人之处。父亲根本就不比那些大学教授差，如果有机会上大学，父亲一定是个优秀的学生。

我的家庭非常传统。父亲是一家之主，负责在外打拼，养家糊口，母亲是个典型的家庭主妇，不过，她可不是每天只知道打桥牌或煲粥。我们家一共有五个孩子，母亲既要照顾我们，还要做饭、洗衣服、做手工，同时，她还在当地一家医院做慈善。我们家房子很大，但我们兄妹几个从不自诩为富家子弟。从小父母就教育我们钱来之不易，还让我们懂得艰苦奋斗的重要性。我们家庭成员的关系非常亲密，直到今天，我和家人都是最亲密的朋友。我的父母从不爱慕虚荣，父亲一直在布鲁克林羊头湾（Sheepshead Bay）Z 大道（Avenue Z）一座办公楼里办公，那座楼是父亲 1948 年建的，而且从没想过搬离那里。

我的姐姐玛丽安从蒙特霍利约克学院（Mount Holyoke College）毕业后，跟母亲一样，先做了一段时间家庭主妇，照顾儿子，操持家务。但她遗传了父亲的干劲和雄心，于是，等儿子大卫 13 岁了，姐姐重回学校念起了法律。她的毕业成绩很优秀，毕业后开了一家私人律师事务所，在美国检察官办公室做了五年联邦检察官。四年前，她成了一名联邦大法官。玛丽安真是一位传奇的女性。

我的妹妹伊丽莎白，性格温和开朗，但是没什么野心，她在大通曼哈顿银行（Chase Manhattan Bank）工作。哥哥弗雷迪，也许是我们家最不顺的人。我们的父亲是个好人，也是个经商能手，吃苦耐劳，性格坚强。哥哥却一点儿也不像父亲，他长相不错，喜欢参加聚会，性格豪放，对生活充满激情，在这个世界上没有敌人。父亲很希望哥哥能子承父业，但是弗雷迪偏偏对经商毫无兴趣。他很不情愿地跟父亲一起工作，对房地产提不起半点兴致。在贪婪的承包商和态度粗暴的供应商面前，他总是强硬不起来。由于性格迥异，父子两人难免有冲突，多半以弗雷迪的失败告终。

最后，我们都明白了强扭的瓜不甜，于是让弗雷迪如愿做了他喜欢的事情——开飞机。他搬到了佛罗里达州，做了一名职业飞行员，供职于环球航空公司（TWA）。他还喜欢钓鱼和游艇。那段时间也许是弗雷迪人生中最快乐的日子了。我比弗雷迪小八岁，有一次，我居然对他说："弗雷迪，知道你在干什么吗？你在虚度你的人生。"现在想起这件事，我感到非常后悔。

我那时还小，没有意识到我们都误解了弗雷迪，把他想成了一事无成的人。其实，他能开心生活才是最重要的。也许是因为始终得不到家人理解，弗雷迪变得灰心丧气，他开始酗酒，情况急转直下。在他 43 岁那年，弗雷迪离开了这个世界。他本可以生活得很幸福，却苦于找不到自己的位置。或许他曾经找到过，但是家里人却没有给他追寻的机会。我真希望自己能早点想明白这一切。

我则比较幸运。我很早就开始接触商业，而且是自愿的，这一点跟很多迫于父亲压力去经商的人不同。我敢于挑战父亲的权威，他也很尊重我，我们之间更像是一种公事公办的关系。有时我会想，如果我没有走上经商这条路，我和父亲会不会相处得这么融洽。

上小学时，我就表现出了自信、好胜的特点。小学二年级时，我居然给音乐老师来了个"熊猫眼"，因为我觉得他根本就不知道什么是音乐。为此，我还差点被学校开除了。我并不是以此为荣，只是想向大家说明，我确实是在很小的时候，就不害怕勇敢地说出自己的想法。现在长大了，我会用自己的智慧而不是拳头去反击别人。

从小我就是个孩子王，不过，跟现在一样，当时也是有人喜欢我，有人讨厌我。我在我们那个小圈子里挺受欢迎的，其他孩子总喜欢追随我。少年时期，我喜欢搞恶作剧，可能骨子里就是有爱惹事的基因吧。我把气球装满水乱扔，把唾沫吐得老远，在运动场和生日会上捣乱。我并无恶意，只是想证明自己很大胆。弟弟罗伯特很喜欢说我干过的糗事。

罗伯特小我两岁，比我安静且更易相处，我们的关系一向很好。一天，我俩在家里的游戏室玩积木。我想用积木搭一座大高楼，可我的积木不够。于是我就向罗伯特借他的积木，他说："好，不过用完了你得还给我。"我用光了我们俩的所有积木，建了一座很漂亮的大楼。由于实在太喜欢，我干脆用胶水把这座大楼给固定住了，罗伯特的积木就这么"贡献"给了我。

13 岁那年，父亲决定把我送到军事学校，认为军事化管理对我有好处。我对这个决定感到毛骨悚然。不过，事实证明父亲是对的。从八年级开始，我开始在纽约军校（New York Military Academy）念书，一直读完高中。那段时间我学会了严以律己，还学会了要把好胜心用在取得成绩上。高中期间，我曾被授予队长一职。

有位老师对我影响很大，他就是西奥多尔·杜比安斯。老师原是海军一名军官，身体素质相当棒。他戴着护帽将足球头球射门，能把球门柱撞断，但是他的头却安然无恙。他不允许任何学生顶撞他，特别是那些有特殊背景的学生。如果谁敢不听，就会很严厉地教训他。我很快就发觉，自己在身体上不是他的对手。有一部分学生不服他，结果最后都被收拾了；大部分同学都对杜比安斯唯命是从，成了胆小怕事的人。

我既不属于那小部分人，也不属于大部分人，而是"第三类人"：以智取胜，讨他喜欢。而且，当时他是学校棒球队教练，我是队长，我的表现也让他很满意。同时，我还知道了怎么跟他相处。

我让他知道，我不怕你，但是非常尊敬你。这是一种微妙的制衡。像杜比安斯这样强势的人，如果你跟他对着干，一旦他发现你的弱点，就能轻而易举击败你。但是，如果你也很强势，却又尊重他，他就会真诚对你。这不是我冥思苦想的结果，而是一种直觉。明白了这一点，我们相处得非常愉快。

在军校我是一名优秀的学生，但我并不是最用功的那一个。我对学校作业不感兴趣，好在它们比较简单。很早我就明白，学校教育只不过是为人的终身发展起到打基础的作用。

大概我会走路的时候，就跟父亲一起去建筑工地了。我和罗伯特总会在工地拣很多饮料瓶，回家攒起来卖掉。少年时代，每次放假回家，我都跟父亲学做生意，学着跟承包商周旋，参观楼盘，讨价还价，等等。

父亲出租的房子都是受房租管制条例保护的，他虽然坚持不懈、吃苦耐劳，可是得利很少。这种生意要想赚钱，只能努力降低成本，所以父亲是个很有成本意识的人。无论面对的是拖把和地板蜡供应商，还是大项目承包商，父亲都会狠杀价。父亲知道每样东西的价格，这是他的一大优势，没人骗得了他。比如，父亲知道安装一套建筑物的自来水管道系统需要 40 万美元后，就知道怎么跟承包商讲价了。这并不是说要把价钱讲到 30 万美元，承包商总要赚一点的，但是，起码可以把价格控制在 60 万美元以内。

父亲讲价时还有一个优势，就是人很实在。比如，虽然把价格讲的比较低，但是父亲会告诉承包商："你看，跟我干活，你可以按时得到全部报酬，别人谁能这么跟你保证？"父亲还会告诉承包商，跟他干活效率很高，不会耽误他们接下一份活。因为父亲的建筑项目很多，他总能说服承包商以后继续为他效力。父亲的话总是令人信服。

同时，父亲也是位严格的雇主。每天早上 6 点，他都会去工地亲自指挥，这几乎是他的个人专场秀。如果觉得谁做得不好，父亲就会亲自上阵，因为所有活他都能上手。

有时候看到历史不停地重演，也很有意思。比如说，父亲在弗拉特布什地区搞建筑，另外有两个同行在附近跟他一起开工。父亲每次都会比他们提前三四个月完工，而且活儿做得最好。父亲建的走廊漂亮又宽敞，公寓面积也大，所以房子很快就能租出去，时气不好也不受影响。相反，他的竞争者之一，工程没等建好就破产了，于是父亲就会买下对方的工程。这种事情我不止见过一次。

1949 年，我刚满 3 岁，父亲开始修建滨海天堂公寓区（Shore Heaven Apartments）。当时这种大型公寓楼盘比较少，父亲凭此成为纽约市郊最成功的开发商之一。父亲的工程讲究方式方法，所以整个项目完成得非常出色。那时，为中低收入者建房的地产商，都会得到政府财政支持，因此，滨海天堂公寓项目让父亲从联邦住房管理局（Federal Housing Administration）得到了 1030 万美元贷款。这笔钱是政府基于公正原则对工程总体评估算出的结果，里面包括给父亲 7.5% 的利润。

父亲对承包商催得很紧，向供应商砍价也很凶，所以他能提前完工，还省下 100 万美元预算。可能“暴利”就是像父亲这样高强度工作的开发商赚出来的吧，不过，这种行为后来被禁止了。

赚钱的同时，父亲为中低收入者建了很多质优价廉的房子。现在已经没人做这种生意，因为它既无利可图，又没有政府补贴。直到今天，父亲在皇后区和布鲁克林区建的廉价房还是中低收入者的首选。

1964 年，我从纽约军校毕业后，冒出了去南加州大学（University of Southern California）电影学院念书的想法。当时我对电影业很着迷，崇拜山姆·戈德温和达里尔·扎努克这样的红人，最喜欢路易·比梅耶。不过后来，我还是决定老老实实在房地产业发展。

起初我选择了布朗克斯区的福特汉姆大学（Fordham University），因为它离我家很近，我跟办校的耶稣会关系也很好。可是两年后，我开始想，既然必须上大学，为什么不努力上一所最好的大学呢？于是我申请了宾夕法尼亚大学沃顿商学院，并被录取。那个年代，想经商的人必须去沃顿念书。哈佛大学商学院确实培养了很多上市公司的行政总裁，但是真正成功的企业家几乎都是从沃顿走出来的，像索尔·斯坦伯格、伦纳德·兰黛以及罗恩·佩雷曼，这些名家数不胜数。

沃顿让我明白的最重要的事情，就是学习成绩不代表一切。入学后，我很快发现我的同学根本没那么独一无二或令人敬畏，我一点儿也不比他们差。另一件重要的事情，是我得到了沃顿的一纸文凭。虽然这张文凭在我眼里没什么，可很多跟我做生意的人把它看得很重，认为它是权威的象征。总而言之，这个大学我上得很值。

我很高兴自己能顺利毕业。毕业后我回了家，开始给父亲打工。我依然能从父亲那里学到很多东西，也是在那段时间，我开始想换一种工作方式。

初涉职场，父亲的工作模式让我有点吃不消，主要是身体上吃不消。当时我经常跟收租者到处讨租，干这个活没有好体格是不行的，因为如果有人赖账不还，你就得拿大块头吓唬他们。

我学的第一招讨租技巧是敲门时不要站在门的正前方，应该靠墙站着，伸手敲门。第一次听到这个技巧时，我很是不解，“为什么这么做？”我问一位收租者。他对我的疑惑很诧异，他告诉我:“如果你靠墙站，只有你的手会有危险。”看我还是没明白，他继续说:“干我们这一行，不得不防，如果你不合时宜地敲了一个公寓的门，很可能被开枪射中。”

父亲给了我很大的自我空间，可是我却发现，这个世界没我想得那么迷人。我从沃顿毕业满怀希望地步入社会，却发现这个世界只有最坏，没有最好。比方说，当时很多房客嫌麻烦，就把垃圾直接从窗子里扔出去，而不是倒在垃圾焚化炉里。于是我搞了一个培训，教房客使用垃圾焚化炉。大部分房客能认真学习，但是那些冥顽不化的人让我觉得自己是在浪费时间。

另一件让我失望的事情是父亲的生意利润太低。钱都是省出来的，房子建得没有奢华可言，更别提什么设计风格了，所有的房子几乎都一个模样:正面用普通的石料，内有四面墙，外观笔直。用红砖盖房子并不是因为人们喜欢红色，只是因为它便宜。

我依然记得建特朗普大厦时父亲来施工现场的情景。大厦正面是玻璃幕墙，比砖墙值钱很多，而且，我们用的是加了隔热膜的昂贵玻璃。父亲看了玻璃幕墙之后说:“真是浪费，下面四五层用这个，上面用普通砖块就行了。反正也不会有人抬头看。”真绝了，在57号大街和第五大道交会处的优越地段建大厦，父亲居然让我省钱。这件事让我很有感触:毕竟，父亲做的都是中低收入者的生意，难免这么想。同时，我也意识到，离开父亲自己闯荡是对的。

离开父亲的原因，其实并不完全因为自己长的不够强壮，或是嫌父亲赚钱太少。真正的原因是，我有了开阔的视野和更高的理想。如果只在纽约市郊发展，我永远都不能实现自己的理想。

另外，回顾过去我发现，自己爱表现的性格多半受母亲影响，她很有表演的天分，喜欢气派的东西。虽然是个传统的家庭主妇，母亲也渴望万众瞩目。母亲是苏格兰人，有一次，她坐在电视机前看伊丽莎白女王的加冕典礼，一看就是一天，她完全被盛大华贵的场面吸引住了。父亲在旁边不耐烦地踱来踱去，对母亲说:“天啊，玛丽，把电视关了吧，没什么好看的，他们只不过在作秀罢了。”但是母亲并不理会。父母在这个问题上看法大不相同——母亲认为豪华气派有时是很重要的，父亲却认为那只是表面文章，他脚踏实地，只相信效率和能力。

4

辛辛那提的宝贵一课

投资需审慎

The Cincinnati Kid: Prudence Pays

上大学时，朋友们都在看漫画书和报纸的体育版，我却已经开始关注联邦住房管理局没收的房产列表。也许这听起来有点不正常，但我却看得起劲。正是通过研究列表，我相中了思威飞通小区（Swifton Village），并和父亲一起买下小区的开发权，做成了我人生中的第一笔大买卖。

这片小区位于俄亥俄州的辛辛那提市，一共包括 1200 个单元房，800 户闲置。由于开发商破产，政府没收了这些单元房的赎回权。这笔生意是个巨大的失败，但在我和父亲看来，那里却充满着商机。

一般情况下，政府都很想尽快摆脱这些没收的地产，他们不善经营，因此这些地产几乎无人问津。

今天，阳光地带（Sun Belt）依然存在这种情况，那里的很多公寓都是在油价上涨时期建的，现在 30%~40% 的房子都空着。原来的开发商因为还不起贷款，只能将这些房产抵押。聪明的买家应该买下这片房产，因为它们价格相当实惠。

父亲和我花了不到 600 万美元就买下了这个小区。要知道，两年前这里筹建的时候，耗资接近 1200 万。我们用从银行借贷的 10 万美元，修葺了这片小区。这项工程我们没有任何损失，我们所要做的就是经营好它。即使我们做得不够好，也可以通过继续出租，赚钱还贷款。

面对这项庞大的工程，我和父亲都付出了很多，而且认为付出的很值得。即使出租 50 家公寓，我们也像出租 1200 家那样投入大量精力，不过，后者的回报一定大大超过前者。

我们成功购下这里之后，就要开始认真经营以及开拓市场了。我们不仅要把房子租出去，还要长期租出去。我们买下小区时，原来的很多房客把这里搞得破烂不堪，他们多数来自肯塔基州的山区，家境贫穷，还要养活七八个孩子。他们没有财产，没住过复合式公寓，一家人挤在一两间小房子里，孩子也管教不好。

这些房客不仅不爱惜房子，还不按时交租。如果你催他们交房租，他们可能会一走了之。我们发现，为了逃租，他们会租一辆卡车，凌晨一两点开到房子前面，把所有家产拖上车，然后远走高飞。他们走不要紧，但是得交了房租再走。为此，我们安排了“卡车巡视员”，昼夜不停地巡视，防止租客逃跑。

我们把那些恶意租房的人摆平之后，打算整修小区，面向素质稍高的人群。整修需要资金，当时我们大概花了 80 万美元，即使到今天，这也不是个小数目。在纽约，即使你对房屋做了整修，法律也禁止你在合理的范围内提价。辛辛那提市就没有这种规定，修整后，我们提高了思威飞通小区的租价，所以，整修是值得的。

我们改动的第一个地方，是给窗户装上了漂亮的白色百叶窗。看起来这并不算什么大改变，但是百叶窗可以让房子显得温暖舒适，这是很重要的。其实，要是 1200 处单元房都装上百叶窗，也是一笔不小的花费，因为每个房子里至少有 8 到 10 扇窗户。我们做的第二处改动，是拆除了原来土气的铝合金大门，换上了典雅的有殖民时期风格的白色大门。

我力保小区要卫生整洁，定期维护。前面说过，我是一个对清洁有很高要求的人，而且我相信花在保洁上的钱不是浪费。比如，你打算卖车，只要稍花点力气，先用 5 美元把车打蜡清洗，卖的时候就能多要 400 块。如果我看到谁在卖一辆脏兮兮的车，我一定会把他卖不出去的原因告诉他，把车打理干净是很简单的事情。

在房地产界也是如此，保养得好的房子总是受欢迎。不过，纽约前几年的情况不是这样，当时人们陷入炒房热潮，几乎是房子就买，不在乎干净不干净。但是，现在要是再这样，就是犯傻了。市场的波动性很大，一旦陷入低迷，还是干净的房子更有竞争力。

除了装上漂亮的百叶窗和大门，我们还粉刷了门厅，铺了地板并上了色，空置的房子也让它一尘不染，还美化了院子。另外，我们为小区印了精美的广告，那时候，辛辛那提市还没有人给房地产做广告。来咨询看房的人络绎不绝，加上我们的良好推销，不到一年，房子全部租出去了。

在寻找房产销售经理的过程中，我们遇到一些困难，不过最终还是找到了。有的经理忠厚老实却不善言辞，其中有一个居然就窝在公寓的一个角落里什么也不干。另外一些人虽然聪明，却不懂销售。一旦发现不合适，我就会把他们辞掉，我看人很快也很准。

最后，我们终于找到了令人满意的销售经理欧文。65 岁的欧文确实是个厉害角色，我从没见过他这么能胡吹海侃的人，但是，他口齿灵敏，头脑精明，而且谙于销售。即使他一天只工作 1 小时，也顶得上过去那些经理工作 12 个小时的业绩。从他身上我学到了一点：**重要的不是你工作了几小时，而是在每个小时你都干了些什么。**

但是，他的缺点就是不能让人百分之百信任。从聘用他第一天，我就考虑过这个问题。不过，等我有了证据，才开始采取行动。我对管财务的员工，一般都是这样。那天，我的保险经纪人核对账单之后给我打来电话，说：“唐纳德，你被骗了，你的销售经理是个骗子。”我们查实，欧文确实是干了各类骗人的勾当，而且常常官司缠身。

我有一条原则，如果抓到谁私吞钱财，我绝对严惩不贷，即使要花费比他窃得的钱高 10 倍的价格也在所不惜。偷窃是一件十分恶劣的行径，但是在对待欧文的问题上，我犹豫了。他比以前任何一位忠厚老实的经理干得都好，而且他手下的员工没有一个敢揩油的。所以，我只要盯住欧文就可以了。我跟他半开玩笑地说：“欧文，我一年给你开 5 万美元工资，看你还敢偷。”他听到这话总会显得很不自在。

如果我抓到他偷钱，一定会炒他鱿鱼。不过，真碰上了，我却没那么做。我知道，每年除了工资他都能捞到 5 万美元油水，即使这样，他还是帮我赚了不少钱。

有一天，我刚走进办公室，就看到一个女员工在哭。她和其他员工合伙凑了 80 美元丧葬费，想用这笔钱合伙买花，送给一位刚去世的朋友。我问她为什么哭，她说：“欧文偷了我们的丧葬费。”

我找到欧文，说：“你真该死，偷别人丧葬费算怎么回事？”欧文当然矢口否认。解释说他刚才刚骂了那些女员工，她才哭的。话虽如此，我相信女员工确实没撒谎。

欧文不完美，但他是个传奇人物。

我来说说欧文和他的工作吧。他个头不高，体型较胖，还有点秃顶，鼻子上架一副厚底眼镜，手白白胖胖的像吉露果冻（Jell-O）。他天天笔不离手，比起强壮的收租者，他没什么块头，但他真正厉害的是那张无所不能的巧嘴。

当时有很多人不按时交租，欧文有时候就亲自去收。他摁响门铃，一旦有人开门出来，就脸红脖子粗地跟人讨钱。他会用所有的脏话骂房客，书上教过的威胁人的方法他都会用。这只是他的一种伎俩，不过很管用，一般房客都会立马掏钱。

有一天，欧文跟往常一样讨租。他敲开一扇门，一个 10 岁的小女孩开了门，欧文说：“让你爸爸出来交房租，不然我让他屁股开花。”他不停地说这类要挟的话，可是小女孩的妈妈出来之后，他就停下了，因为这位女士长得非常漂亮。

欧文几乎对女人没什么招数可使，特别是眼前这位漂亮的女人。欧文立刻改变话题，邀请她共进晚餐。这个女人的丈夫可能是个卡车司机或工地工人，她从没见过欧文这种人，不知道该怎么打发他。不过，她对欧文毫无兴趣，欧文只得作罢，我们一起离开了这位女士的家。

大约 1 个小时之后，我跟欧文正坐在他的办公室，刚才那个女人的丈夫找来了。他可是个大块头，看起来体重得有 240 磅。他怒气冲冲地问欧文为什么在他女儿面前骂骂咧咧的，还敢邀请她妻子出去吃饭。看那架势，他恨不得杀了欧文。

我觉得欧文肯定不是那人对手，还是逃走为妙。可欧文却一点也不胆怯，他一边挥舞着拳头，一边滔滔不绝地冲着那人喊:“你给我滚出去，我会杀了你，让你的人生完蛋。看到我这双手了吗，它们可是一对致命武器，在警察局都是有档案的。”

我永远记得那个男的看欧文时的表情，他说:“死胖子，你出来，我要跟你决一死战。”“决一死战”这个词总让我很想知道接下来会发生什么。我在心里想，欧文完了。可是欧文依然镇定，说:“想跟我打架，随时可以，但是，打架对我来说是违法的，我不会干犯法的事。”

在我眼里，欧文的双手倒不一定是他的致命武器，但是他很像个驯兽师。你一定见过驯兽师，体重 150 磅，他们无所畏惧地走进关狮子的笼子。如果笼里的狮子嗅到一丝一毫的胆怯或软弱，它们一定会一秒之内将驯兽师吃掉。但是，如果驯兽师挥着鞭子，态度威严地走入笼子，狮子反而会乖乖听话。欧文和那个大块头就好似这种关系，只不过跟驯兽师不同，他用自己的嘴震慑对方。

最后，那个男的离开了办公室。他还是怒气冲冲，但他什么也没做。欧文临危不惧的态度震撼了我，让我明白，任何时候都不要害怕。做你认为对的事情，坚持自己的立场，不向任何人低头，该来的就让它来吧。

欧文把思威飞通小区经营得这么好，让我省了不少心，我去小区的次数也少了。我已经不再主要依靠辛辛那提的生意，所以从原来的一周去一次，改成后来的一个月一次。

当初在思威飞通小区，我跟一位租客关系很好。他是一位犹太人，年纪比我大，曾经在波兰集中营待过。来美国后，靠卖肉起家，后来开了肉店。

我认识他的时候，他已经有 14 家连锁店了。他跟妻子两人在我的小区租了两个单元房，把它们连在一起，这样他们的家就宽敞了。我很敬佩这个人，因为他很有生意头脑。虽然吃了很多苦，但是他活了下来，而且活得很好。

这个小区买下几年后，一天，我又回去，正好碰上这位朋友。我问他："最近还好吗，在这住着还行吧？"他说："嗯，挺好的。"但是他把我拉到角落，悄悄跟我说："唐纳德先生，我把您当朋友才跟您说，这个小区不能再要了，卖了它吧。"我有点不解，问他："为什么这么说？"他说："这里的情况一天不如一天，我倒不是说您的小区建得不好，我是指住在这里的人。他们能让你赔得一干二净，然后像什么都没发生似的拍屁股走人，他们个个都不是省油的灯。"他这番话，我到今天都记得清清楚楚。

我尊敬的人给的忠告，我都会认真考虑。这并不是什么教条，而是个人直觉。于是我在辛辛那提又多逗留了两日，在小区里好好转悠了一下，确实感觉乱糟糟的，好像在酝酿什么大麻烦。

我决定卖出这片小区，就打了广告，很快就有人提出购买。思威飞通小区管理得很好，我们这么大一片地方，只有很少的负债，而且只靠房租每年就有 70 万美元的收入。不过，想卖出好价钱也不是易事。

买家是审慎信托投资公司（Prudent Real Estate Investment Trust）。那段时间，房地产行业非常流行信托投资，也就是委托人将自己合法拥有的财产委托给信托投资公司的一种行为，银行也愿意向信托投资公司贷款。但是，很多经营信托投资公司的人并不知道什么是信托投资，公司也经营得不怎么样。他们很可能根本不经过实地考察，就把钱投资在波多黎各的一项工程上，最后却发现，自己买的楼盘根本不存在。

跟我谈生意的审慎信托投资公司，在决定是否跟我合作前，先派了一位年轻人实地考察。这个人实际年龄跟我差不多，但他看上去像未成年人，我很奇怪这家公司居然把这么重要的决定权交给这个毛头小子。

比起到这里考察地段，这位年轻人似乎更期待在这里吃顿大餐。他听说辛辛那提市有一家餐馆很有名，叫作楼中楼（Maisonette），是当时全国最好的五家餐馆之一。他来之前，就在电话里告诉我，让我提前在楼中楼订好餐位，我答应了。

他乘坐的飞机有点晚点，到达辛辛那提已将近中午。我到机场接了他，开车带他去思威飞通小区。小区里房子的居住率依然是百分之百，不过，他对此毫无兴趣，也没问什么相关问题，反而一心想着去吃大餐。从小区去餐馆只要半小时，结果我们吃了三个小时的午饭。这跟我一贯的工作方式完全不同。如果我只有一天的考察时间，我一定匆匆扒几口午饭，把主要精力都投入在与生意相关的问题上。

吃完饭已经快4点了，我开车送他去机场。这位先生酒足饭饱回到纽约，感觉相当不错。于是在老板面前大力推荐了思威飞通小区，说这是一笔好买卖，于是，生意做成了。他们出价1200万，我们净赚600万美元。鉴于我们在思威飞通的投资时间还不算太长，这个价钱确实是笔巨大的回馈。

我们顺利签约。签约之前，我已经预见到了一些不好的苗头：很多租客租期将至，但他们似乎不想再续约。于是，我们在合同里特别强调，所有条款在合同签订之时都是真实有效的，但是我们不保证交易结束时的情况。也就是说，我们签合同的时候，这些房子确实是百分之百的入住率，但是最多三四个月之后，交易结束了，确保入住率就不是我们的职责了。

我们在合同里还特别强调，买方必须确保交易按时结束，不然就要付给我方巨额的违约金。这一点其实也没有按常规，一般在一笔生意中，买方会在合同里提出，先交付出价的10%作为定金，如果他们违约，只需将定金赔偿给卖方。可是，审慎信托投资公司却没有这么做。

看来，审慎信托投资公司里的人应该更加“审慎”才是。我之前说过，信托投资这个行业盲目不得，做生意不能太过草率，不然将付出惨重的代价。在这笔生意中，到交易结束时，思威飞通小区已经闲置了几十间公寓了。

TRUMP
THE ART OF THE DEAL

5

进军曼哈顿

经济危机的风险

The Move to Manhattan

在1968年，我从沃顿商学院毕业，当时就瞄准了曼哈顿市场。但是，曼哈顿房产市场很热，房价居高不下，我苦于找不到一笔合适的生意。我所谓的合适的生意，是指地段较好，我又能买得起的。父亲的生意做得不错，但是他并不能将一笔数目可观的投资基金完全交给我。我刚毕业那会儿，自己有20万元的资产，不过它们多数都套在布鲁克林区和皇后区的楼市里，于是我决定再等等。我一边帮父亲打理生意，一边花大量时间待在曼哈顿，寻找机会。

1971年，情况有了好转，当时我决定在曼哈顿租一间公寓。公寓是位于第三大道和75号大街交会处的一间工作室，它对面就是相邻大厦的顶层水箱。我自嘲自己住的是阁楼，因为它确实接近大厦的顶层了。我试着把它分成几部分，让屋子看起来大一些，不过，它终究是一间又暗又脏的小公寓而已。即便如此，我还是很爱这间公寓。15年后，我搬进了特朗普大厦位置最优的3层公寓，窗外能看到中央公园的景色，但当时那种心情，也不如我搬进这间小公寓激动。

要知道，我是在皇后区出生，在布鲁克林工作的"市郊人"，如今能在曼哈顿东区有个安身之处，心情怎能不激动?

自从搬进曼哈顿，我对这个地区就更加熟悉了，这一点对我来说很重要。任何一个刚来曼哈顿的人，都不会用我这种方法去认识这里——我摸清了所有好地产的位置，也成了地地道道的"城里人"。我踌躇满志，自认为拥有一切得天独厚的条件——我年轻，有活力有干劲，虽然在布鲁克林区工作，但是我住在曼哈顿。

来曼哈顿之后，我先加入了曼哈顿最著名但是入会条件也最苛刻的Le俱乐部（Le Club），跟54俱乐部是一种类型。它位于东区54号大街，里面的会员基本上是商界最成功的人士和社交界最有姿色的女人。在这家俱乐部，如果你看到一个75岁的富人左拥右抱着三个瑞典金发美女，一定不要觉得奇怪。

成为Le俱乐部会员的经历还挺难忘的。一天，我拨通了俱乐部的电话，自我介绍说："我叫唐纳德·特朗普，我想加入贵俱乐部。"电话那头传来轻蔑的笑，一个声音说："你在开玩笑吧？"他的反应没什么好奇怪的，我毕竟只是无名小辈。第二天我又想了一个办法，继续打电话过去，说："我能不能看一下你们的会员名单？里面可能有我认识的人。"电话那头的回答是："抱歉，我们的名单不对外泄露。"于是又挂了电话。

第三天，我继续打，我对接电话的人说："我要跟俱乐部老板联系，我有重要东西给他。"这话终于起了作用，对方把老板的商务电话号码告诉了我。我给老板打了电话，首先非常礼貌地介绍了自己："您好，我叫唐纳德·特朗普，我想加入贵俱乐部。"他问："你有朋友或家人是我们的会员吗？"我说："没有，我一个会员也不认识。"

他问我："那么你为什么觉得自己有资格加入俱乐部呢？"我就开始滔滔不绝地说了起来。最后，这位老板跟我说："听起来你人挺不错的，吸收年轻会员对我们也有好处，我们找时间去21号包间喝一杯吧。"

打完电话的第二天，我们按约定的时间见面喝酒。我其实不会喝酒，坐在那儿也不知该干什么。俱乐部老板却是海量，还带了一个跟他一样能喝的朋友。接下来的两个小时，他们一直在喝，我就干坐着。最后，我忍不住发问："嗨，伙计们，要不要送你们回家？"他们说："不用，我们接着喝。"

这种场合让我有点招架不了。我的父亲是个意志坚定的人，说一不二，生活很有规律。他每天晚上7点回家，吃过晚饭之后，开始读报纸，看电视新闻等等。这点我跟父亲很像,我们跟这两个“酒桶”简直来自两个世界。我甚至想，该不会曼哈顿所有的成功人士都嗜酒吧，如果真是那样，跟他们竞争起来，岂不是更有优势了。

那天晚上，他们一直喝到 10 点。喝完后，我自然要负责送他们回家。俱乐部老板再也没有联系我，过了两周，我给他打电话，他居然都不记得我了。我又重复了一遍我们认识的经过，一直说到我们约好去 21 号包厢喝酒的事情，因为那时他头脑还清醒。他同意收我做会员，但是有一个顾虑，俱乐部好多会员都是老夫少妻，老板担心我长的这么年轻英俊，会勾引那些年轻貌美的贵妇人。他让我保证不干那种事。

我简直听呆了。我的母亲跟父亲一样，意志坚定，她一辈子只爱父亲一个人，最近他们还刚刚庆祝了金婚纪念日。我在父母恩爱的环境里长大，可是有人却让我别跟别人的老婆偷情。

虽然不可理喻，我还是答应了他。成为俱乐部会员，无论从职业上还是社交方面，都对我的人生起了很积极的作用。在这家俱乐部，我认识了很多漂亮的单身女性，几乎每晚都出去应酬。实际上，我没有跟她们中的任何一位真正交往过。她们虽然容貌姣好，可是从来不跟你说一件正经事。她们爱慕虚荣、疯疯癫癫、放荡不羁，好多人甚至满口胡言。我很快就发现自己不能带这类女孩儿回公寓，在她们眼里，我的住处简直不堪入目，她们过分关注外在的东西。后来，我结了婚，娶了一位同样美丽的妻子，但是，她跟她们不一样，她和我的父母一样，是个踏实、不轻浮的人。

同时，我也认识了很多事业有成、家缠万贯的富翁。每天晚上我去俱乐部休闲娱乐的同时，也能学到很多东西。我学到了纽约房地产行业的运作方式，还认识了很多日后会合作的商人。就是这些富人朋友，特别是来自欧洲和南美洲的商人，后来购买了特朗普大厦和特朗普广场里最贵的地方。

也是在这个俱乐部，我认识了律师罗伊·科恩。我之所以知道他，是因为他名声在外，他的无所畏惧能给人留下很深的印象。那天晚上，我发现罗伊就坐在我的邻桌，经人介绍后，我们聊了起来，我打算试试他——我总喜欢试探别人。我说："我不喜欢律师，他们只会耽误生意，不会促成生意，无论问他们什么，他们都说不行。他们只盼着调停，而不会争取主动。"罗伊说他同意我的观点。我很满意，接着说："我做房产生意可不能像律师那样，我要主动出击，而不是一味忍让。否则，别人就觉得我好欺负。"

我看出他开始对我的话题感兴趣了，但又不太明白我想说什么。于是他问："你是在给我讲大道理吗？"我说："这并不是什么大道理，这都是发生在我们身边的事情。政府以民法的名义，起诉我和另外一些公司，说我们歧视黑人，不把房子租给他们。"我还解释说，我下午刚和父亲一起见了一些律师，他们来自华尔街一家很有名望的律师事务所，这些律师劝我们跟政府调停。很多商人面对这种情况时，即使打官司有绝对胜券，也会选择调停，因为他们担心对簿公堂会让自己的脸面不好看。

这事确实让我忍无可忍，况且，事实上我们根本就把房子租给黑人了。

我们给房客订的租房要求是，按时交租，保持房子干净整洁，与邻居和睦相处，而且他们的收入必须至少是房租的四倍。我把这些都告诉了罗伊，问他："你觉得我该怎么办？"他说："让这些人见鬼去吧，上法庭跟他们打官司。既然你的租客里有黑人，他们就没有证据证明你歧视黑人。"他还说："你有权力选择自己的租客，不论他们是黑人还是白人，只要他们不受欢迎，你都能将他们拒之门外，政府无权干涉你的生意。"

他的一席话，让我当即决定聘用他做我方律师。当时我在房地产界还默默无闻，但是科恩是个愿意伸张正义的人，于是他接手了我的官司。我随他去了法庭，为了自己的权利而斗争。在法庭上，由于政府拿不出控告我们的证据，法院便从中调解，没有判哪方有罪。我们也同意了政府的一个要求，就是在当地的报纸上刊登一段时间的出租广告，出租对象是所有人，大家机会均等。

那段时间，我从罗伊身上学到了很多东西。只要他充分重视，他都能把官司打得很漂亮。他可以不带任何笔记就上法庭，他的记忆力惊人，很多事情都能脱口而出。如果准备充分，那他在法庭上总能表现得智慧过人，无懈可击。但是，他并不是认真准备每场官司。因为他的天资聪颖，不准备似乎也能应付得来，但是，一旦出现问题，后果是不堪设想的。所以，每当一场官司开始之前，我都会问罗伊是否已做了充分准备，如果他说没有，我就会请求法院延期开庭。

我没跟自己开玩笑，罗伊可不是纪律严明的童子军 。有一次，他跟我说，他要把成年时代 2/3 的时期都重点花在一到两个案子的诉讼上。我听得目瞪口呆，问他："你不会说真的吧？" 他看我一眼，笑着说："你想什么呢！" 我也不知道他说的是真是假。

不管你怎么看他，他其实是个原则性很强的人。我想，对他来说最重要的事情，除了忠诚，应该就是超强的原则性了吧。比方说，罗伊的朋友们都知道他是同性恋。如果你在社交场合遇见他，多半他都跟一些长相英俊的年轻男士在一起。但是罗伊从不谈论同性恋的话题，他只是不想别人拿有色眼镜看他。他觉得在那些非同性恋者的眼中，同性恋就是窝囊废的代名词。他懒得解释，所以就刻意回避这个话题。但是，如果有人当面攻击同性恋，罗伊会第一个站出来反击。

虽然有时候显得强硬，但是罗伊有很多朋友，而且我自信自己也是其中一员。头脑精明的他对朋友十分忠诚，因此绝对是个值得信赖的人。你大可放心让他在法庭上做你的坚强后盾，即使他私底下不同意你的观点，亦或是支持你对他来说没有多少好处，但他从不干两面三刀的事。

现在很多衣冠楚楚自诩诚实正直的人，实际上却一点也没有忠诚度可言。他们只想着什么对自己最有好处，却不想想在背后捅朋友一刀自己会得到什么报应。罗伊是绝对干不出这种事情来的，这也是我最欣赏他的地方。罗伊这种人就是，如果你病危在床，哪怕其他人都已经离开，他还会守护你直到你离开这个世界。

自从来到曼哈顿，我能够认识很多人，也更加了解纽约房地产，但是我始终未能发现价格合适的好地块。1973 年，曼哈顿房产界的情况开始变糟。我早预料到有这么一天，任何事物都有周期，房产市场也是周期市场，不过，情况也不会糟糕得太离谱。出现这种情况是由以下几个原因造成的：第一，联邦政府要延期支付给开发商的建房补助，这些补助原来数额很大，主要拨给城市开发商。第二，银行利率上涨。由于银行利率多年保持平稳，很多人甚至都不记得银行利率还会波动这回事。第三，突然的通货膨胀无疑是雪上加霜，建筑成本猛涨，带动其他没有发生通胀地区的建材价格也跟着上涨。

然而，最大的问题来自纽约这座城市自身，巨额负债弄得人心惶惶，人们第一次开始感到城市要“破产”了。这种恐惧一传十，十传百，人们对城市发展的信心指数大跌，大家普遍为城市的未来感到担忧。

这种情况并不适合新的房地产开发。1973 年 1 到 9 月，政府在纽约五大区一共批准建设了 15000 套单元房和单身公寓，但是到 1974 年同期，这个数字下降到了 6000 套。

我也开始担忧纽约的未来，但倒不至于为此彻夜难眠。说到底我还是个乐天派，而且从城市的危机中，我似乎看到了自己的机遇。我是在皇后区长大的人，我一直觉得在曼哈顿生活是最棒的，它是世界的中心——当然，这话可能有强烈的主观色彩。无论城市现在遭遇了什么危机，我都坚信最后一定会有转机。纽约始终都是独一无二的，不是吗？

我早就看中了一个地方，它是位于哈得孙河旁，起于第 59 号大街，止于 72 号大街的一片废弃的铁路站场。每次我沿着西区高速公路开车经过这里，都梦想有一天能在这里建楼盘。在沿河地区的 100 多亩未开发的土地上盖楼，这种巨大的商机是显而易见的。可主要问题是，怎样在城市经济危机的时候开始这项工程。

以低价买到好地段，谁都愿意做这种买卖。当时，西区的很多住宅区都被人们看作危险的去处，几乎每条街上都有福利旅店，公园里也到处是毒贩子。我还记得《纽约时报》曾撰文大篇幅报道过公园西道（Central Park West）和哥伦布大道（Columbus Avenue）之间与 84 号大街交会的街区，说这是一个混乱不堪的地区。

说是这么说，但是用不了多久，这些地方都能有相当不错的改观。就拿那些脏乱差的大街来说吧，即使是西区 84 号大街，也有用赤褐色砂石建造的豪华公寓，距中央公园只有几步之遥。在条件同样不太乐观的大道上，特别是公园西道和河边大道（Riverside Drive），也有很多古老豪华的建筑，面积宽敞，窗外风景绝佳，人们只是需要时间去发现这些地段的价值所在。

1973 年夏季的一天，我在报纸上读到一则新闻，提到宾夕法尼亚州中央铁路正在提交破产申请。报纸还说，宾州中央铁路的董事聘请了一家公司帮他们处理一些资产，公司的老板名叫维克多·庞万力。这些资产主要位于曼哈顿西区 60 号街区和 30 号街区。宾州中央铁路答应维克多，每做成一笔买卖，都给维克多一笔分红。

我从没听过维克多·庞万力，但是看了报纸之后我决定认识他。我打通了他经纪人的电话，说："你好，我是唐纳德·特朗普，我想买 60 号街区的地块。" 这种直截了当的方式是相当有效的。

我猜他们可能是欣赏我的直率和热情吧。那时我还从未有过什么建筑成果，但是比起那些比我小有成就的人来说，我愿意做他们不屑做的生意。

我跟维克多见了面，交谈得很愉快。维克多很圆滑也很有魅力，他是意大利人，长得像个欧裔新教徒。我首先告诉他，60 号街区的情况太差了，整个居民区跟现在的纽约城一样，乱得不可收拾，我看中这种地方，可能只是头脑发热的结果。我一直觉得，如果自己想买什么东西，一定要告诉卖方，他们的东西值不了多少钱，这对我是有好处的。

我还跟他说，买这么一大片没开发的地块，去政府办理各项申请手续也是很麻烦的。无论开发什么项目，社区管理委员会都要干涉，而且，还要花上不少天往城市规划委员会和财政预算委员会跑呢。

接下来，也是最重要的一步，就是向维克多和他的团队推销我自己。我没有丰富的建设经验和成果，但是我可以让他们感受到我十足的干劲和饱满的热情。

维克多愿意相信别人，他打算看看我的表现，还建议我把西区 34 号大街的开发权也买下来。我想，可能我的自我评价有点言过其实，让他完全相信了。但是，我别无选择。我只有 27 岁，无论是父亲还是我，我们都没在曼哈顿开发过楼盘。尽管维克多很看好我，可是，如果不是我把自己的公司说的规模庞大又资历雄厚，他也不会这么信任我。我们的公司其实没有什么正式的名字，但是我告诉维克多，它叫“特朗普集团”（Trump Organization），可能“集团”这个词听起来很气派吧。很少有人知道，所谓的“特朗普集团”只不过是布鲁克林区 Z 大道上的几间小办公室而已。

我跟维克多提到我们在政界也有熟人，比如亚伯拉罕·必姆，他是 1973 年 11 月当选的纽约市长。必姆原来跟我父亲在一家民主党俱乐部，他们也互相认识。和其他开发商一样，我和父亲为他竞选市长捐了钱，也给其他竞选人捐了。在纽约，开发商给政治人士捐款是一条不成文的规定，我们捐给必姆的钱并不比其他开发商捐的多。而且我认为，也许是私下里跟他认识的原因，必姆总是有意避免在政策上对我们有什么照顾。

相反，他任职期间，我为了申请在西区 34 大街建一座会展中心，几乎花了四年时间。那是建会展中心的最好地方，我们也几乎得到了纽约所有有头有脸的商人的支持，可是直到必姆离职前的几个星期才站出来支持这个项目，而且，他从未给过我官方的许可证。终于，到 1978 年，新上任的纽约市长，爱德·科赫同意了我们的申请。没人想过我和爱德·科赫是不是私交很好，不过，说到这儿，这个问题的答案已经显而易见了。

跟维克多建立了良好的关系之后，我就能为他工作，而不只是他的一个买家。这对我来说十分有利，比如，我们制定了协议，使我在购买 60 号街区和 30 号街区的地块上享有特权，虽然我还要得到政府批准，也要得到负责宾州中央铁路破产案的法院许可——该有的手续都得办，但是我可以不用花自己一分钱，宾州中央铁路方面甚至提出为我出所有的开发资金。这简直不可思议，卖方居然为潜在的买方提供开发基金。这件事情虽然今天听起来是笔吃大亏的买卖，不过，在当时那个奄奄一息的纽约，根本没人愿意开发地产，所以买方是在帮卖方的忙。

同时，维克多还帮我在媒体界建立了良好的信誉。美国知名经济杂志《巴朗》的记者问他，为什么选择了特朗普。他说:“这个项目存在很多未知的风险，像黑洞一样，一旦涉足，很难抽身。我们跟很多人交涉，但是他们没有闯劲,准备不周,缺乏想象力,不是我们期待的人选。特朗普就不同了，他身上有 19 世纪开发商所具备的优良品质，他是时代的英雄。”

当时，我一直通过媒体大肆宣传自己的建设计划，但是还没有将其付诸实施。纽约房产界一位大亨跟我的一个亲密朋友说:“特朗普就知道吹，怎么没见他盖楼的砖瓦和砂浆呢？”

朋友把这话转述给我的时候，我因自尊心受到极大伤害而感到愤怒，一年多没跟那个嘲笑我的人说话。现在回头想想，也许他说得没错，所有的一切都可能烟消云散。如果我在曼哈顿没有成功完成第一个开发项目，如果政府没有批准我建会展中心，没有同意我来建设君悦大酒店，我可能今天还在布鲁克林，做房屋出租生意。而恰恰是有了这一切，才有了我的现在。

1974 年，7 月 29 日，我们正式宣布，特朗普集团以 6200 万美元的价格买下宾州中央铁路沿河的两处地块，分别是 59 号大街到 72 号大街的地段和 34 号大街到 39 号大街的地段，不需要付押金。这则消息登上了《纽约时报》的头版。

我最初设想在新地段上建造面向中等收入者的单元房，房租跟现在比相当低:每月 100~125 美元，当时算是高价。我打算从政府的米歇尔·拉玛项目中争取资金支持。该项目是为了鼓励开发商建造面向中等收入者的住房而设立的，政府给这部分开发商提供长期低利息的贷款，而且还减免他们的税款。

1974 年 6 月份，我宣布买下地块前的一个月，我、维克多和他团队的一些人约见了亚伯拉罕·必姆市长，试探他对我们开发计划的意见。他给了我们很多鼓励，但是计划公开后，他却从未表过态，直到所有相关机构，包括城市规划委员会、财政预算委员会和当地的社区管理委员会全都审核通过了之后，他才表明自己的立场。这就是政界人士，风往哪边吹，他就往哪边倒。

我前脚刚宣布了自己的购买计划，后脚就有人出来跟我竞争，施泰力房产公司（Starrett Housing）就是其中之一。在布鲁克林的时候，我和这家公司合作了施泰力城市住房项目。他这次愿意出价 1.5 亿美元跟我竞争，具体数目还要依据集资情况和相关机构是否批准为准。我的出价跟他的相比，简直抬不起头。

在这个项目里，我是第一个表示有意愿并且有能力在法律允许范围内把它做好的人。有时候，为了做成一笔生意，你必须贬低自己的竞争对手。直觉告诉我，施泰力的出价不可靠，他们的公司根本就不会跟维克多方面达成协议，即使协议达成了，他们的楼盘也开发不好。任何人任何时候都能竞标，包括我，因为意外有随时发生的可能。但是，我已经投入了大量的时间和精力，这让维克多和他团队的人相信，我是个严谨又尽职尽责的人。

最终，我说服了维克多，虽然我出价只有 6200 万美元，但是把项目交给我，绝对比在施泰力身上冒险值得的多。

有些讽刺意味的是，我宣布计划并且成功击败对手之后，没到一年，纽约的经济情况就恶化了。

1975 年 1 月，为公共住房发行债券的城市发展协会（Urban Development Corporation）拖欠了 1 亿多美元的债券基金。

1975 年 9 月，市长必姆宣称，由于财政危机，政府决定暂停拨付支持新房建设的项目基金。

同年 11 月，国家政府也宣布，未来五年，为中低收入者建房的开发商，包括那些已经被批准的项目，也都得不到政府财政补贴。

那段时间，每早起床，你都能在早报头条读到关于经济危机的报道。每当看到这种新闻，我都忍不住为城市的未来感到担忧。当我确定自己得不到政府的建设补贴之后，我决定另辟蹊径。

我一直认为西区 34 号大街的地段是建会展中心的好地方。但是，众口难调，每个人的算盘打的都不一样。起初，政府花了三年时间考察研究了一个地块，它位于 44 号大街，毗邻哈得孙河。政府想在这里建会展中心，而且得到了很多地位显赫的商人支持。政府对外宣称，光是准备工作这一项，就已经花了 1300 万美元，但据知情人士透露，实际花费已经接近 3000 万。

政府宣布不给城市建设提供资金的数周后，市长必姆也宣称，44 号大街建会展中心的计划暂时搁置。消息一出，我立刻聘请了优秀的律师塞缪尔·林登鲍姆，他对城市分区规划的问题很在行，而且之前一直为 44 号大街会展中心项目服务。

另外，我还聘请了路易斯·桑夏，她是一位尽职尽责、很有政治背景的人。1974 年，修·凯瑞竞选州长的时候，她是修的财政顾问，同时，她还是民主党的财政主管。刚开始，路易斯几乎是无偿为我工作，后来，她成了我公司的副总裁。

我积极组建精英团队，为的是推销自己的地块。于此同时，政府也有了新的选择，他们打算把会展中心的地址改在曼哈顿南部的炮台公园区（Battery Park City），与世贸中心相对。依我之见，原址和新址选的都不怎么样，倒不是因为我要跟他们竞争才这么说的。我打算跟政府公开叫板，可我只是无名之辈，要想得到公众的支持，必须先提高自己的知名度。

为此，我决定先召开新闻发布会，这也是我人生中第一次召开新闻发布会。路易斯和一位纽约市的公关大师霍华德·鲁宾斯坦一起，帮我请了几位有影响力的人物，包括美国参议院的议员曼夫瑞德·奥伦斯汀先生和纽约政界很有影响力的劳工谈判专家西奥多尔·基尔。基尔在会上说了一句很经典的话："在炮台公园建会展中心，无异于在墓地建夜总会。"为了表明立场，我们在发布会场打出了条幅"34 号大街，'见'造奇迹"。我在一大堆记者面前保证，我在 34 号大街建的会展中心将花费 1.1 亿美元，比政府原定在 44 号大街的工程节省至少 1.5 亿美元。

不出所料，很多人表示怀疑，各家媒体也一片哗然，但是政治家们连眼睛都没眨一下。从那之后我发现，政治家是不会在乎开销的，反正花的不是他们的钱。

为了推销自己的地块，无论我到什么地方，总会先强调在34号大街建会展中心的重要性。多数人的观点是，纽约还处于危机之中，最好的办法就是，这件事提都不要提了。

在我看来，持这种观点的人目光都比较短浅。举例来说，很多公司看到销售业绩下滑,就开始减少广告开支。可是,正是因为人们都不买东西了，你才更要做广告。建会展中心也是这个道理，我敢说，它一定能重塑城市形象，并且推动城市经济重新步入正轨。

只要别人愿意听，我就会告诉他们:34号大街的地理位置十分优越，政府的两处选择糟糕至极。要想在之前选择的44号大街建会展中心，就得在哈得孙河上搭防水台，建到河上面，这样做成本高、问题多、耗时长。而且，44号大街的地块面积太小，根本没有扩展的空间，如果会展中心建在水上，还得经过日渐风化的西区高速公路才能到达。最后，我会使出“杀手锏”:要想在水上搞建筑，必须获得政府的水上建筑许可。为此，我专门做功课查询了什么是水上建筑许可证。它是政府批准开发商在特定水域搞建设的许可证明，要想得到它，得先通过议会立法。

建在炮台公园，比44号大街更不靠谱。那里地处城市最南端，交通、住宿、娱乐都很不方便。我还给大家分发了我们制作的调查报告，报告显示如果在炮台公园建会展中心，就得重修西区高速公路，让它通向这里。另外，还得在会展中心附近新建至少2000间宾馆房。

抨击倒是其次，大部分时间，我都在跟别人赞美自己在34号大街的地块。它位于高速公路右边，或者说，在高速公路东侧，交通便捷。比起政府的两处选址，这里离地铁和公交车站都比较近。我的会展中心一定比政府建的省钱，而且不用让原来住在附近的租客搬迁。

因为这片区域面积广阔，很多地方都能留作日后开发。有一次，议员罗伯特·瓦格纳让他毕业班的学生到我的地块上做项目评优，我想办法得到了他们评优报告，将之命名为“瓦格纳报告”。这个报告可是独一无二的。

没用多久，我的准备工作已经做得差不多了，唯一的缺憾就是有几位大人物不支持我的计划。首当其冲的是市长亚伯拉罕·必姆。亚伯拉罕放弃了在44号大街的建设计划，就把目光瞄准在炮台公园上，无论我怎样跟他分析我的地块优势，他总是不为所动。另外一位主要反对者是副市长约翰·祖克缇。他见我逐渐开始占优势，便到处诋毁我在34号大街的地块。我认为，他这么做的主要原因，是他不愿意承认自己这几年在44号大街花费的巨额资金和精力都毫无意义。我毫不示弱，把这个原因告诉了公众，还说了他自私自利、心胸狭隘等一系列缺点。他听了十分恼火。我们的口水战引来很多媒体的关注，这对我没什么坏处，因为我可以借机宣传自己地块的诸多优势。

我们逐渐说服了所有人。由于我们的坚持不懈，那些反对派的声音也越来越弱。1977年，必姆又成立了另一个委员会，打算对会展中心重新选址，经过考察，他们也认为我的地块是最优的。在这种情况下，必姆终于给我们投了赞成票——不过已经没有效力，因为他那年的年底就要离职。

1978年1月，爱德·科赫接任市长一职，他打算亲自考察我的地块是否符合要求。我以为一切又得重新开始，不过，事情进展很快，我们的地块也再次脱颖而出。终于，1978年4月份，市政府和州政府宣布，他们打算购买我在34号大街的地块，在那里建会展中心。我终于胜利了，虽然这种胜利的形式意义大于物质意义。为此事奔波的这几年，我的付出远大于应得的回报，何况，这种付出也不能仅从物质的角度去衡量。

政府决定花1200万美元从宾州中央铁路手中买下这里。由于我跟宾州中央铁路已经谈妥，政府答应赔偿我83.3万美元。不过，我跟政府商量说，如果他们同意会展中心以我的姓氏命名，我可以放弃这笔赔偿。很多人对此持异议，但是我没必要解释什么，因为，要是没有特朗普家族，纽约恐怕到今天都没有一家会展中心。

更重要的是，如果政府让我建会展中心，他们就能省下一大笔钱，我也乐意这么做。但是，爱德·科赫却认为，我刚刚把这个地块卖出，不宜又成为它的承包商，这理由真让我觉得匪夷所思。最后，我跟政府保证，整个承包工程花费不会超过2亿元，超出部分我自己负责。这个条件其实对我很不利，很少有承包商干这种傻事。

州市两级政府决定，他们派人负责监督工程。拜他们所赐，这应该是建筑史上最严重超时超支的工程了。政府委派城市发展委员会的主席理查德·卡亨监督我们的项目。理查德人很好，但是像罗伯特·摩西一样，有点权力狂。而且，我并不清楚他的建设经验和能力。

卡亨接管后，第一件事是聘用贝聿铭作建筑师。贝聿铭名气很大，但在我看来，他处理问题总爱用浩大的手笔，而且毫不节制。贝聿铭首先为会场设计空间框架，但他的方案是所有职业工程师们公认的难题，而且建筑费用肯定会超支。特别是用于会展中心的话，这种方案更难操作。

一开始我就跟卡亨和他的团队建议，我们得同时建会展中心的停车场。他们却说，建停车场得先取得政府的环境影响评价书。我的意见是："拖的时间越长越难获批。如果一直拖到最后，就得另立文件申请，最起码现在可以先进行准备工作。"但是，他们并不理会我的建议。所以，到最后停车场也没建起来，而且短时期内也没有兴建的可能。

会场入口处的位置，他们的选择也很草率。如果入口处在会场西面，与哈得孙河相对，顺便还能欣赏宜人的风景。可是，他们却将入口放在会场东面，面朝车水马龙的11号大道。

这些问题让我忍无可忍。1983年，工程延期和超支问题越来越严重，我提笔写信给新的城市发展委员会主席威廉姆·斯特恩，第二次申请工程的承包权，这次我不要任何的资金补助，只要让我拥有工程的监督管理权，我还保证一定能在预算内高效完成工作。

我的申请再次被拒绝，会展中心的工程从失败变为惨败。去年，在延期四年、超支2.5亿美元的情况下，这项工程终于竣工。加上这几年的储囤成本费，工程耗资不下10亿，财政赤字创下了7亿元。

这项工程简直就是耻辱，更糟的是，很多人对此根本毫无感觉。1986年，虽然受邀参加会展中心的开幕仪式，但是我拒绝了。政府原本可以在优势地块上建出完美工程，可是因为计划失败，预算不周，这一切都给毁了。即使今天会展中心取得了成功，那些被挥霍掉的金钱永远也弥补不回来了。

说来有趣，虽然34号大街的建设大费周折，不过我从没拿它跟60号大街的建筑项目做过对比。说到底，还是60号大街的项目困难更大啊：社区管理委员会的反对声音大，分区又复杂，银行也不愿在城市经济风雨飘摇之时贷款给开发商。

1979年，虽然百般不情愿，我还是放弃了自己在60号大街的建设计划，转而投向更有前景的生意。

接下来的第一笔，便是与维克多·庞万力和宾州中铁公司洽谈，购买康莫得酒店。

6

君悦大酒店

42号大街的复兴之源

Grand Hotel: Reviving 42nd Street

由于购买宾州铁路沿河两处地块的缘故，我跟维克多·庞万力和他的团队相处得越来越好。1974年下半年的一天，我在维克多的办公室半开玩笑地对他说："伙计，现在我已经有了宾州中央铁路的两处地块，你们公司还有什么好买卖？"

维克多说："我们手里还有几家酒店，你可能会有兴趣。"

宾州中央铁路在市中心确实是有几家酒店，相互离的也不远，它们分别是：比尔特摩酒店、巴克莱酒店、罗斯福酒店、康莫得酒店。前三家酒店经营相对比较成功，买下它们应该不会花太多钱。康莫得酒店危机重重，不仅不盈利，而且多年拖欠税金。

维克多的消息让我喜不自禁。我当即想到，康莫得酒店在纽约中心，位于42号大街和公园大道交会处，与中央车站相邻，将来一定是这四家酒店里发展前景最好的。

得到消息后，我立刻步行去了康莫得酒店，那天的情景我至今历历在目。酒店附近的地区落败不堪，半数建筑物都已被没收。康莫得的外墙脏得不成样子，酒店门廊也邋邋遢遢，看起来像个福利旅馆。一楼沿街房是破破烂烂的跳蚤市场，店面都被木板封住了，门口乱糟糟堆着废弃物。多数人看到这幅场景，一定觉得压抑难耐。

但是当我离酒店越来越近，却注意到了一些事情。当时是早上9点，很多来自康涅狄格州和韦斯特切斯特（Westchester）的西装革履的上班族从中央车站和地铁站涌入42号大街。纽约虽然在衰落，可我在康莫得大酒店却看到了希望。只要纽约城一天还在，每天就会有成千上万上流社会的人从四面八方经过这里。不说别的，康莫得酒店是发展这里的关键，如果让我经营，它一定能东山再起，因为光是它的地理位置就很占优势。

我重新找到维克多，跟他说我对康莫得酒店感兴趣。维克多听了很高兴，因为在别人眼中，康莫得已经一文不值了。我同时把自己的想法也告诉了父亲，父亲以为我在开玩笑。后来在一次采访中，父亲跟记者说，他听了我的想法之后的第一感觉就是："当时，连赫赫有名的克莱斯勒大楼（Chrysler Building）都濒临破产，他却买这么一家酒店，简直就是飞蛾扑火。"

这个想法不是心血来潮，我知道潜力和弊端并存，这项投资可能让我一鸣惊人，也可以让我一败涂地。从第一天接触这笔生意，我就在尽力让所有风险最小化，从经济方面来说，之上所有努力都没白费。随着时间的推移，这笔交易越来越棘手，虽然投入了巨大的时间和精力，可总会出现这样那样的问题，这些问题不是单纯靠金钱就能解决的。我不能只在嘴上说说，我还要证明我自己，向其他房地产开发商、向媒体、向我父亲证明：我一定说到做到。

购买康莫得酒店，其实是要耍一些"花招"的，不过这些花招比我预想的多。首先，我得让庞万力团队的人相信，我是购买酒店的最佳人选，但是洽谈中尽量不涉及钱的问题。同时，我请到一位经验丰富的酒店管理人员，有他做担保，我向银行寻求贷款会容易一些。这还不够，我还要说服政府官员最大限度减免我的税费。当时那种情况，银行甚至不愿意贷款给效益好的企业，但是，如果看到政府能给我减税的话，银行一定愿意给我贷款。

有趣的是，我最有力的武器是拿纽约城糟糕的经济环境作挡箭牌。我跟庞万力说，在纽约经济岌岌可危的时候，我可能是唯一一位愿意在破败街区购买濒临倒闭酒店的人。对银行方面，我跟他们说，给新项目提供贷款是他们振兴纽约经济的职责所在。对政府官员，我也有充分的理由:他们给我减免税费是一项双赢之举，我的酒店肯定会带动与之相关的建筑项目和服务业的发展，繁荣区域经济，最终能给城市贡献大量的税金。

1974 年秋末，我把购买酒店的事情正式与庞万力提上了桌面。八九个月之前，宾州中央铁路公司刚刚投资 200 万对康莫得酒店进行了翻新，这项工作的效果，仅相当于给一辆出过严重车祸的车重新打了蜡。酒店翻新之后，1974 年宾州中铁还是产生了巨额亏损，这里面还不包括康莫得酒店欠下的 600 万元税款，康莫得酒店就是公司亏损项目之最。

很快，我们为交易制定了初步计划。我打算以 1000 万美元收购酒店，前提是我能得到政府的税费减免、银行贷款，还要找一位酒店经理。也就是说，我会全盘考虑再做定夺。不过，有 25 万元是我必须要花费的，但是我又不愿意在谈生意的初始阶段就这么大手笔，要知道，在 1974 年，25 万美元对我来说可是个大数目，于是我打算缓一缓。合同已经签好了，但是我让律师从中又找出了很多法律漏洞，然后给他们驳回。与此同时，我继续为各项事宜积极准备着。

首先，我需要一个精美绝伦的设计，让人们对我的酒店一见钟情。为此，我约见了一位年轻有为的建筑师德尔·斯卡特。我们于周五晚上在麦克斯韦餐厅见面，我很快被德尔的才情所吸引。我告诉他自己的想法之后，他拿起菜单就开始绘制设计图。

我跟他说，设计的关键是一定要给人焕然一新的感觉。康莫得大酒店之所以经营不好，一半原因是因为它的氛围让人感到压抑。从一开始，我的观点就是彻底改变酒店外观，将原来的砖墙改为青铜建材，如果青铜成本过高，就用玻璃。我希望酒店看起来富有现代气息，能够光彩夺目，让行人愿意驻足欣赏。我看得出，德尔完全领会了我的意思。

吃过晚饭，我请德尔和另外一些朋友去我的住处，就是第三大街的那间小工作室。到了那儿，我让他们给我的家具提点儿意见，有的人只是附和说“很好”、“不错”之类的，德尔则不同。“家具太多了”，他一边说着，一边重新摆放它们的位置，有些直接给挪到了门外走廊里。被他这么一摆，屋里的空间显得大了许多，我非常喜欢。

我聘用了德尔，并花钱请他赶制设计图，以便给政府和银行作幻灯展示用。我还嘱咐他，设计图一定要很上档次，一个制作精良的幻灯片会对事情的发展起到重要的促进作用。

到 1975 年春天，我们的设计工作已经进行的差不多了。4 月中旬的一天晚上，德尔打电话说他被供职的卡恩·雅克布 / 霍克国际建筑公司（Kahn& Jacobs/ Hellmuth, Obata& Kassabaum）解雇了。我知道他跟自己老板的关系一直不好，但是霍克国际建筑公司无论从资源还是名气上，都对我的酒店建筑很有利，我不想因为这两方的矛盾耽搁工程进度，而且，德尔一时半会儿找不到新东家怎么办？谁知德尔很快跟格鲁泽联合公司（Gruzen & Partners）签约了，这倒让我有机可乘。霍克公司非常想继续负责我的酒店建设，德尔也是，我可以利用他们的这种关系压低薪酬。最后，我选择了德尔，付他的薪酬自然不算太高。我告诉他，这项工程意义非凡，能使他成为建筑界的明星。虽然当时对自己的薪酬不满意，但是德尔后来告诉我，我的话没错，从君悦大酒店（Grand Hyatt）〔凯悦酒店旗下品牌之一，总部设在芝加哥，此外还包括柏悦（Park Hyatt）、凯悦（Hyatt Regency）、安达仕（Andaz）、凯悦嘉轩（Hyatt Place）等酒店品牌〕到后来的特朗普大厦，他的精彩设计确实为自己赢得了建筑界明星的称号。

1975 年初，我开始物色经理。说实话，我对酒店经营一无所知。如今经过多年学习，我已经懂得如何把酒店经营得有声有色，但是那时候，我才只是一个 27 岁的年轻人，连酒店都没住过几次，却敢买下一座 150 万平方英尺的“庞然大物”。这家酒店将拥有 1400 个房间，是继 25 年前希尔顿大酒店之后纽约最大的酒店，为此，我必须找一位经验丰富的经理。我把酒店定位为大酒店的连锁酒店，这个设想基本合理：连锁酒店虽没有特别之处，但能加入国内酒店系统的大家庭，学到生意经和酒店管理知识。

一开始，我就看好了凯悦集团庞大的连锁机构。希尔顿和喜来登酒店名声虽大，可都有点过气，假日酒店和华美达酒店(Ramada Inn)星级又太低，只有凯悦让我满意。凯悦的设计风格富有现代色彩，外观清新明亮又有光泽，这些正是我对康莫得酒店的改装设想。另外，凯悦集团的门槛很高，如果生意做成了，也是对自我能力的证明。

还有一个原因，如果我成为凯悦集团旗下的酒店，这个影响力将是空前的。希尔顿和喜来登在纽约已经有几家连锁店，以纽约现在的经济形势，他们肯定不愿意新设连锁店。凯悦集团在其他城市经营不错，他们也急于在纽约打响品牌。

1974 年末，我致电凯悦集团总经理小胡戈·孟弗兰德，即斯基普·弗兰德。斯基普没有给我留下很深的印象，但是通过交谈我确信凯悦想在纽约开一家连锁酒店，于是我把自己的想法告诉了他。我们很快就达成临时协议，我真是既高兴又自豪。两天后，斯基普却打来电话说："抱歉，我们上次订的协议不合适。" 于是我们又重新协商，握手成交，可是几天后，生意又黄了，这成了一种恶性循环。后来，凯悦集团一位跟我关系很好的高层主管打电话告诉我："我有一个建议，你可以打给董事长杰伊·普利兹克，直接跟他谈。"

我那时几乎没听过普利兹克，可见我有多年轻了，我知道普利兹克家族是凯悦集团最大的股东，仅此而已。这位朋友说，普利兹克才是集团的掌门人。我一下子明白了：如果你要做大生意，就得跟最有权的人直接谈。

公司最有权的人只有一位，其他人说白了都在给他打工，员工是不会为了别人的生意尽全力争取的，他们尽力争取的只是自己的工资和圣诞节福利，其他时候则是能不烦老板就不烦。所以，他们给上司汇报一笔生意的时候，自己基本上没有任何立场。在我面前，他会对我的生意表现得很感兴趣，可是在老板面前，他至多会说："纽约有个叫特朗普的打算跟咱们做生意，这笔生意对我们有利有弊，您有什么意见？" 如果老板感兴趣，员工自然随声附和，如果老板不满意，员工马上见风使舵，说："我也觉得您不同意，但又觉得应该给您汇报一下。"

转眼已是 1975 年春天，我给杰伊·普利兹克打了电话，他对我的来电似乎很感兴趣。凯悦集团总部位于芝加哥，但是杰伊说下星期会来纽约跟我见面。我那时还没有豪华商务车，只能开着自己的车去接他。谁想到那天非常热，我想杰伊坐在车里一定特别不舒服，不过他没表现出来。看的出来，杰伊为了生意是可以心无旁骛的。休息的时候，他会很放松，但是大部分时间他都敏锐机警，做事谨小慎微。幸运的是，我很适应他的性格，所以我们俩相处很好。杰伊另外一个特点是不轻易相信别人，这点跟我很像，我们对彼此都很有警觉，不过这也意味着我们从一开始就很尊重对方。

我们很快达成协议，同意做彼此的平等合作伙伴。我负责建酒店，凯悦负责建成后的经营。比达成初步协议更重要的是，从此以后我可以直接找杰伊解决任何问题，这种关系一直延续到今天。虽然我们有时候不苟同彼此的观点，但是合作关系一直很稳固，因为我们可以直接对话。

1975 年 5 月 4 日，我们一起开了新闻发布会，正式宣布合作伙伴关系，在假定我们得到银行贷款和政府免税的情况下，完成购买、装修和翻新康莫得酒店的一系列工作。有了凯悦集团的“通行证”，再加上德尔早期的设计图和工程的粗略预算，我就可以向银行申请贷款了。我已经聘请了一位资历颇深的房产经纪人亨利·皮尔斯协助我进行贷款。

亨利·皮尔斯是皮尔斯，梅尔，格里尔公司（Pearce, Mayer, Greer）的老板，是个了不起的人。他虽已将近 70 岁，但是看起来比 20 几岁的年轻人还有干劲。在申请贷款的过程中，他总是尽职尽责，不屈不挠。因为年纪大，人们自然觉得他资历深，再加上他执著的精神，都对我们的工作很有帮助。我们总是一起去见那些尊口难开的银行家，他们当中大部分都没听过我的名字。很多方面我比亨利要保守，于是银行家专心对付亨利这位跟银行打了一辈子交道的白发老人，对我则比较放心。

我用当初说服维克多·庞万力的方法跟银行谈判。我先告诉他们特朗普“集团”取得的成就，还特别强调我们会在预算之内按时完成工作，因为我知道银行最害怕成本超支，如果超支，即使当初完全符合条件的贷款最后也有可能收不回来。我向他们展示了设计图纸和跟酒店一样光彩夺目的模型，另外，我保证酒店一定会带动区域经济发展，创造成千上万个新的工作岗位，最后，我一定要说说凯悦集团的巨大影响力，还有我们期望从政府得到的税费减免。没想到，一提税费减免，我就触犯了“第 22 条军规”（Catch-22），使自己陷入了进退两难的境地。原因是，没有银行贷款，政府是不愿意考虑税费减免的，同样，银行也是看到政府先批了税费减免，才愿意对外放款。

最后我们决定另辟蹊径，正面进攻不行，我们就反其道而行之，站在他们的立场去说服他们，主要是引起他们的负罪感和社会责任感。我会说，从你们的角度看，贷款给我们是为纽约做贡献。纽约现在虽然身陷危机，但是它的明天是美好的，你不贷款给我们，让我们为城市经济发展做贡献，怎么帮纽约复兴？既然你能借钱给第三世界的国家和郊区的商人，为什么不把钱借给我们？

可是一切都无济于事。有一次，终于有一家银行愿意给我放款了，结果在最后一刻，我的一个主管人员因为提了一个无关紧要的技术问题，让整个工程功亏一篑。这个主管简直是个机器，对工作毫无感情。工作对他而言就是耗时间，他只要每天下午 5 点按时回家，就万事大吉。这种态度，还不如一个对事业充满激情的杀手。如果一个杀手跟你说“不行”，你还有机会说服他，也许经过一番唇枪舌剑，能跟他达成协议。可要是一台机器说“不行”，这可就难办了。就像这位主管，你对他讲遍世界上的大道理也不顶用，完全是对牛弹琴，他听完后还是一板一眼地跟你说：“唐纳德，不行，不行，真不行。”这件事过后，我跟亨利说：“要不这个生意就算了吧。”但是亨利不想放弃，他跟我的律师杰瑞·施拉格给了我很多鼓励，我们一起继续努力着。

看来想得到银行贷款，只能先让政府给我们减免税费。我把希望寄托在政府 1975 年初颁布的《商务投资奖励办法》（*Business Investment Incentive Policy*）上，这个政策主要是在市场不景气的时候给开发商进行税费减免，鼓励他们进行商业投资。1975 年 6 月，我毅然向政府申请税费减免。

很多人会觉得我的做法很可笑：没有银行贷款还敢申请？可是我决定，一不做二不休，不仅去要，还要多要。我一定要镇定自若地向政府申请大笔的免税金额，这样的话，即使他们削减一部分，剩下的也不少。这就跟玩高风险赌博游戏差不多，如果竞争双方都没有好牌，那就只能从气势上压倒对方了。不过，一旦在政府面前夸下海口，就没法不做这桩生意了，不然别人会说我不讲信用。何况，那时候政府确实是迫切地鼓励商人投资。

1975 年 10 月份，我第一次向政府提出申请，没有绕任何弯子。我在申请里说，康莫得酒店的情况急转直下；要是不采取措施，中央车站附近的区域马上就成为贫民窟了；凯悦集团在纽约建连锁酒店，万事俱备，只欠几百万建筑基金，我热切盼望政府能给我减免房地产税。

负责城市经济发展的专员为我的申请构架出了兑现方案。他们可以连续 40 年减免我的房产税，条件是我要给政府交年费，酒店经营的利润也要跟政府共享。具体的操作办法相当复杂。第一，我付 1000 万美元给宾州中铁，买下康莫得大酒店，从这些钱里拿出 600 万给政府，用于偿还酒店当初欠下的房地产税。第二，政府以 1 美元的价格从我手中买走康莫得酒店，然后租给我，租期 99 年。我以租金代替房产税，第一年租金 25 万美元，逐年递增，到第 40 年免税期结束，我的租金是 270 万美元。同时，我要按一定比例将营业收入给政府分红。这样下来，我们实际支出的钱跟 1974 年按酒店价值算出的房地产税相差无几。

当然，这些计划的最终决定权在城市预算委员会（Board of Estimate），他们将于 1975 年 12 月份开会讨论我的申请。距他们开会讨论还有一周的时候，我找到维克多·庞万力，跟他说，如果我们想得到政府的免税，就要想办法证明康莫得酒店已经处于水深火热之中，马上就要倒闭了。维克多跟我想的一样。12 月 12 号，庞万力对外宣布，1975 年间，宾州中铁在康莫得酒店又损失了 120 万美元，1976 年情况将会进一步恶化，酒店最迟到 1976 年 6 月 30 号永久关闭。

我没想到，两天之后又有一项重要声明——波特曼联合公司（Portman

Associates）声称放弃在地跨三条大街的时代广场建大型酒店的计划，原因是他们申请了两年的银行贷款始终得不到批复。这个消息对我来说很不利，因为我正在搜集所有跟贷款有关的信息，以此向银行证明在纽约投资是有意义的。不过，我也可以为此跟政府挑明，波特曼公司的失败更证明，如果政府不批准我减免税费，我会跟波特曼公司一样得不到银行贷款。

1976 年初，预算委员会决定修改给我的免税方案，他们不再需要我先把酒店以 1 美元卖给政府，再高价租回，而是把我的生意交给纽约州的城市发展委员会。移交过程是符合规范的，不过从个人角度讲，这个改变对我大有裨益。跟政府相比，城市发展委员会拥有驱逐权，即他们可以依法迅速、高效地驱逐原有房客，换作开发商，这项工作大概要花几个月甚至几年时间。

可是，到了 1976 年 4 月，预算委员会依然没有对我的申请做出批示，反对我的呼声却越来越高。最强的一支来自一些酒店的老板。阿尔伯特·福尔米可拉是纽约酒店协会的会长，他认为政府给我减免税费，对其他交付全额房地产税的经营者是不公平的。希尔顿酒店老板阿方斯·萨拉莫内则说，免税期十年还可以接受，十年之后，所有人都该公平竞争。哈里·赫尔姆斯利算是他们当中经营比较成功的，嫉妒心也不强，可是连他都说我的要求有点过分。预算委员会投票表决之前，三位委员在康莫得酒店前面召开新闻发布会，公开谴责我跟政府的协议。我并没有太放在心上，这只是政客的一种惯用伎俩罢了，他们听到反对我的风声，便见风使舵，借机吸引选民和媒体的眼球。

担心归担心，可是我在公众面前毫不示弱，从不承认自己有错。一次一个记者问为什么我能得到 40 年的税费减免，我回答他："那是因为我没跟政府申请 50 年税费减免。"

他们之所以反对我，主要是觉得政府给我的好处太多了，减免税费的期限只是原因之一。批评者们还认为，不该把我给政府的分红设置上限。而且，按照 1974 年的标准，我的最大租金数额和全部房产税价格相等，其实这笔数字应该是很灵活的，因为还要考虑几年之后房产升值和随之上涨的房产评估价格。

如果我是负责谈判的政府官员，我也会陈列上述理由。但是，虽然其他酒店经营者都忙着鸡蛋里挑骨头，却没有人跟我争夺酒店的经营权，因为他们中绝大部分人都认为我是经营酒店的不二人选，这一点政府也没有异议。在那之前几个月，一位政府官员曾让我把跟宾州中铁的合同复印件寄过去，我照做了。不过，因为我那 25 万美元还没有到付，寄给政府的合同里只有我方的签字。这一点无人察觉，直到两年后，一位记者打算报道当年那笔生意，请政府找出当年的合同，才发现了纰漏。

距预算委员会第三次投票表决还有两周，跟我竞争康莫得酒店经营权的人终于出现了。对方在一片穷人区拥有几家廉租酒店。他们的负责人表示，如果政府得到康莫得酒店的所有权，他们愿意买下酒店，投入几百万进行翻新，将经营所得利润与政府共享，上不封顶。由于对方信誉不高，提出的想法又欠考虑，他们的出现其实是帮了我的忙，康莫得酒店可不需要三流的管理和二流的投资。

我认为，庞万力和宾州中央铁路的作用是至关重要的，谁也不希望看到康莫得酒店破产倒闭。5 月 12 号，庞万力宣布，宾州中铁打算 6 天之内永久关闭康莫得酒店，除非政府第四次订出投票表决的时间。紧接着，批评声又来了，说庞万力的声明只不过是激将法而已，庞万力是在从时间上要挟政府。其实，早在 6 个月前宾州中铁就放话说夏天会关闭康莫得酒店，加上酒店的入住率也由去年的 46% 下降到了 33%，预计 1976 年酒店的损失会达到 460 万。

5 月 19 号，纽约所有报纸都在头版撰文发布了康莫得酒店最后一批住户搬出的消息，还提到上百名酒店员工变为无业游民，店铺老板担心酒店倒闭会影响自己的生意。这样的报道正是我愿意看到的。5 月 20 号，预算委员会 8 比 0 全票通过我的税费减免申请。40 年的税费减免期限可以让我省下数千万元的资金，这场战役付出的很值。

反对我的人怎么想无所谓，10 天之后《纽约时报》的一篇社论让我双喜临门。社论说："唐纳德的竞争者只会给康莫得酒店带来欠税和破产。他们除了给政府带来税务上的损失，还会让酒店所在的地区从发展主力变为城市的伤疤和心病。"

没想到，银行依旧不给我们贷款，现在我还是无法理解银行为什么不相信我们。1974 年，康莫得酒店的房价是每晚 20.80 美元，只要入住率保持在 40% 以上，就能保证酒店收支平衡。我们计划买入酒店后，房价定为每晚 48 美元，平均入住率 60%，这已算是保守估计，可银行却说我们过于乐观。结果，到 1980 年 9 月酒店正式营业的时候，城市经济开始复苏，房价涨到每晚 115 美元，入住率超过 80%。1987 年 7 月，房价涨到每晚 175 美元，入住率已接近 90%。

最后，我们从另外两家机构得到了资金支援。第一家是公平人寿保险公司（Equitable Life Assurance Society），它们除了做业务，还有很多不动产。保险公司老板乔治·皮科克同意借给我 3500 万美元，他跟他的员工都认为新建的君悦大酒店会促进城市经济发展。另外一家是鲍里储蓄银行（Bowery Savings Bank），总部在我的酒店对过，他们借给我 4500 万美元，原因很现实：他们可不希望与自己一街之隔的邻居破产完蛋。

如果只是重新粉刷康莫得酒店，而不是把它改建成全新的君悦大酒店，我一定能省下成百上千万资金，而且，竭力反对我花重金对康莫得酒店进行翻新的人的确不在少数。从我宣布把康莫得的砖面墙改成玻璃幕墙那天开始，一些评论家和保守派就开始反对，他们认为酒店应该沿袭中央车站地区的古朴风格，用砖块和石灰岩做建筑材料，跟街区其他建筑的风格保持一致。

在我看来，让酒店保持原来的风格等于自取灭亡。我对评论家说："拜托各位，别跟我提那些伟大的建筑了。克莱斯勒大楼已经丧失了抵押品赎回权，整个街区都奄奄一息，你们说的根本行不通。让我保持康莫得酒店的原有风格实在是太荒唐了。"

很多事情总会发生意想不到的改变。当初反对我构想的那些评论家和保守派，等酒店建成后，都很喜欢它。他们发现君悦大酒店原来是一个巨大的“投影仪”，无论是走过 42 号大街还是穿过公园大道，只要抬头看一眼君悦大酒店，就能看到四面玻璃墙上映射出的中央车站、克莱斯勒大楼等一些附近的地标，这些事物以前是很少被人注意到的。

另外一项引起巨大反响的是酒店大厅。纽约多数饭店的大厅都让人感到沉闷乏味，我的酒店大厅一定要与众不同，让人们流连忘返。大厅的地板是奢华的褐色大理石，栏杆和圆柱都用了富有光泽的黄铜。这座玻璃外观酒店在 42 号大街平地而起，绝对是史无前例的。我敢说，如果继续保持康莫得酒店原来沉闷老气的风格，一定收不到现在的影响力和商业效果。

1980 年 9 月，改装之后的康莫得大酒店，也就是君悦大酒店正式开张营业了。酒店可以说是一炮而红，经营到今天，每年的毛利润超过 3000 万美元。既然凯悦集团负责酒店经营管理，那么，酒店建好之后我的任务也基本结束了。不过，因为我享有酒店 50% 的股份，所以酒店也不是完全与我无关。为此，我和凯悦集团刚开始还产生了点小摩擦。我经常派主管去酒店看一下运营情况，多数都是我妻子去，凯悦为此很不满意。有一天，负责所有凯悦连锁酒店的主管帕特里克·福利给我打来电话：“唐纳德，不能再这样下去了，君悦酒店的经理快要受不了了。您的妻子经常过来，大厅角落的灰尘她要管，门口守卫的制服是否整洁她也要管。酒店经理不擅长跟女士打交道，但毕竟他才是这里的主管，手下还有 1500 名员工。我们应该按酒店规章制度办事，不然没法做生意。”

我告诉帕特里克：“我明白你的意思，也知道这样做确实会出问题。但是，既然这家酒店的一半股份都是我的，我就不能对发现的问题坐视不管。”帕特里克建议我们下周面谈这个问题，我同意了。我喜欢帕特里克也尊重他，他是个出色的主管，有着爱尔兰民族的所有优点。无论在哥伦比亚特区的华盛顿，还是在佛罗里达的西棕榈海滩（West Palm Beach, Florida），他能记住那里每一位凯悦酒店员工和他们家人的名字，他会跟厨师问好，鼓励行李员好好干，对保卫和女服务生态度也很好。他一来到酒店，所有人都会精神倍增，感觉腰板儿也直了很多。

我们见面后，帕特里克告诉我：“我打算给酒店换一位经理。他是我的得力助手，而且跟你妻子一样是东欧人。他处事灵活，能跟你妻子和平相处。这样你妻子就能随时过来，发表任何意见，我们也能皆大欢喜。”

显然帕特想办法解决了这件事情。新的经理很圆滑，他每周都给我打几次电话，把酒店所有琐事交代一遍。比如：“唐纳德先生，我们想把 14 层的墙纸换掉，您有什么意见？”或是“我们打算给一家餐厅换新菜单了。”或者“我们打算更新洗熨服务的方式。”除此之外，所有与管理有关的会议他也邀我参加。他这样事无巨细，把我牵扯到酒店管理中，让我实在受不了。最后，我告诉他：“别问我了，你看着办吧，这些事情不用让我知道。”**他的手段很高明，没有跟我硬碰硬，而是主动、友好、热情地跟我沟通，最后成功达到了自己的目的——我终于不再过问酒店的事情了。**

君悦大酒店经营得很成功，不过，比起君悦酒店一半的拥有权，我更看重合同里的一个小条款，人们称它“排他合同”。合同规定，没有我的允许，任何人不得在纽约五大区建凯悦集团的连锁酒店跟我竞争。

早些时候，我希望从凯悦集团董事长杰伊·普利兹克那里争取这个条款，被他拒绝了。杰伊头脑精明，他肯定不愿意在纽约这座国际大都市只建一家连锁酒店。就在我们正式签合同之前，我单独跟一位银行部门经理进行了交谈。我告诉他，这次贷款数额大，风险高，唯一保护银行贷款的方法就是从凯悦集团得到排他合同，使凯悦集团两年后不能在 42 号大街新建连锁酒店。部门经理马上明白了我的意思，他闯进会议室，对凯悦集团的人说：“各位，我们这次要放出数千万美元的贷款，这可不是小数目。你们必须签下排他合同，保证不在纽约开其他连锁酒店，否则，我们拒绝贷款。”

其实我只是在碰运气，因为银行贷款随时可能泡汤。但是，杰伊·普利兹克的不在场对我非常有利。他当时在尼泊尔登山，代他出席的一位经理怎么也联系不到他，而银行只给凯悦集团一个小时的时间做决定。在这一个小时里，我自己动手写了一份排他合同，内容是除了我的君悦大酒店，凯悦集团不能在纽约五大区（包括两个机场）新开连锁酒店。合同允许凯悦在这些地区开小型豪华酒店，但是我认为，从经济方面考虑，这种酒店的可操作性不大。一小时期限到了，凯悦集团的代表签署了我订的合同。

我在自己的遗嘱里也提到了这项排他合同，为的是防止我的继承人过于温顺，让凯悦集团钻空子。我担心自己去世后，凯悦集团会派出诡计多端又和蔼可亲的人，对我的继承人说："我们打算在肯尼迪机场（Kennedy Airport）建一家对君悦酒店不具竞争性的酒店，你一定不会介意吧？"凯悦集团想在纽约建的酒店，绝对不止一家。但是只要决定权在我手里，就没什么好怕的。

这点担忧并不是毫无根据的。杰伊·普利兹克的父亲安·普利兹克算是家族元老了，最近刚刚去世。他在世的时候，只要来纽约，一般都会找我。普利兹克父子性格迥异，唯一的共同点是都很精明。杰伊很理智，但是他的父亲比较感性，性格开朗，像泰迪熊一样可爱，他们俩是一对完美组合。老普利兹克先生刚开始创业的时候没什么资产，但是银行愿意贷款给他，就是因为他讨人喜欢。杰伊就不同了，他不需要讨好银行。现在家族企业壮大起来，杰伊作为掌门人，哪怕再冷若冰霜，银行也愿意跟他打交道。

老普利兹克以前来纽约，会这么跟我打电话："唐，我来纽约了，找你没什么事，就是跟你打声招呼。"我会说："我知道你是来干什么的，你想在纽约开连锁酒店，对不对？"他说："唐，真希望你同意我们在纽约建酒店，这不仅对你没坏处，而且对我们，对所有人都是件好事。"每当听到他这么说，我都会故意转移话题，他人这么好，我实在不忍心直接拒绝他。

我很少用对待老普利兹克的方式对待别人。他 1986 年去世，葬礼在芝加哥举行。那天我刚好有一个特别重要的商务会议，关乎我梦寐以求的一笔生意，为此我已经准备了几个月，而且与会人员是从四面八方专程赶来我办公室的。但是，为了去芝加哥参加葬礼，我取消了这个会议。虽然这笔生意再也没希望谈成了，但是我不后悔。**这个世界上总有这么一些人值得你去尊敬和爱戴，在他们去世的时候送他们最后一程。我想，之所以能**

跟凯悦集团保持长久稳定的合作关系，除了他们企业本身的强大之外，还有一个原因，就是我一直对老普利兹克先生怀有敬重和缅怀之情。

7

特朗普大厦

蒂芙尼般的璀璨传奇

Trump Tower: The Tiffany Location

我跟富兰克林·贾曼的会面，并不算个好开始。

1971 年搬入曼哈顿之后，我常走街串巷考察地段，看中了 57 号大街和第五大道交会处的一座 11 层建筑，邦维·泰勒公司（Bonwit Teller）就位于那里。这个地块位置极佳，面积又大，集两大优势于一身，我猜，这该是纽约城最好的地块了。在这里建一座大厦，前景一定不错。

邦维属于格涅斯科公司（Genesco）。瓦特·马克西·贾曼先生 1950 年末创建了格涅斯科公司，现在把它做成了大型联合企业。马克西先生靠制鞋企业起家，后来开始收购同类企业，再后来进军鞋业零售市场，并收购了蒂芙尼（Tiffany）、亨利·班德尔、邦维·泰勒（Bonwit Teller）等公司。20 世纪 70 年代中期，马克西和他的儿子富兰克林·贾曼起了内讧。他们都很有主见，又都想掌权，于是矛盾愈演愈烈，最后父子俩居然在股东大会上打了起来。我跟父亲的关系一向亲密，因此不相信世界上还有这等事情。最后，富兰克林成功地把他的父亲踢出局，自己掌了权。因为，1975 年跟我洽谈邦维生意的是富兰克林。

当时，我在房地产界还没有什么业绩纪录，一方面正努力争取君悦大酒店的经营权，另一方面还不想放弃会展中心的工程，可没有一件明朗的。尽管如此，富兰克林还是同意见我。见面后，我开门见山地告诉他，自己有意购买邦维·泰勒所在的大楼。我知道这笔生意不好做，于是尽量把条件说得诱人一些。我向他建议，可以在他的店铺上面施工，不影响店铺营业。

这样做可能行不通，但是我想证明自己在竭尽全力得到这里。

没等我说完，富兰克林的表情就在告诉我，这是他听过的最荒唐的事。等我完成自我推销，富兰克林用礼貌却不可商量的语气对我说："你居然认为我们会把这块风水宝地卖出去，真是天方夜谭。"我们握手之后，我就离开了，我心想，看来谁也别想打这个地块的主意了。

想归想，我还是不愿放弃，于是开始给富兰克林写信。第一封信是感谢他愿意见我。一个月之后，我写信请他重新考虑我的申请，不过没有任何音信。几个月后，我写信咨询能否再次拜访。后来，我又写信建议一种新的交易方式。虽然心里没底，但我一直坚持不懈地写着，因为我相信，**很多时候成败的关键就在那一份坚持**。不过，富兰克林从没改变过自己的立场，好在后来这些信打动了别人。

我跟富兰克林第一次见面后的三年时间里，格涅斯科公司经历了一场严重的财务危机。我之所以又想购买邦维·泰勒，起因于一份杂志。1978年6月的一天晚上，我在《商业周刊》里看到一篇文章，说格涅斯科公司的管理层进行了人员调整，银行为了把公司从破产的边缘拉回来，坚持让公司换一位行政总裁。新总裁名叫约翰·哈尼根，是个周转企业的能人，刚刚挽救了江河日下的宾士域保龄球集团（AMF–Brunswick）。他的专长，说的好听点叫"修枝剪杈"，其实就是瓦解公司。他不停地卖出公司资产，以便甩掉累累负债，偿还银行贷款。像哈尼根这样的人，每新到一家公司是不会对公司员工和产品有什么感情的，冷酷无情是他的一贯作风。他严厉、聪明，比起过程更注重结果。

看完报道的第二天上午9点，我给哈尼根打了电话。虽然刚刚走马上任，但他在电话里说："我知道你为什么打来。"听到这话我有点意外，"真的假的？"

他说："你为了买邦维·泰勒百货公司那座楼，写了不少信吧？咱们什么时候见面？"

"尽快吧。"我说。

“那就半小时之后见面？”

有时候，时机是很重要的，有的人可能在我之前的几天或几周给他打过电话，却不一定能收到这种效果。我们见了面，交谈很愉快。很显然他们公司现在急需资金，他也愿意卖出邦维或公司其他资产。从他那儿离开之后，我想这笔生意应该很快就能谈成。

哪知道，哈尼根突然不接我的电话了。见面后接下来的几天，我给他打了十几个电话，都没打通。我猜另外有人跟他洽谈了，情况不太妙。我找到路易斯·桑夏，让她帮我联系她的朋友玛丽莲·埃文思。玛丽莲的丈夫几年前把自己的鞋业公司卖给了格涅斯科公司，现在他是公司的大股东，说话很有分量。玛丽莲答应帮我传话给哈尼根。刚传完话，哈尼根就来电话了，约我再见一面，也没解释之前不理我的原因。这次见面，我带上了自己的律师杰瑞·史瑞格，方便当场谈生意，过程很简单：格涅斯科公司拥有的只是邦维百货所在的建筑，不包含建筑物所在的地块。他们对这个地块只有租用权，租期还剩 29 年到期。我同意以 2500 万美元买下百货公司和公司所在土地的租用权。

在我看来，这次洽谈只是万里征途的第一步。每次我为了在一个地块上打造理想中的建筑，都得再整合附近的一些地块，然后申请几个地区规划许可证，这是纽约房地产界常有的事。这次没那么简单，我要买的地方是大家眼巴巴瞅着的一块肥肉，因此，每一步都不容易，步步都要留心。

当前最紧迫的问题是将这笔生意严格保密。签合同之前，不能让其他人听闻风吹草动，任何闪失都会让我做不成生意。如果将生意公开化，一定会遭到所有人的哄抢，价格自然也会一路飙升。考虑到这一点，一见面我就告诉哈尼根：“咱们先拟一份合同草约，写上你同意我出 2500 万美元买你的地方，前提是我们要制定出双方满意的合同。这样的话，我们都得对这笔生意负责到底。”哈尼根没有任何异议。哈尼根虽然精明，可毕竟不是纽约本地人。他不知道这个地方炙手可热，即使经济不景气，也有很多人垂青于此。

我跟杰瑞立刻起草了合同草约，哈尼根看完之后，把最后一条改成了“只有格涅斯科公司的董事同意,双方交易才能进行”。我看了之后,立刻说:“约翰，我不同意你的改动。三四个星期之后，你完全可以让董事会对我们的交易投反对票，那这份合同草约还有什么效力？”我问他卖出百货商店是否要得到董事会的批准,他说不用。“那就把你的改动删了。”他想了一下，同意了。这次会面，我不仅口头上谈成了生意，还得到了书面的保障。

有了跟约翰·哈尼根的合同草约，我利用签合同之前的这段时间找到了在曼哈顿银行工作的康拉德·史蒂芬森。我父亲一直都跟曼哈顿银行有来往，所以这次购买邦维百货的2500万美元，我打算从曼哈顿银行借。我跟康拉德介绍了一下生意的情况，说我正打算买邦维百货大楼和它所在地块的租约，租约还有29年到期，买下后我会在那里建一座摩天大楼。我刚说完，他就答道:“你说的租期太短，不利于银行放贷，如果你拥有那个地块就好办了。”他担心现在把钱贷给我,如果29年之后地块物归原主该怎么办。我已经考虑到这个问题，于是在电话里告诉他:“我有两套解决方案，都具有可操作性。”

我把方案向他做了详细介绍。第一，把这座建筑建成写字楼，把第一层出租出去。这个地块的租金不高，每年只有12.5万美元，而且，我有信心在以后30年间，还清银行贷款，并取得良好收益。这条算是自救方案，不过康拉德显然没有被我说动。

我看重的是第二条方案。其实，我真正希望得到的不仅是大楼和地块租约，而是整个地块，这样就不用担心租约到期的问题了。我跟康拉德说，这个地块归公平人寿保险公司（Equitable Life Assurance Society）所有。听到这里，他才开始表现出了兴趣。考虑到我跟公平人寿保险公司关系很好，康拉德终于答应助我一臂之力。公平人寿保险公司为我的君悦大酒店提供了数额不菲的贷款，现在酒店正在顺利地建设之中，我们对彼此的合作也很满意。

接下来，该跟公平人寿保险公司的董事长乔治·皮科克见面了。1978

年9月的一天，距我跟约翰·哈尼根见面刚过了一个月，我找到乔治·皮科克，跟他说自己正从格涅斯科公司手里购买土地租赁权，既然那块地是公平人寿保险公司的，我们可否找个两全其美的方法让双方得益。我建议，买下租赁权之后，我将它交还公平人寿，公平人寿把土地使用权给我。这样的话，作为公平合作的伙伴，我们可以一起在这片潜力无限的地块上建一座全新的商住两用大楼。

公平人寿保险公司完全可以不考虑我的建议，反正土地租赁期一到，那块地自然还得归还他们。但是这样做的弊端在于，如果哪天纽约房地产市场开始回暖，公平人寿却还是得按当初签下的协议，从格涅斯科公司那里收取微薄的租金。我把这些跟乔治做了分析，还跟他说如果不在此新建大厦，我就把大楼进行翻新，在接下来的30年里也能不温不火地赚一笔。这次，我对公平人寿是否愿意再次支持我并没有十足的把握，但是我要让他们知道，我的合作伙伴并不是非他们不可，这样反而更能吊起他们的胃口。幸运的是，乔治当即答应了我的建议。虽然对我建摩天大楼的计划有些质疑，但是想必他对我在康莫得酒店的建树已经心中有数。临走的时候，他给我订了一份临时协议，以我实际履行自己的承诺为准。我再一次得到了临时协议。

接下来，我将以这两份临时协议为王牌，到蒂芙尼商店争取第三份协议。蒂芙尼商店与邦维泰勒公司毗邻，也在57大街和第五大道交会处。我此行主要是想购买蒂芙尼商店的上空使用权。有了上空使用权，我就能获得分区合并许可，就可以建大型建筑了。可是，蒂芙尼商店的人，我一个也不认识。不仅如此，我还听说商店所有者沃尔特·霍文不仅是位传奇商人，而且他似乎不易相处、要求苛刻、反复无常。尽管如此，我还是很崇拜他，因为他有点石成金的魔力。在他的经营下，洛德·泰勒、邦维泰勒，还有现在的蒂芙尼商店，都成了行业里的排头兵。以前我在派对上见过沃尔特·霍文，他西装笔挺，举止优雅，一头银发梳理得很整齐，整个人看起来很有威严。如果你想拍一部关于蒂芙尼传奇的电影，沃尔特·霍文当之无愧是饰演他自己的最佳人选。

我决定直接跟霍文挑明意图。我给他打了电话，非常礼貌地介绍了自己。之前德尔·斯卡特已经按我的构想，根据能否得到蒂芙尼商店的上空使用权，建了两种比例尺模型。见霍文的时候，我把两个模型都带上了。我指着模型对他说："我非常想从您那得到上空使用权，这样我能建一座更高更好的大厦，您看了也一定喜欢，看这模型就知道了。而且，把上空使用权卖给我，您就能永久拥有蒂芙尼了，再没有人能在蒂芙尼顶上盖楼，因此也不会有人把它拆掉。"我还说，如果我没有得到上空使用权，从技术方面考虑，政府一定让我装上地段边界视窗——也就是小型钢丝窗，它们从大厦50层高的地方突显出来，立在蒂芙尼商店屋顶上方，看起来一定不协调。但是，如果有了上空使用权，我就能在自己大厦的一侧装上漂亮的观景窗，从里面可以俯瞰蒂芙尼商店。

说到这里，我拿出两个模型给霍文看，第一个宏伟壮观的是今天特朗普大厦的缩尺模型，另一个是难看的备用模型。"我出500万美元，替您保护蒂芙尼，您把永远不会用到的上空使用权交给我。"

霍文经营蒂芙尼将近25年了，蒂芙尼的巨大成功让他引以为傲。我迎合了他的这种心理，所以效果还不错，他一下子就喜欢上了我的建筑理念。他说："年轻人，我接受你开的价，我希望你能把自己许诺的事情变为现实，让我也能为你的工程感到骄傲。不过，有个小问题要跟你说一下，我和妻子将要外出1个月，所以要等我们回来才能跟你认真洽谈这笔生意。"

这话让我突然感到不安。我说："哎呀，霍文先生，这可是个大问题。有了您的上空许可证，我就能以此为基础申请分区合并许可，并且建设出一座与众不同的大厦。但是如果您出行的过程中突然改变了主意，我在建筑和分区合并申请方面所做的准备就全都付诸东流了。"

沃尔特·霍文直直地盯着我，好像受到了冒犯。他说："年轻人，看来你还没明白。我刚刚跟你谈了生意，而且握手成交，事情已经谈妥了。"我一时语塞。要知道，我来自纽约市郊，大世面见得少。而且，虽然房产界是有一些德高望重的前辈，但是我见的更多的是那些没教养的房产开发商，跟他们握手简直就是浪费时间，不签合同，什么都不算数。

沃尔特跟那些人不一样，他是一位真正的绅士，如果你对他的承诺表示任何怀疑，他一定相当震惊。而且，他是个一言九鼎的人，因此，我最后说的话反而让自己觉得有负罪感。

霍文夫妇外出之后没多久，菲利普·莫瑞斯买下了中央车站的上空使用权，那里的地理位置比不上蒂芙尼商店，可价钱却比我付给蒂芙尼商店的高很多。同月又有几笔购买上空使用权的生意谈成了，价格也比我的高。与此同时，纽约经济回暖，房产价格开始上涨。我知道霍文说话算话，可还是担心一旦他知道这些情况后，会不会改变主意。

霍文夫妇回来后，我们面谈了生意的细节。不出所料，我们刚坐稳，他的几名主管就开始说起纽约城最近发生的事情和变化。我变得不安起来，能看出霍文也有点坐不住了，不过他对主管说:“先生们，一个月前我跟唐纳德已经把生意定下来了，定下来的事情不论好坏都不能改，这一点不需要我重复了吧。”我的顾虑就这么消除了。

后来，我听说霍文又一次维护了我的利益。他在跟我谈生意的同时，也在跟雅芳有限公司（Avon Corporation）谈论出售蒂芙尼商店的生意。依我之见，雅芳公司购买蒂芙尼有点攀高枝。不过，他们开的高价让霍文没理由拒绝。但是，雅芳公司还让霍文将蒂芙尼的上空使用权出售。霍文在这个问题上没有让步，他跟自己的主管说，如果雅芳公司对出售上空使用权的生意有任何异议，劝他们就不要买蒂芙尼商店了。雅芳公司放弃了那条要求，我的生意也得以顺利进展。

沃尔特·霍文是一个体面优雅的绅士，正因为如此，他才能够成为传奇人物，前无古人后无来者。举例来说，霍文在蒂芙尼订了条规矩，商店的贵宾客户一进门，员工就得分辨出他们想买什么，还要开出发票，让他们当场付款。这一系列过程处理得自然又得体。雅芳公司买下蒂芙尼商店之后，他们的会计出台了新的收费政策，有一条是给会员发放一种蓝色的信用卡。这个政策本没什么问题，可是他们要求贵宾客户也要使用这种信用卡。这种做法非常欠考虑，简直近乎于自我摧毁，这样的话贵宾客户怎么感受到自己的“贵宾”身份呢？

起初，霍文还答应继续做蒂芙尼商店的顾问，后来对雅芳的政策忍无可忍，便离开了。他这一走，蒂芙尼商店的情况更糟了。霍文掌权的时候，你永远也不会在蒂芙尼门口看到卖伪劣手表和珠宝的小商小贩，他们与第五大道的整体氛围十分不协调。以前沃尔特·霍文每次看到小贩，都会找到自己的下属，虽生气却礼貌地问:“怎么能让小贩出现在这里？”后来霍文离开了，小商小贩又“重出江湖”。我借鉴了沃尔特·霍文的方式，所以现在雇了几个专门人员在特朗普大厦所在的大街值勤，保证大厦附近区域卫生整洁，没有小商小贩。

得到蒂芙尼的上空使用权之后，我还需要一小块地，它位于57号大街与蒂芙尼毗邻处，大概有4000平方英尺，现在被邦维泰勒百货租用。这块地对我即将兴建的大厦也很重要，按照分区规划条例，每个大厦后面都要有一块至少30英尺的后院。如果得不到这块地方，大厦就没有后院了，这是我不愿看到的。

这块地的主人是伦纳德·坎德尔先生。因为买下了邦维泰勒的租赁权，所以我暂时能够控制这片区域，可是租期太短，只有不到20年，而且这段时间里不能对土地分区做任何改动。幸运的是，伦纳德跟霍文一样，是个让人钦佩的人。20世纪三四十年代，伦纳德靠购买布朗克斯区的公寓房起家。跟其他开发商不同，房租管制条例出台后，伦纳德下决心走出布朗克斯区，他卖掉手里的所有房产，来到了曼哈顿，开始购买优质地产的租赁权，即每幢建筑所在地段的租用权。随着经济发展，伦纳德虽然没有经营大厦，也赚了很多钱。那些留在布朗区的同行就没那么走运了，新出台的房租管制条例成了他们赚钱的瓶颈。

我当初离开父亲，从布鲁克林到曼哈顿创业，有一个原因也是为了逃避房租管制条例的制约，所以我和伦纳德很有共同语言。可让我头疼的是，伦纳德就是不把土地卖给我。不是因为我们在价格上没法达成一致，也不是因为他对这块土地情有独钟，只是因为，他不会卖出手中的任何东西，因为他知道，曼哈顿的地价只有一个走势，那就是上升。这倒是真的，所以尽管我们关系很好，他就是不肯松口。不过，有一天我在跟蒂芙尼签订的出让上空权的合同里发现了一个意外的惊喜，合同里有这样一条:蒂芙尼商店可以在特定期限内购买毗邻的伦纳德的地产。

我心想，合同规定的截止日期是圣诞节，我可以利用这段时间跟伦纳德交涉。于是我先找到沃尔特,对他说:“你拥有坎德尔那块地的购买权，但是你们一定不会买吧，所以你介不介意我把你的购买权一并买下来？”沃尔特同意了,于是我把这一条也写进了合同,并且立刻行使了这项权利。起初伦纳德竭力反对,他认为这项权利是属于蒂芙尼的,不能转让给别人。伦纳德说的不是没道理，但是如果我们为此对簿公堂的话，我也一定可以胜诉。

我把这一点告诉他之后,伦纳德动摇了。于是我们坐下来,没出20分钟，就商量出了对双方都有益的方案。我同意放弃自己的购买权，作为交换，伦纳德把我的租期从20年延长到100年,这个期限绝对是物有所值。此外，他还把租约里禁止重新分区的条款删除了。虽然最后我同意付的租金比原来高，但是相对于这么长时间的租期，还算是低的，更何况地段位置这么优越。伦纳德和我握手成交，我们的关系依旧亲密。

有时候事情的进展很有戏剧性。伦纳德比我年长，最近几年，他开始为自己的产业和继承人做打算。1986年初，他给我打来电话，说愿意将中央公园南区丽思卡尔顿酒店（Ritz Carlton）所在地皮15%的股份送给我，这可是他最宝贝的几处资产之一。另外，他还说，丽思卡尔顿酒店25年的租期到了之后,酒店所在地皮就属于我了。伦纳德之所以把财产交给我管理，是因为他相信我能出色地经营它们，这样最终得益的是他的继承人，毕竟他们将得到伦纳德的大部分财产。伦纳德很慷慨，也很有远见，我自然是拼尽全力替他管好家产。

1978年12月份，我虽然得到了伦纳德在57号大街地产的租赁权，局势却有点微妙。需要的资料已经备齐，交易也一直严格保密，可是我跟格涅斯科公司之间却没有签订任何合同。1979 年到来了，我的律师和格涅斯科公司的律师还在为一些问题交涉。我们打算 2 月份把合同签好，可是 1 月中旬，消息泄露了。不出所料，很多买家闻风冲向格涅斯科公司，包括那些靠石油生意发家的阿拉伯商人。格涅斯科公司想反悔了，虽然合同马上就要出炉了，他们却随时可能背信弃义。

这个时候，之前跟约翰·哈尼根签订的那份合同草约成了保证我生意顺利进行的幸运星。我不敢保证那份草约具有法律约束力，但至少我可以凭此向法院上诉，使邦维泰勒几年之内无法卖出。我要让格涅斯科公司知道，他们敢毁约，我就敢上诉。而且格涅斯科公司的债权人现在催得很紧，他们没有太多时间为这笔生意周旋。

1979 年 1 月 20 日早上,一个电话给我带来了福音。电话是《纽约时报》的记者迪·魏德迈打来的，他想确认一下我是否正在从格涅斯科公司购买邦维所在的大楼。格涅斯科公司还是不想继续跟我合作，所以拒绝向《纽约时报》透露任何消息。但是既然电话打给了我，我就打算冒险一次。合同没签的时候我要小心翼翼地为生意保密，可现在已经流言四起，卖家现在也止步不前。于是我跟魏德迈说，我已经跟格涅斯科公司达成了协议，我会在邦维泰勒所在的地方新建一座大厦，所以邦维百货几个月之内就要关闭了。

我这么做的目的是给格涅斯科公司制造舆论压力，没想到，还真收到了意想不到的效果。新闻第二天早上一见报，邦维百货的主力骨干纷纷去波道夫·古德曼（Bergdorf Goodman）、萨克斯第五大道（Saks Fifth Avenue）、布卢明代尔另谋职位了，邦维百货失去了主心骨，生意都要做不下去了。这种压力让格涅斯科公司喘不过气来，他们不再跟我僵持。消息见报 5 天后，格涅斯科公司顺利地跟我签订了合同，他们公司的困境挽救了我的生意。

不过，这也是把双刃剑。由于格涅斯科公司现在急需现金，因此他们在合同上提出了特殊要求。在一般房产交易中，买方先交付 10% 的押金，省下的 90% 等交易结束时再交。可是格涅斯科公司要求我们签合同时就交 50% 的押金，也就是 1250 万美元。律师建议我不要这么做，理由是交易可能没结束，邦维泰勒就倒闭了。真是这样的话，破产法官很有可能把我的钱判给邦维百货的其他债权人。所以，律师觉得如果我答应的话，太冒险了。

我却不这么认为，倒不是因为我想把 1250 万美元给他们。不过，我给他们的钱越多，他们就有更多的钱应付其他债权人，让债权人暂时不来打扰他们。况且，买卖双方都希望交易尽早完成，所以我的风险期也不会太长。一般情况下，从签订合同到交易完成需要至少 6 个月，不过在这笔交易里，我们把时间定为 60 天。

其实，我已在这笔交易里投入了大量的时间和金钱。从去年 8 月份第一次跟约翰·哈尼根见面起，我已开始为场地做规划并去政府申请分区许可。当时，刚从哈尼根的办公室出来，我就打电话给德尔·斯卡特，让他到邦维百货大楼跟我碰面。见面之后，我指着大楼问德尔有何感想。他说，这里确实位置极佳，但是脑海中并没有什么构想。

我告诉德尔："我想在这里建纽约最好的大厦。你现在就开始根据地形画设计图，我想看看在法律允许范围内，这座大厦最大规模能建到什么程度。"

任何时候，大厦规模都是应予以最先考虑的问题。在这么好的地理位置，我建的公寓越多，投资的回报率就越高。此外，大厦建得高，风景也好，公寓的价钱随之提高。现代艺术博物馆（Museun of Modern Art）的亚瑟·德雷克斯勒曾说过一句非常形象的话："摩天大楼就是赚钱的机器。"虽然他的话多半带有指责的意味，我却把它当作奋斗的方向。

刚开始，几乎人人都批评我的计划。他们觉得第五大道都是矮小、古老的石灰砖瓦建筑，政府一定不会批准我在那里建一座巨型的玻璃外观大厦。当初建君悦大酒店的时候，也有人这么反对我，所以我不会把这种话放在心上。即使不从商业回报的角度考虑，我个人也喜欢光彩夺目的高楼大厦。德尔很快跟我站在了一起。一次，有人在社区管理委员会的听证会上抱怨说，高楼大厦会影响附近建筑的采光。德尔半开玩笑地反驳："如果需要阳光，你就去堪萨斯州吧。"

任何一座新建筑的高度都由容积率决定，即楼层建筑面积和与项目总占地面积的比值。有时候政府可能会给开发商奖励容积率。我的目标是让这块地的最大容积率达到 21.6，这可不容易。德尔第一次计算容积率的时候，没有加进蒂芙尼商店的上空使用权和伦纳德的那小块地，最后算出最大容积率为 8.5，即我们要建的是一座高 20 层、面积 1 万平方英尺的大厦。我告诉他，我要建高 40 层、面积 5000 平方英尺的大厦，这样大厦的视野更开阔。而且，面积小了公寓数也变少，肯定有物以稀为贵的效果。

我并不满足于小容积率。得到蒂芙尼商店的上空使用权之后，容积率就能大增。另外，如果开发商能提供城市发展委员会觉得有价值的福利设施，还能得到容积率奖励。拿我的工程来说，我可以通过四种方式得到容积率奖励。首先，如果大厦只有写字楼的话，就会带来很大的人流量，引起交通阻塞。所以，大厦里不仅要建写字楼，还要有居住区。其次，可以在大厦一层建一条行人专用的步行通道。再次，可以将大厦商铺面积建的比法律规定的小。最后，可以在步行通道和商业区里为居民建公园。

为了不错过可能得到的每个好处，我让德尔为大厦设计一个几层楼高的中庭。从商业角度考虑，建中庭是一项放长线钓大鱼的投资。全封闭式的购物商场曾经风靡全国，不过它们并没有在纽约取得巨大成功。传统的城郊商场一般都一尘不染、管理有序、陈设简单，这种氛围让多数人感到舒服自在。纽约市民则不同，他们更享受去街上淘货的乐趣。

据我估计，即使我建的中庭效果不是特别好，凭此得到的容积率奖励也可以在大厦多建几层居民楼，依靠它们把建中庭的钱赚回来。不过，很快我就看到了中庭的魅力。后来，世界上最好的店铺都来我的大厦租店面，更让我觉得中庭本身就是一处巨大成功。

早期，我把主要精力投放在大厦外观上，希望它能成为一个经典。我们必须有独特的设计，否则就得不到大型建筑的建设申请。标准的四面玻璃建筑设计肯定不符合城市总体规划，德尔一直在想办法解决。他大概一共画了三四十张设计图，我把每张里的精华都挑了出来。

起初我们打算给这座玻璃大厦建一个长方形石灰岩底座，可是视觉效果不好。后来我们打算在大厦外面建三个玻璃电梯，我很喜欢这个方案，可它们要占据很多室内销售空间，于是又被否决了。最后，德尔认为我们可把大厦外面的低层部分建成阶梯状，高度和旁边的蒂芙尼商店一致，我和妻子伊万娜都喜欢这个方案。比起多数摩天大楼笔直的外观，阶梯状让大厦看起来不那么臃肿。另外，我们把阶梯上面的玻璃墙设计成了锯齿状，这种曲折外观就像把楼梯横着放一样，让大厦有了 28 个反光面。

虽然设计的造价昂贵，但是它的优势是显而易见的。大厦 28 个曲折面造型独特，一定会引起很大反响;多面设计保证了每个房间向外至少能看到两处风景，这就可以成为我们提高房价的条件之一。我们要在能力所及范围内创造最优，大厦不仅要好看，还要实用，这两点是做好房产生意的关键。

接下来的挑战是让政府接受我们的设计，我们得用逻辑分析去说服他们。分区法规定大厦一层的步行通道必须是南北方向的，也就是从 57 号大街穿过 56 号大街。这样就意味着大厦的入口处应该设在 57 号大街，不能设在第五大道。可是，我们想把入口设在第五大道，因为它的影响力要大。我们跟政府说，国际商业机器公司（IBM）位于我们大厦和麦迪逊大道（Madison Avenue）之间，他们公司已经有一个南北方向的步行通道，我们再建一个就是浪费。如果我们建一个东西方向的通道，就能把第五大道和国际商业机器公司的中庭连接起来，直通麦迪逊大道，这个方案会让所有人受益。最后的结果是，政府同意了我们把入口处设在第五大道的申请。

不过政府不同意我们建一座高 70 层、最大容积率 21.6 的大厦。早在 1978 年 12 月，我跟邦维泰勒百货的交易还没完成，城市发展委员会就告诉我们，大厦规模太大，他们会反对我们为争取容积率奖励提出的几个方案，还说我们的大厦在第五大道显得太过突兀。

幸运的是，1979 年初跟邦维泰勒百货的交易完成之后，我跟城市发展委员会的人进行了认真讨论，用充分的理由说服了他们。作为开发商，我们都有一项基本建筑权，可以建设不需要任何分区规划的建筑物。早在跟沃尔特·霍文接触之前，我就让德尔按基本权规定的标准做了一个建筑模型，拿给城市规划委员会看。这个模型非常难看，就是一个小型的四方形八层建筑，突兀地矗立在蒂芙尼商店旁边。我告诉委员会官员，如果他们不让我们建 70 层大厦，我们就照这个模型的样子建。我敢肯定，他们看了模型一定会吓一跳，他们不相信也不愿意把楼建成那样。

让我没想到的是，利用邦维泰勒百货还能为自己谋利。我原以为邦维百货的破产代表一切都结束了，但是我跟格涅斯科公司签订合同之后没多久，联合百货（Allied Stores Corporation）就跟格涅斯科公司达成协议，购买邦维泰勒公司分布在棕榈海滩、佛罗里达州、比弗利山庄（Beverly Hills）和加利福尼亚州的 12 家分店。他们谈妥之后，联合百货的总裁兼首席执行官托马斯·马乔切跟我取得了联系，他在零售业是一位了不起的人物。

1966 年马乔切接任联合百货董事长一职的时候，公司正濒临破产，他用了十年时间，把公司变成了世界上最强的零售企业之一。马乔切告诉我，虽然他购买的几家邦维分店经营很成功，但在曼哈顿继续经营邦维旗舰店更重要。他说，如果有可能，他愿意保留 57 号大街和第五大道交会处的邦维店址，一方面这是家老字号店，另一方面这里的地理位置很优越。

我毫不犹豫地告诉马乔切，邦维原来的店面不会再有了，但是我可以给他一处 57 号大街的沿街店面，直通我大厦的一层中庭。我给他看了自己的计划，很快我们就达成了协议。

马乔切一点也没吃亏。我们签订了长期租约，每平方英尺收他的租金比我们收取其他零售商的便宜许多。现在，他们的店面是 5.5 万平方英尺，比原来的邦维泰勒只小了 1/4，租金每年 300 万外加一部分利润分红。我贷款 2500 万美元购买邦维泰勒大楼和地契，每年偿还总额 10% 的贷款，花销是 250 万美元。这么说来，大厦尚未开工，每年我已净赚 50 万。另外，我还能把多余店面租给其他零售商，这点让我非常满意。

更重要的是，邦维商店在纽约有口皆碑，人们不想失去它，这点可以成为我对城市发展委员会的最好陈词：如果你们想让邦维商店重回五大道，就要批准我的申请。

尽管如此，得到申请也不容易。当地社区委员会的人要花招反对我建大厦，他们要用六个月时间考察这个地区是否还有容纳力，让我之后再施工。“反大厦委员会”就这么冒了出来，某些政客随即条件反射般加入其中——这种事怎么能少得了他们。

现在回头看，我并不觉得政客的影响力能决定某件事，好的建筑才说了算。如果真要找出最有影响力的人，那就是艾达·路易斯·赫克斯特布尔，她是《纽约时报》大名鼎鼎的建筑评论家。

我打算冒一次险，在城市委员会投票表决是否同意我建大厦前，邀请赫克斯特布尔先看看我的建筑模型和透视图。要知道，作为世界上最有影响力的机构之一，《纽约时报》的声音是很有分量的，而且，赫克斯特布尔的文字总是特别有影响力。其实，她对摩天大楼很有成见，比起新式的现代建筑，她更喜欢传统的老式建筑。可是，1979 年 6 月份，我开始担心自己的申请能否通过，于是才找到赫克斯特布尔，说不定能得到她的溢美之词，不试试怎么知道呢。

赫克斯特布尔是 6 月初来访的。7 月 1 日周日那天，《纽约时报》艺术休闲版块的建筑视角专栏刊登了关于特朗普大厦的文章，题目是《卓尔不群的纽约建筑新秀》，这个文题的影响力远大于以前我为楼盘所做的任何努力。有意思的是，赫克斯特布尔文章的前半部分篇幅都在批评我的“大厦规模太大”，还说我为了扩大规模“不择手段”。好在，她对政府的批评更多也更严厉，她认为政府颁布的分区法就是鼓励我这种开发商的商业行为的，政府没理由不批准我的申请。最后几句相当精彩："这个建筑的设计方案凝结了大量的精华，注定是无与伦比的。"

10 月份，城市发展委员会全票通过了我的申请。委员会希望特朗普大厦用砖砌外墙，但不做强求，因为我已许诺"建造完善的公共福利设施"。同时，我为大厦争取到了 21 的容积率，比原计划小 0.6，实际只少建两层楼。这样，特朗普大厦将有 68 层楼，内含双天花板的 6 层中庭，是纽约最高的住宅建筑。同时，政府将赫克斯特布尔批评《分区法》的话牢记于心，为了防止其他开发商效仿我也去兴建福利设施和购买上空使用权，他们修改了法案的部分内容。

得到了政府批准，就该破土动工了。这项工程注定花费昂贵。当建筑物超过一定高度，建筑费用就会猛增，从加强基础设施到增加室内管道，所有材料的费用都要增加。不过，我有信心负担这些费用，因为我的地理位置是最优越的，如果我工作到位，日后就能将这些额外开支赚回来。

1980 年 10 月，曼哈顿银行同意为特朗普大厦贷款。我选择了殿下建筑公司（HRH Construction）作为自己的主要承包商，整个工程的预算，包括购买土地、施工、材料保管费、广告促销等，大约需要 2 亿多美元。代我监管工程的是芭芭拉·瑞丝女士，那年她 33 岁，是纽约负责摩天大楼施工的第一位女性，原来是殿下建筑公司的一名员工。我是在收购康莫得酒店的时候认识她的，那时她是工程总监。在工程会议里我发现，她从不说废话，虽然比起那些难对付的男人，她显得身材娇小，但她从不害怕说出自己的想法，而且很清楚工作应该怎么做。

说来有趣，我母亲是一位家庭主妇，但是我手下很多优秀的下属都是女性，她们是我团队里的精英，比很多男同事还要出色。路易斯·桑夏在我的公司做了 10 年副总裁，她绝对是个厉害角色。布兰奇·斯普拉格是公司里负责销售和室内设计的副总裁，她是我见过的最优秀的销售人员和经理。我的行政助理诺玛·福德勒是一位恬静、迷人、优雅的女士，但是她性格坚毅，如果你认为她能任人摆布，你就错了。我的妻子伊万娜也是位出色的经理，她对下属亲切又不失威严，凡事要求他们做到最好。她的员工都很敬重她，因为她对自己和对别人一样严格。

邦维百货的拆除工作始于 1980 年 3 月 15 日，几乎同时，邦维商店外墙的两件浮雕艺术装饰把我引入了一场争议。整个 1979 年，在我宣布购买邦维商店大楼计划后的很长一段时间，根本没有人表示对这两件艺术品感兴趣。无论是分区委员会的代表、地标保护协会的人，还是任何艺术团体，都没说过这两件艺术品应该保护起来。可是，1979 年 12 月中旬，在我即将施工之际，纽约大都会艺术博物馆（Metropolitan Museum of Art）里有人给我打了个电话，问我是否愿意捐献这两件艺术品和某些铁铸花格。我告诉他，如果这些东西能在施工中完好无损，我很乐意捐献。

我们开始了拆除工作，拆到浮雕艺术品的时候，我的手下告诉我："特朗普先生，这两件东西比我们预料的沉很多，如果您想保留它们，我们就得花几个星期安装脚手架。"在这项工程里，光是基建贷款就占开支的很大一部分，更何况还有拖延工程的额外开支。我不准备为了几件艺术装饰雕塑花掉成千上万美元，因为我不觉得它们值那么多钱，或者根本不值钱。于是，我让手下把它们一并拆除了。

没想到这件事引起了轩然大波。第二天，《纽约时报》在头版刊登了工人拆除浮雕的照片，我也由此成为众矢之的。该报一篇社论说拆除是"金银财富重于公众情感的完美写照"，还说"高楼大厦的背后没有高尚的人格，大宗生意必然牺牲艺术作品。"

我可不想以这种方式出名。现在回头想想，真后悔当时拆毁了那几件雕塑。我知道它们并不是真的价值连城，而且好多批评都是子虚乌有，可是，不能否认有些事件巨大的影响力。坦白地说，我那时太年轻了，太想做出成绩，反而忽略了很多东西。不过，虽然有人戴了有色眼镜看我，我还是愿意在公众面前树立一个好人形象——除非被逼无奈。

有意思的是，整场争论却起到了帮我促销特朗普大厦的作用。凡是关于特朗普大厦的新闻，基本上都以这样的话开始："为了建造世界上最豪华的大厦……”虽然多数宣传都是负面的，但起到的作用却并不全是消极的，而且新闻报道为特朗普大厦吸引了很多注意力，公寓的销售量也猛增。我并不认为这是好事，它是现代文化中的一种反常现象。但是，作为一名商人，我从中悟出一个道理：**好名声比坏名声强，不过，坏名声比没名声强。说白了，争议也能促进销售。**

事实证明，特朗普大厦的魅力值很高。在开工建设之前，我就猜到大厦的中庭会成为特朗普大厦最耀眼的部分之一。起初我们是想把它设计得对零售商更具吸引力，不过看了设计图和模型的定稿之后，我确信中庭一定会吸引所有人。而且，我会尽己所能把中庭做到极致。

我们选用了最好的大理石。我原本打算用灰色的天堂岩石，君悦大酒店的大堂就是用了这种石材。后来，我想到酒店大厅的石材不一定适合零售商店的中庭。德尔、伊万娜和我查看了上百种大理石样品，最后，大家都看中了一种角砾岩普尼契（Breccia Perniche）的大理石。我们以前从没见过这种大理石，它将玫红、桃红、粉红三种颜色精致地混合在一起，十分迷人。这种稀有品种价格昂贵，因为它是一种不规则的大理石。我们去采石场考察，发现好多大理石上都有大块的白点和白色矿脉，它们削弱了石头原来的美，让我很不满意。于是，我们带着黑色胶带去了采石场，把最好的石板全都标记出来，其他的统统丢弃，丢弃部分大概占总量的60%。选好石材，就要找最好的工匠切割和铺砌它们。如果工人手艺不够精湛，就会使大理石边缘不整齐，颜色不协调，石块不对称，达不到应有的良好效果。

为了达到预期效果，我们把大厦前六层的地板和墙面全部铺砌了这种大理石，营造了奢华、惊艳的氛围。人们普遍反映大厦的中庭，特别是大理石的颜色，让人感到友好、炫目，充满活力又振奋人心。这些都是我们期望人们在购物时能感受到的：既要舒心，又要有消费的欲望。

好归好，大理石也只是中庭的优点之一。在扶手的选择上，我们也做到了别具一格。铝合金制的扶手便宜又实惠，但不符合我们的口味；我们选用了光滑的黄铜为材料，虽然价格昂贵，但是很上档次，跟大理石的颜色也很匹配。另外，我们在很多地方，特别是电梯两侧用了很多反光玻璃，这样就可以让原来狭小的空间看起来更宽敞。为了进一步扩展人们的空间感，大厦中庭只用了两根承重柱，这样的话，无论人们站在什么位置，视线都不会受到阻碍，感觉非常敞亮。

中庭的另一点别出心裁的设计，是在第五大道为它设计一个宽大的入口，这个计划起初遭到了我的强烈反对。分区法规规定入口处只能宽15英尺，我也不愿意为了入口处牺牲大厦在第五大道沿街的销售区。可是，城市发展委员会要求大厦入口处宽30英尺，虽然不情愿，我还是答应了。不过，现在看来，这个引人注目的入口处建得很值，为此我很感激城市发展委员会。

中庭里还有一大亮点，就是沿着东墙倾泻而下的室内瀑布。瀑布高约80英尺，造价200万美元。起初好多人建议我在墙上挂油画，可我觉得这种做法太老套。室内瀑布就像一面浮雕墙，很有艺术感，即使挂很多幅名贵油画也抵不上这种效果。如果多数商场某部分的成功是因为他们设计的保守和千篇一律，特朗普大厦的中庭就胜在与众不同，它高于生活，漫步其中就像置身仙境。

为了使大厦里的公寓也达到这种效应，我们要在房间景观上大做文章。特朗普大厦的居住区是从13层开始的，多数房间的位置都比周围建筑物高，这就意味着人们在房间里向北能看到中央公园，向南是自由女神像，向东能望见东河，西则能看到哈得孙河。之前说过，大厦锯齿状的设计能让人们在主要房间里欣赏到两处风景。我们还设计了大窗户，比地面稍高一点，直抵天花板。我原本想把窗户建成落地窗，可有人说这样会引起住户眩晕，于是我们在窗户底部加了矮窗台。

有趣的是，公寓的室内设计并没有我们想象的那么重要。有些买主花100万美元买下一个有两间卧室的住房，或者花500万美元买下一个有四间卧室的复式公寓之后，就会请来设计师，按照自己的口味对公寓进行重新装潢。

特朗普大厦的公寓能卖出高价，并不只是因为它奢华的风格，而是多种因素促成的：设计样式、装修材料、地理位置、后期促销、天时地利等等。这些因素为特朗普大厦镀上了神秘的光环。很多大厦都能经营成功，不过我确信，有时候仅有一座大厦能够恰好集所有优势于一身，吸引来最好的买家，卖出最高的价格。

在特朗普大厦之前，奥林匹克大厦（Olympic Tower）也取得了如此成就，它建于20世纪70年代，位于第五大道和51号大街交会处。之所以如此成功，主要原因是它的主人是亚里士多德·奥纳西斯。亚里士多德·奥纳西斯的人生富有传奇色彩：他娶了美国前第一夫人杰奎琳·肯尼迪，乘着自己的喷气式飞机周游世界，在世界各地都有豪宅，还拥有巨型私人游艇和一座名为斯科尔皮奥斯（Skorpios）的岛屿。亚里士多德非常富有，名声在外。奥林匹克大厦还默默无闻时，正是亚里士多德看准时机伸出妙手，成功抢占了主流市场，击败了同期出现的位于东57号大街的加雷利亚（Galleria）大厦。

其实，特朗普大厦也是从一位竞争者手里抢占了市场。在我购买邦维百货大楼之前，有一位开发商打算在纽约现代艺术博物馆之上建一座大厦，地点在第五大道和53号大街交会处。按理说这座大厦应该取得巨大成功，它有着得天独厚的地理位置，设计师是鼎鼎有名的西萨·佩里，开发商也表示愿意花重金将大厦打造成一个传奇。

不过，特朗普大厦还是战胜了博物馆大厦。虽然开工建设得晚，可是我们销售公寓的时间跟对方差不多。一开始我就预见到我们存在很多优势：首先，我们位于第五大道，位置好；其次，博物馆大厦的外形不够引人注目，它的外墙是五彩玻璃制的，不新颖，大堂跟其他大堂没什么两样；最后，他们的销售工作做得不好，打出的广告很沉闷，让人提不起兴趣。综合以上各点，博物馆大厦业绩平平。

特朗普大厦就不同了，我们努力把所有优势发挥到极致。从第一天起，我们就不仅仅把特朗普大厦当作一处优势地产，更把它当作一个大事件来运作，把它定位为纽约城里最炙手可热的富人聚居地，让买家对这座建筑充满幻想和迷恋。

那些拥有祖产的富人，并不是我们的销售对象，他们更喜欢住在年代久远的老房子里，我们要吸引的是除此以外的富人们。

由于特朗普大厦独特又有魅力，得到了很多娱乐圈内人的青睐。来自欧洲、南美、阿拉伯和亚洲的外国人也是我们的营销对象，可以说大厦为他们提升了身价。我们销售特朗普大厦公寓时，它是纽约唯一一座高层公寓大厦，想在这里买房子，必须要有钱。当时人们在纽约其他大厦购房前，要先买下与大厦的合作关系。具体说来，就是从董事会里获得批准。董事会拥有的权力可谓荒唐透顶，他们要求住户提供财务信息、社会关系并且参加面试。他们可以没有任何理由就拒绝你的购房申请，简直就是一种歧视政策。最糟的是，董事会喜欢的都是那些爱吹嘘的人，这是很荒唐，甚至是不合法的。不过，对特朗普大厦来说，这是个好事。很多富有的外国人并没有符合要求的社会关系，他们又不愿意把隐私透露给陌生人，所以他们干脆来特朗普大厦了。

我依然记得销售特朗普大厦的公寓之前，有一天早上，负责销售的一名员工急匆匆来到我办公室，说:“不好了，特朗普先生。博物馆大厦刚刚公布了他们的房价，比咱们的低多了。”我想了想，认为博物馆大厦其实是搬起石头砸自己的脚。我们的竞争对手是那些不会为房价斤斤计较的富人，他们买其他东西可能会讨价还价，可是轮到买自己的房子，他们一定会选最好的，而不是最便宜的。博物馆大厦的房价订的比我们低，意味着他们承认自己的房子不如我们的好。

很多人以为我们要花招吸引了很多社会名流，或者我们聘用了能说会道的公关公司推销大厦。事实上，我们根本没雇什么公关公司，而且像佐尼·卡森、史蒂文·斯皮尔伯格、保罗·安卡和利伯雷斯这样的明星从我这购买房子，没有得到任何好处。很多开发商为了吸引明星或社会名流，都在房价上提供优惠，我却认为这是一种示弱的表现，能够让名人全额买下公寓才是销售商有本事。

如果真有名人替特朗普大厦做了宣传，我猜那一定是某篇不属实的新闻引发的。我们开始出售公寓之后不久，一位记者打来电话，问我查尔斯王子是不是在特朗普大厦买公寓了。那时候正赶上查尔斯王子和戴安娜王妃大婚，他们自然是世界上最受关注的一对新人。我对记者说："我们不方便透露任何交易信息。"也就是说，我们不会对外界谣言做出肯定或否定答复。于是，记者又打到白金汉宫求证。其实，当时这对夫妇正在大不列颠号皇家游轮度蜜月，所以白金汉宫发言人对记者的答复也是"无可奉告"。

其实媒体就喜欢这种回答。因为没有得到否定的答案，他们就把"皇家夫妇打算在特朗普大厦购买公寓"的新闻刊登到了报纸的头版头条。新闻不但对我没什么损失，还让我暗自高兴。新闻发布一个月前，查尔斯王子到纽约访问，纽约警方派出大量警力随从保护。一天晚上，查尔斯王子到林肯中心（Lincoln Center）听音乐会，外面聚集了几百名游行示威者，大吼大叫还乱扔空瓶。发生这种事，查尔斯王子应该不愿意在纽约买房子住吧？再说，虽然特朗普大厦是个顶尖的公寓楼，不过对从小在白金汉宫长大的查尔斯来说，恐怕任何公寓都住不惯。

面对巨大的市场需求，我们的政策就是：欲擒故纵。这是一种反常规的营销手段。如果你握着合同在办公室坐等第一笔生意，买家一定觉得这房子卖得不好。我们从不急于跟客户签合同，每当有人进来，我们总是先给他们看房子模型，然后坐下来跟他们好好聊聊。如果对方对房子感兴趣，我们就告诉他们，已经有很多人排队等着您看中的好房子了。房子越是抢手，人们越是想得到它。

随着需求量增加，我不停地提高房价，一共提价 12 次。从一开始我们的房子就卖得比奥林匹克大厦好，到后来我们的公寓成了纽约最贵的地产。没过多长时间，特朗普大厦高层住宅的价格已经翻了一番，包含两间卧室的公寓卖到了 150 万美元。大厦没建好，房子已经卖出大半。

特朗普大厦买主的更替简直可以看作国际经济的晴雨表。早先，阿拉伯人是大买家，因为当时的油价居高不下。后来油价下跌，阿拉伯人就回老家了。1981 年，大买主变成了法国人。起初我并不知道为何如此，后来才明白，因为弗朗西斯·密特朗（ Francois Mitterrand ）当选了法国总统。所有聪明的富人都认为密特朗的当选对法国经济不利，不仅因为他是一个社会主义者，并把企业国有化，还因为他是一个危险的人物。如果一个人到处游说，把核技术出售给出价最高竞标者，你会怎么看？这种行为是无法让人容忍的。

继欧洲人之后，我们又迎来南美洲和墨西哥人。当时美元贬值，他们的经济发展势头强劲。后来通货膨胀，他们的货币贬值，政府控制资金外流，这股潮流才散去。

过去几年，我们迎来两股新势力。一股是美国人，主要是华尔街的股票经纪人和投资银行家，他们趁股票牛市时大赚了一把。说来滑稽，一个股票经纪人，年龄大概 25 岁光景，一年却能赚 60 万美元。赚钱过程是：从未谋面的客户会打来电话说："我想买通用汽车公司的 5 万股股票。"股票经纪人只需点击电脑上的一个按钮，大笔的佣金就到手了。股票市场是个循环市场，有涨必有跌。只要市场一转为熊市，这些股票经纪人就得满大街去找工作。

另一股势力是日本人。虽然佩服日本人在经济发展方面取得的成就，可是我并不喜欢跟他们谈生意。他们一次会来 6~8 个人，有时候甚至是 12 个，要想跟他们谈生意，你得把来访的所有日本人都说服。通常情况下，说服两三个还行，可是要把 12 个全搞定，就很困难。而且，他们不苟言笑，让你觉得跟他们谈生意没有乐趣。好在，他们很富裕，对房产生意也很热衷。不过最近几十年他们在跟美国做生意时，通过一些自私的政策使自己越来越富有，可是美国领导人却不能完全理解这些政策。

看到特朗普大厦的 263 间公寓卖得这么好，我决定留出十几间不卖，以备不时之需。很多开发商都是这样做的，这是一种对自己留有余地的办法。特朗普大厦顶层有三处三层式的豪华公寓，起初，我打算将其中之一留作家用，面积大概 12000 平方英尺，我们全家 1983 年底搬入这处公寓。相邻的两处公寓，卖价是 1000 万美元，但我拒绝出售，因为想到以后可能还会扩大家庭住房面积。

事情果然是宜早不宜迟。1985 年年中，来自沙特阿拉伯的亿万富翁阿德南·哈肖吉邀我到他在奥林匹克大厦的公寓做客。我如约前往，还没进门，他家的大房子就令我震惊不已。尤其是客厅，是我见过最大的客厅了。我的三层式公寓空间已经非常大，比起他的，还是小巫见大巫。于是我想，整座特朗普大厦都是我盖的，为什么我的家不能完全按照自己的喜好去设计呢？

于是，我把另外两间公寓里的其中一间跟我原来的住处合在了一起。翻新工程大概花了两年时间，我敢说新的公寓绝对令世界上其他公寓无可企及。而且，如我所愿，我拥有了一间 80 英尺的大客厅。

特朗普大厦的公寓房销售大获成功，大厦中庭的商业区也毫不逊色。商业区的成功始于爱丝普蕾（Asprey）的入驻。爱丝普蕾是来自纽约的一个品牌，主要销售最名贵的水晶、珠宝和古玩。这是他们经营 200 年来第一次开设连锁店。刚开始店面比较小，后来因为生意兴隆，他们扩大了店面。优质品牌总能相互吸引，接下来，世界很多顶尖品牌都来特朗普大厦的中庭租店面，包括查尔斯·卓丹（Charles Jourdan）、蒲昔拉蒂（Buccellati）、卡地亚（Cartier）、玛莎（Martha）、哈利·温斯顿（Harry Winston）等一些名牌。

1983 年 4 月份，特朗普大厦中庭销售区刚开业不久，《纽约时报》继艾达·路易斯·赫克斯特布尔之后新的建筑评论家保罗·戈德伯格发表了一篇美言大厦中庭的文章，题目为《特朗普中庭：美丽的惊喜》。文章开始时说，之前其他的评论员持有的观点都是错误的，“特朗普大厦的中庭不仅是建筑成功的范例，更是一道亮丽的城市风景线”，还说“这是纽约这几年里建设最完美的一处室内公共空间。它舒适、豪华甚至让人充满激情，比之前奥林匹克大厦、加雷利亚商店和花旗集团中心（Citicorp Center）的中庭都更让人心生欢喜”。

这篇报道对我来说有两个好处。第一，已在特朗普大厦购买公寓或盘租店面的人可以更加确信自己做出了正确选择。第二，也是更重要的一点，更多人会慕名前来特朗普大厦，极大地推动大厦的发展。

奇怪的是，没有人相信特朗普大厦的中庭真有说的那么好。从开业第一天起，外界就有很多流言蜚语：有人说中庭只不过是一个旅游景点，根本没人去买东西；有人说只有欧洲的零售商愿意待在这里，反正他们也都在做亏本买卖；还有人说只有一层的商店经营良好，高层的统统不行。1986 年，一位《纽约时报》的记者来访，本打算看我的笑话，结果，回去后，他在财经版块的头版撰文描写了特朗普大厦中庭经营的巨大成功。

一般来说，一家市区的商场在最初几年里至少要更换 1/3 的租客。经营的前三年，只有少数店铺离开了特朗普大厦，而且，每当一个租户离开，就会有一位零售商从我们 50 位候选零售商里替补上来。凡是在特朗普大厦经营的高端消费品，都获得了丰厚的利润。

当然，最好的并不一定是最合适的。就拿罗威（Loewe）商店来说，他是我们最早的一批零售商之一，主营皮革制品，商品都很精美。可是，有些贵妇人宁愿花几千万美元在隔壁店铺买一件珠宝或晚礼服，也不愿意花 3000 美元在罗威买一条皮裤——无论这条皮裤质地多么柔软舒适。所以，罗威商店经营得不太理想。好在事情不至于太糟，罗威旁边的爱丝普蕾商店经营不错，于是就把罗威的店面租了下来。罗威跟我解除了长期租约，爱丝普蕾如愿得到了罗威原来 4600 平方英尺的店面，我则享有了一份全新的租赁合同。

还有一点助我大获全胜的因素，是名为 421–I 的减税条款。不过，直到我把地块整合完毕，并且整座特朗普大厦都建好了，我才得到减税条款带来的好处。

为了鼓励住宅区的开发，政府 1971 年颁布了 421–I 减税条款，条款规定，房产开发商可以享受 10 年的税费减免，每隔两年，减免额度就比上一次减少 20%。当时，任何申请人都能获批，于是，为了特朗普大厦，我也提出了申请。

毫无疑问，我获得了享受减免的权利。我申请购买一座 10 层高的年久失修的建筑，并且花两亿美元在相同位置建一座 68 层高的多用途摩天大楼，政府当然愿意。建君悦大酒店时，我得到了减免全部税款的优惠。421–I 税费减免则不同，它不会免去我目前应缴纳的税款，但是等地段增值之后，应缴的税款就能减免了。特朗普大厦的建成显然可以提升这个地块的价值和利用率，这点谁能质疑？

爱德·科赫提出了反对的声音，理由跟我的大厦毫无关联，全是一些政治因素，他和自己的议员都认为要反对我机不可失。他们把自己定位为普通消费者，联合起来让我这个“贪婪的”开发商现形。从公共关系的角度讲，我有点寡不敌众。不过，第五大道位置如此优越，即使得不到 421–I 政策的好处，特朗普大厦也能赚个盆满钵满。

我认为，他们的反对不能影响我依法行使申请享受 421–I 条款的权利。1980 年 12 月，我第一次申请享受减税条款。一个月之后，我跟住房保障发展部（Department of Housing, Preservation and Development）的部长托尼·格利埃德曼会面，他亲自处理了我的申请。1981 年 3 月，格利埃德曼和住房保障发展部将我的申请驳回。

我打电话给科赫，告诉他这个结果对我不公平，还说我不会善罢甘休。如果我们为此打官司的话，政府不仅会输，而且会损失很多钱。

1981 年 4 月，我根据第 78 条条款（Article 78），向州最高法院提交了诉讼，希望他们重判政府给我的不公结果。最高法院倾向于为我谋利，但是最高法院上诉庭不同意判决结果，于是我只能将案子交给最高一级的上诉法院。1982 年 12 月份，距我提出申请过了将近两年，上诉法院的法官以 7 比 0 投票判决政府的拒绝是不合适的，但是法院并没有让政府尽快给我减免税费，而是让政府重新审理我的申请。结果，申请还是没批下来。

这件事让我非常生气，我不在乎花钱，我要再次上诉。结果，历史重演了：我们在州最高法院获胜，上诉庭反对，案子又到了上诉法院那里。这次，我的律师罗伊·科恩表现非常出色，没打草稿便一人独战七位法官，七位法官全票通过我的申请，他们判决政府立刻提供，不得拖延。

这个结果真可谓锦上添花。现在的特朗普大厦已经缔造了传奇，不仅给我带来了名誉声望和地位，还创造了巨大的经济效益。我计算了一下，从土地到建筑施工，再到广告和促销，整个工程一共花费约 1.9 亿美元。通过出售大厦的公寓，我已将 2.4 亿美元收入囊中。也就是说，即使不算办公区和商业区，特朗普大厦已经为我赚取了 5000 万美元。而且，作为特朗普大厦公寓的销售代理，我也已经赚了 1000 多万美元。再加上每年出租办公区和中庭商业区收入的几百万，整个大厦真是一个“赚钱机器”。

特朗普大厦不仅仅是我打响的一个品牌，我在这里工作、生活，对这里有着特殊感情。也正是这个原因，1986 年，我从股东公平人寿保险公司手中，买走了他们的所有股份。事情的起因是，对方公司负责纽约房产生意的掌门人做了调动。一天，这位新老板打来电话说：“特朗普先生，我刚才在翻阅账册的时候，突然想到我们公司为什么要花这么多钱保养特朗普大厦？”确实，我们每年在维护大厦上面要花 100 万美元，这个数字估计很多人都闻所未闻。当你对一件事情高标准严要求的时候，花费自然也上去了。举个简单的例子，我要求所有中庭的黄铜扶手每个月磨光两次，可是这位老板却建议为了省钱，这项工作可以好几个月做一次。

起初我的态度很有礼貌。我想跟他解释，说特朗普大厦的中庭之所以这么成功，就是因为我们的保养工作做得无可挑剔。我还说，这项政策不会有变动，建议他花一天时间考虑一下，是否真的想改变原有政策。24 小时之后，这位老板打来电话，说他已经考虑好了，还是决定缩减开支，这话预示着我们的合作可能到此为止。我一直很喜欢跟公平人寿保险公司合作，可是我也不愿意为了省那几个钱就把原本成功的运营搞砸，这是一种自我毁灭的冒险。

虽然不安，我却保持着理智。我找到公平人寿保险公司的董事长，我的好友乔治·皮科克，告诉他我们的合作出现了不易解决的问题，所以我打算买下公平公司在特朗普大厦的所有股份。我们迅速达成协议。签完合同后，乔治·皮科克给我写了一封信，信的结尾是这样说的："生活就是这样，世事难料，我们也只能面对现实。不管怎样，能在建设特朗普大厦的过程中出一份力是我终生引以为荣的事情，而且，我永远会记得我们一起合作的时光。"

这封信让我很感动，这也是为一段完美合作关系画上的圆满句号。

8

海滨大道建赌城

漂亮的一仗

Gaming: The Building on the Boardwalk

第一次关注赌场生意是在 1975 年末的一天。当时我正驱车为康莫得酒店收购的事情参加一个会议，收音机里一则新闻吸引了我。播音员说，内华达州拉斯维加斯市的酒店员工举行了大罢工，引起了诸多不良后果，其中之一是，在拉斯维加斯拥有两家赌场酒店的希尔顿酒店股价大跌。这件事让我意识到，经营酒店真不容易。不过，我有一个疑惑：希尔顿酒店在世界上拥有至少 100 家酒店，罢工只影响了两家赌场，却使酒店整体股价大跌，这怎么可能呢？

回到办公室没一会儿，我为这个疑惑找到了答案。希尔顿集团在世界上拥有 150 家酒店，不过它在拉斯维加斯的两家赌场占集团总收益的 40%。相形之下，纽约希尔顿酒店为集团创造的利润还不到 1%，这家酒店在我眼里可是曼哈顿最成功的酒店之一。我不禁倒吸一口凉气。过去的两年里，我没日没夜地在为 42 号大街建酒店努力着，可是，我还没得到政府批准，没有银行贷款，整笔生意也随时可能泡汤。我第一次想到，即使酒店建好，并且在纽约这座国际大都市取得成功，到头来，可能还不如西南地区一座沙漠小城里的赌场酒店利润高。

考虑到这些，我重新审视了康莫得酒店的生意，决定这笔生意既然开始，就不放弃了，而且，我打算去大西洋城转一转。一年前，新泽西州让全民表决赌博是否合法化，不过表决没通过。1976 年，新泽西州又提出，全民表决大西洋城赌博能否合法化。

大西洋城显然值得一去。我对赌博并无道义上的谴责，很多反对赌博的声音在我眼里都很虚伪。纽约证券交易所就像世界上最大的赌场，它跟一般赌场的唯一区别,就是“玩家”都穿着蓝色条纹制服,手里拎一只皮包。证券交易市场里资金流动比世界上所有赌场的总和还要多，交易市场的员工跟赌场里那些赌 21 点、掷骰子、轮盘赌的人本来就毫无区别。

我认为，要从经济角度考虑大西洋城赌博合法化的问题。经营时机是否合适，出手价格是否合算，赌场位置是否合理，都要考虑。大西洋城位于新泽西州南海岸，距纽约 120 英里，过去曾是会展中心所在地，是休闲度假的好去处。后来，会展中心迁移到气候温和的大城市，大西洋城陷入低迷，情况糟到极点，整座小城都荒废了，到处是烧毁的建筑、封闭的店铺，还有失业人群带来的绝望感。

然而，全民投票的风声刚吹来，大西洋城地价就开始飙升，特别是大西洋城沿岸的海滨大道地区，这一点相当具有讽刺意味。从大公司的员工到言而无信的骗子，所有的投机倒把者都像秃鹰觅食般飞来这里。一年前 5000 美元的小房子，突然之间炒到了 30 万或者 50 万，甚至 100 万！

真是滑稽，我可不会加入那些人的队伍，不会花大笔钱作为风险投资。如果全民投票前我花 50 万美元买了一块地，投票没通过的话，我的 50 万美元第二天就可能一文不值;通过了还好，同样的地块可能会升值到 200 万美元，可我是不会为一项不确定的事投资的。成功的赌场经营能换回强劲的财力，即使买地块时花钱稍多，最后也能通过经营赌场赚回来。

1976 年 11 月,全民通过大西洋城赌博合法化的决议,1977 年 6 月左右，这项决议被写入法律。那时，我在康莫得大酒店原址上新建的君悦大酒店工程总算有了进展，可大西洋城的地价却涨得有点离谱。5 年前看到居高不下的曼哈顿房价，我选择了观望的态度。这次也一样，我相信，只要自己保持耐心，处处留意，就一定能等到合适的时机。

三年过去了，1980 年冬天，我终于接到了期待的电话。我在大西洋城安插的建筑师来电说，现在可以考虑购买海滨大道一处地产了。我对那处地产一直很感兴趣，现在购买真是千载难逢的好机会。赌场生意的第一波热潮已经退去，现在形势很严峻。虽然诸如度假中心（Resorts）、金砖大酒店、凯撒酒店（Caesars）的生意都很兴隆，不过，新近开设的几家赌场都遭遇了各种麻烦。

巴利（Bally）赌场是大西洋城最新的一家赌场，建设费用超支至少两亿美元；华美达大酒店（Ramada Inn）旗下的热带天堂酒店（Tropicana）不仅工程延期，而且严重超支；《阁楼》杂志的鲍勃·古西奥尼曾打算在海滨大道建赌场，可是场地选好后，却迟迟得不到银行贷款；《花花公子》的创办人休·赫夫纳打算建一家赌场酒店，可是没有得到赌场经营许可证。还有很多不知名的经营者，他们满怀信心地来到大西洋城，不是因为得不到贷款、营业许可而裹足不前，就是看到建赌场的高昂费用之后望而却步。

联邦调查局的“斯坎卧底行动”调查出的贪污事件，也影响了大西洋城的名声。1980 年，赌场管理委员会的副主席肯尼思·麦克唐纳辞职，因为某开发商为了得到赌场经营许可，向当地一位政客行贿 10 万美元，肯尼思承认行贿时自己也在场。祸不单行，1980 年冬，海滨大道天寒地冻，冷得让人没法待。

这个原本炎热的城市霎时变得寒冷难耐，再没有人谈论建赌场的事。大西洋城赌场生意似乎是季节性的，只有少数赌场能生存下来。不过，在我看来，挑战和机遇并存，坏时期往往能制造好机会，做成大买卖。

回到刚才那通电话上面。我看中的地块面积 2.5 英亩，位于海滨大道中心、相互连通的大西洋城高速公路（Atlantic City Expressway）和通向市区的主干道旁边。而且，相邻的会展中心是举办展会和进行大型娱乐休闲活动的最大场地，赌场建在它旁边一定会受益无穷。我对这块地段的优势深信不疑，不过，事实证明这也是最难对付的一个地块。

到 1980 年，能试的我们都试过了，可购买前要走的法律程序还是一团糟：地块的土地所有权分散，协议重叠，选项纠纷，个别地块遭扣押，各派纷争……这种状况让人难以捉摸，真是剪不断理还乱。每个律师和房产经纪人都竭力劝我去别处购买整合好的地块。听归听，可他们的理由不能令我信服。

首先，在价格合理的情况下，我的原则是优中选优。其次，我对复杂的生意特别感兴趣，一方面处理它们让我感到乐趣，另一方面复杂的交易都能谈个好价钱。

如果时光退回到 1976 年，我就不敢保证能拿下这个地块，因为当时我在纽约还是一事无成的小人物。可是 1980 年就不一样了，君悦大酒店已经在建，特朗普大厦的工程也蓄势待发，我已经拥有了较高的知名度和公信力。那种只会满世界吹牛却什么也不做的人，自然不会有公信力。

这个地块包括分属不同投资商的三个大地块和一些移民家庭的居民房。要做成这笔生意，关键是把所有地块一视同仁。为了建成我理想中的赌城,分散地块一个也不能少。我最怕看到的是,自己已经投入了大笔资金，却碰到一个难缠的房主，死握着手里的地产不放。

在我隔壁建赌城的鲍勃·古西奥尼就碰到了上述情况。直到今天，在他锈迹斑斑尚未完成的赌场框架下还有一个单亲家庭的钉子户。虽然得到了银行贷款，他的工程却不能继续。试想一下，花 3~4 亿美元在一座破败的五间房住宅周围建一座熠熠生辉的赌城，是什么感觉？

为了防患于未然，我打算好好利用自己的社会公信力。我要告诉这些地块的主人跟他们做公平交易。跟之前的开发商不同，我不会轻易放弃，我在房地产开发界的业绩可是相当不错的。我还会告诉他们，我可能是唯一愿意整合这些地块的人，如果不抓住机会，可能很长时间都没人来收购他们的房子。

这笔生意的大头还是那三个大地块，所以，我打算亲自同三大地块的负责人谈。我没有直接提出买下三块地，而是先寻求一份长期租约，租后再购买。我的原则是尽量压低预付款额，避免从银行寻求大额贷款——当时银行对大西洋城的经济很是担忧。我的态度很明朗：我愿意尽早买断三个地块，他们必须以合作的态度对我，让三笔交易同时结束。如果三方中有一方预先出售或出租所有土地，其他方不能提起法律诉讼，我可不想因为土地给自己扯上官司。

我托当地人作为代表跟房主洽谈，直接买下了那些零散住户的房子。这些房主多是国外移民，英语说得不好，又不擅长跟陌生人打交道。其他开发商曾经在核心位置花 100 万美元买下一处小公寓的地盘，现在碰上市场不景气，我得以用合适的价格买下所有分散的房子。

1980 年 7 月，所有地块整合完毕，交易结束那天令我记忆犹新。双方约定的时间是周五下午，地点是我在大西洋城的一家律师事务所。当天，所有交易全天候同时进行。28 小时后，合同的签订和盖章工作全部完成。虽已筋疲力尽，不过我总算得到大西洋城最好的位置了。

进行下一步工作之前，我还要得到贷款、建筑批准和赌场经营许可。更重要的是，我要考虑现在开工建设是否合适。好在我并不着急做决定，虽已花掉几百万美元用在聘请律师、预制设计图、人事费用以及购买或租赁土地上，不过我确信，如果自己反客为主，把整合的土地转卖出去，一定不会吃亏，总有人跟我一样愿意择优购买。

当下最先要做的是得到赌场经营许可证。我知道，得到大西洋城的赌场经营许可证耗时长，困难大，变数也多。

《花花公子》杂志的休·赫夫纳没有得到许可，因为据说他们公司 20 年前为了得到曼哈顿花花公子俱乐部（Playboy Club）的卖酒执照，有过行贿行为。赫夫纳在新泽西州出庭作证时，一口咬定当时是被索贿，而且无论是他还是花花公子集团都没有惹过任何官司。即便如此，他的许可证还是没有拿下。负责审问他的州政府官员说，有几位委员不喜欢他在证人席上的举止和风格。那天他叼着烟斗，穿着丝绸衬衫和外衣，旁边还有金发美女陪伴，如果当时我也在新泽西的特伦顿（Trenton）参加他的听证会，也不会喜欢他的。他知书达礼的女儿克里斯蒂在场的话，可能会是另外一个结果。

也有一些传言，说有的赌场和某些有组织的犯罪行为有关，凯撒和巴利酒店就位列其中，不过他们最终都得到了经营许可。在我看来，取得许可证的过程近乎残忍：为了得到许可证，申请者经常必须献出至少一个“殉葬品”。在凯撒酒店，珀尔曼兄弟被迫辞职，巴利酒店则是威廉姆·奥东内尔出局。和这些大公司不同，我不会让任何人做出牺牲，我要向大家展示自己公司清白的历史。

我先聘请了代理律师尼克·利比斯。尼克曾为纽豪斯（Newhouse）集团效力，这次也是纽豪斯的人向我推荐了他。我相信纽豪斯家族的为人，第一次见到尼克后，就喜欢上了他。当时他大概30岁，看上去比实际年龄要小。我一见他就说：“尼克，你这么年轻就接管这么大的项目，真令人佩服。”尼克并没因为这句赞美沾沾自喜，他说：“特朗普先生，老实说，像您这么年轻就能付得起我的佣金，我也是头一回碰见。”

尼克和我很快商定出一个策略：先得到赌场经营许可再建赌场。

早前，在大西洋城购买或整合地块的公司都将申请许可证和施工同时进行。申请时间跟施工时间差不多，所以，越快建好赌场，就能越早开始赚钱——这个道理再简单不过——前提是最后能得到经营许可。和别人不同，我不会一下投入几亿元风险资金；而且，一旦开始为建设项目投入大量资金，申请许可时的主动权就少了，我不能让自己处于劣势。虽然得到许可之前，我要多花一些保存成本费，还会拖延盈利时间，不过所有的付出都是值得的。现如今已没人愿在新泽西州经历申请许可的噩梦，这倒为内华达州招商引资提供了契机。

我申请许可证的最有力论点是：大西洋城的赌场生意已经陷入停滞状态。其实，州市两级政府都非常想证明大西洋城还是个投资的好地方，再说我在房地产界信誉还不错，所以两级政府应该愿意接受我建大型赌场酒店的请求。我不会向任何人求情，至少，我要跟别人公平竞争，争取让自己的项目顺利进行。

与此同时，我让弟弟罗伯特也加入了我的团队。跟我不同，罗伯特大学毕业后在华尔街找了份工作，可能也想摆脱家族生意的约束。罗伯特起初在基德尔·皮博迪公司做企业融资工作。三年后，他到伊斯迪尔房产公司（Eastdil Realty）做了五年的房产企业融资。后来，他又到希尔森·洛布·布罗兹公司，在那组建了房产融资团队。一直到投奔我之前，他的团队都做得非常成功。我想他最终还是会为家里人效力，他应该也是这么想的。

大西洋城充满了机遇，我要在这座距纽约120英里的地方，投资近两亿美元建赌场。因为不能日夜守在那里，我需要一位有能力、诚实正直、忠诚的人替我监管整个工程。至于这个人选，有能力的家人再合适不过。外人再好，也比不上家人值得信任。1980年5月的一天晚上，我给罗伯特打了电话，之后他来我公寓，与我长谈了好几个小时。第二天，罗伯特答应负责我在大西洋城赌场工程的日常工作，别的且不说，他的许诺意味着我们站在了一条战线上，为赌场经营许可证而战。

1981年2月的一天早上，我、罗伯特、尼克·利比斯一起驱车前往新泽西，与那里的首席检察官和博彩执法局局长会面。我的表现不卑不亢。我说自己打算在新泽西进行一项大投资，用的是自己的钱，现在已在海滨大道的地块上投入了几百万美元。但是，我说，新泽西州的博彩生意已经大不如前，光是赌场经营许可证的审批工作就要拖18个月或更久。我在纽约房产界名声不错，也很希望在新泽西已整合好的土地上建一家豪华赌场，可是，如果经营许可证的审批工作既耗时又复杂，我会毫不犹豫地离开大西洋城。除非得到许可证，否则我不会再投入一分钱，也不会开始赌场的建设工程。

首席检察官听完说："特朗普先生，您的看法有些偏颇，许可证的审批工作是非常高效的。我不敢跟您保证我们的审查结果，因为您的项目有可能不符合要求。可是，我敢保证，如果您能积极配合，我们六个月后给您答复。"说完，他转向博彩执法局的局长问："我说的没错吧？"

局长打算为自己留有余地，便说："我们尽力而为，不过可能得花一年的时间。"

一听他这么说，我立刻反驳："等不了一年。我愿意积极配合，但我不愿意掰着手指头数日子等你们给我回复。"他们两个没再说什么。六个月的期限里，他们必须兑现自己的承诺。

接下来，我们需要说服赌场管理委员会的人。建赌场需要得到大大小小各类批准，什么房间面积、室内布置、餐馆数量和健身中心大小，都要考虑。我们希望在施工前，给监管部门呈上详细的建筑计划和设计图，这样他们就能提前了解并调整我们的计划。

那些只负责经营不负责建设的赌场老板们从没做过我这么周密的计划。为了尽早开张营业，还没得到经营许可他们就开始施工，结果监管部门的人来了一看，说“这间房子太小了”，“老虎机不能放在这里”，好多工作就得重做。按照经验，施工中途不按原计划进行花费是很高的，这是很多项目最后严重超支的重要原因。

面对这么多条条框框，我们有一点优势：团体内没有官僚主义。在很多大公司里，为了得到一个答案，下属得先通过各个主管的“层层审核”，而且，这些主管多半都敷衍了事。我的公司不一样，所有下属都可以直接把问题上报到我这里，我也会在第一时间答复他们。正因为如此，我才在做生意时比竞争者出手更快。

1981 年 10 月 16 日，刚好 6 个月，博彩执法局结束调查并做出了调查报告。结果是，我跟罗伯特都拔得了头筹，博彩执法局认为我俩都能得到营业许可证。

博彩执法局做出调查报告后没几个月，我去参加了听证会。同时，我们也获批了经营赌场所需的各项申请，包括同意我在赌场酒店和会展中心之间建一座高架桥。建高架桥的好处是，赌场有一部分在地面以上，节省地面空间的同时，我们建造了大西洋城最大的赌场酒店。而且，跟海滨大道其他赌场酒店不同，我们的宾馆和餐馆房间面向大海——旁边有这么美丽的海景，为什么不好好利用？

接下来的大任务就是得到贷款，这可不容易。多数银行都有不成文的规定，不给博彩业贷款，因为它们多数声誉不好。有意思的是，我的问题恰恰相反。我在银行界名声不错，在博彩业却没什么业绩。这可是个好说辞，比起经验丰富却臭名远扬的赌场经营者，银行应该更愿意贷款给我这种名声不错历史清白的人吧。我还告诉银行的人，和其他赌场酒店的老板不同，我们既是开发商，又是承包人，我们一定会在预算内按时完成工作。

汉华实业公司（Manufacturers Hanover）曾贷款给我的君悦大酒店，可是不愿意贷款给我的赌场。尽管如此，因为在建君悦大酒店时建立了良好的合作关系，他们最后还是同意了。虽然提的条件让我不太满意，可我也没什么好抱怨的，毕竟人家愿意贷款给我已经很不错了。

1982 年 3 月 15 日，临时贷款已经到位，设计图纸也都得到批准，我前往新泽西的特伦顿参加听证会。以前这种听证会一般要六到八周才能结束。上午 10 点 15 分刚过，我出庭作证，整个过程大概用了 17 分钟。12 点之前，所有委员一致同意给我和罗伯特颁发许可证，并承认了我的赌场酒店——特朗普广场的合法身份。我终于迎来了这一天。

除此之外，我还有一个意外的收获。6 月的一天早上，迈克尔·罗斯（Michael Rose）给我打来电话，这让我有点受宠若惊。虽从未谋面，但我知道来电话的正是假日酒店的董事长。罗斯先生在电话里非常友善地介绍了他自己，还说想从孟菲斯（Memphis）来纽约见我。

我没有细问原因，像罗斯这样的人，没有重要事情是不会约我见面的。而且，我自认为对他此行的目的心中有数。他很可能想购买我几年前买下的巴比松广场酒店（Barbizon-Plaza Hotel），地点在中央公园南区的美洲大街（Avenue of Americas）。我知道假日酒店想在纽约找个好位置开分店，所以放话出去说，愿以合适价钱出售巴比松广场酒店。

一周后，迈克尔·罗斯来访，我、罗伯特、哈维·弗里曼一起会见了他。迈克尔先生仪表堂堂，身材挺拔，衣着考究，举止优雅。一见面，我就开始向他罗列巴比松广场酒店的种种好处，还说他能为此来访实在是明智之举。我还说，虽然我舍不得卖掉这家酒店，不过如果条件合适，我会考虑的。我滔滔不绝地讲了 10 分钟，迈克尔先生一直安静地坐着，耐心倾听。等我说完，他稍稍皱了皱眉头，说:“唐纳德，我想你误会了。我对巴比松广场酒店不感兴趣，我想做你在大西洋城赌场的合作伙伴。”

我一向以自己大事化小的能力自豪。虽没有心理准备，还是很快把话题转移过来，用同样饱满的热情向他介绍了我的计划。我说，赌场有得天独厚的地理位置和一流的设备，还得到了各项批准和银行贷款，两年内一定能开张营业。

假日酒店做我的合作伙伴，有两点优势。首先，他们有经营博彩生意的丰富经验。其次，他们的财力雄厚，可以自给。可我并不明白他们为什么要跟我合作。假日酒店在大西洋城已经有一家成功的赌场，就是位于马丽娜海港（Marina）的哈拉斯赌场酒店（Harrah's）。我知道他们也想在海滨大道建赌场，也已经在那里买了一块价格不菲的地皮，难道他们什么都还没有建？

反正迈克尔现在在这里，那我干脆来个闪烁其词。我说：“迈克尔，我已经有了资金，经营许可，还得到了各项批准，实话说，我现在不需要合作伙伴。不过，我倒想听听你的想法。”

迈克尔说，他很看好我的赌场位置，也看重我从不超时超支完成工程的好名声。假日酒店的哈拉斯赌场酒店在施工过程中出过不少问题，财政赤字达到上千万美元。如果新建赌场再发生财务赤字，无法向公司股东交代。如果我们能合作，以他公司的经验加上我公司的能力和信誉，一定是个完美组合。

原来迈克尔早已盘算好了。我们负责建设，他们负责经营，最后利润五五分成。他补充说，愿意从自己公司拿出5000万美元为我投资，这样的话，我就能节省2200万美元。我们还商定，他们负责贷款，并以假日酒店的名义担保我们能获得最优利率。为了让交易看起来更诱人，罗斯说，假日酒店担保从赌场开张之日起五年之内，不让我有任何损失，而且他们会给我一大笔工程基金。

这么优厚的条件简直令人难以置信。我时不时看看罗伯特和哈维，担心自己听漏了什么，他俩一直都面带微笑。迈克尔·罗斯走之前，我们握手道别，算是达成了协议。虽然最终结果还要以双方合同和假日酒店董事会是否同意为准，不过我猜他们已做出妥协了。只要像五五分成这样的原则性问题不改变，这就是一桩好生意。让我更满意的是，我找到了高品质的合作伙伴，他们有能力胜任赌场酒店的经营工作。毕竟，我在经营赌场酒店方面可谓一无所知。

达成协议后，就要看假日酒店的董事会是否许可了。多数情况下，得到董事会的批准只是走走过场。不过我担心迈克尔会利用董事会的权力，让自己从生意里抽身，或至少对协议做出些许改动。

迈克尔把董事会议安排在大西洋城，便于董事们实地考察并评估我的工程进度。这让我有些忧虑，因为我们还有好多工作没完成。他们来之前的那周，我想到一个应对办法。

我打电话给工程总监，让他把能找到的推土机和自卸卡车统统找来，立刻到现场施工。在一周的时间里，他们要在两英亩的空地上进行世界上最“有声有色”的工作。这些机器干什么不重要，关键要多干。如果能在一周做出成绩当然最好，如果做不出来，就把土从一边挖向另一边。而且，在我下达新指示之前，这项工作不能中断。

我的话让总监非常吃惊。他说:“特朗普先生，我干这一行这么多年，像您这么奇怪的指示，我还是第一次听到。不管怎么样，我尽力而为吧。”

一周后，我陪着假日酒店的所有行政主管和董事会成员一起到现场考察。整个现场看起来就像在建著名的大古力坝（Grand Coulee Dam）那样，众多机器同时开工，看起来都忙不过来了。这些大领导一看这架势，显然被镇住了。其中一位转向我，边摇头边感叹:“没想到你这么默默无闻，却做了这么多事情。”

过了几分钟，又有一位董事会成员走了过来，问道:“那个男的刚挖出来的土，怎么又给填回去了？”这个简单的问题把我吓住了，好在，这位董事只是对此好奇，并没看出什么破绽。所有董事会成员心满意足地离开了工地，他们确信选择我是没错的。三周后，在 1982 年 6 月 30 日那天，我们签署了合作协议。

我们的预算是 2.2 亿美元，其中 5000 万由假日酒店出，另外 1.7 亿的贷款也由他们担保，这些钱包括储囤成本费、施工费、经营开支和备用资金。1984 年 5 月，全部工程完工，我早就料到能提前完工，而且正是因为精打细算，才能把花费控制在预算以内。

我们省钱的一大法宝，是利用了“工程经济学”。比方说，设计师给我推荐了一款有四个铰链的门，安装之前我会先找工程师咨询。如果他说“这扇门有两个铰链就够了，最多三个”，我就听他的。一个铰链能省 10 美元，2000 扇门就能省下两万美元。还有一个贴切的例子，就是为制冷系统安装冷却塔。建筑师最早建议把冷却塔装在酒店房顶，结合工程经济学，我们决定把冷却塔装在低于房顶的部分，大概七层楼高的地方，因为房顶还要浇灌混凝土。这样一来，我们可以提前六个月就为制冷系统安装管道和线路。

省钱的第二大法宝，是制订出无懈可击的计划，让承包商没法钻空子。如果计划不够完备，精于算计的承包商为了得到项目，开始会以相对低价接手工程。他们知道，只要我们后期对计划做任何调整，他们都能趁机要上一笔。

最后一大法宝，是 1982 年春天大西洋城的建筑业市场。当时，在建赌场只有热带天堂酒店。当地数以千计的建筑工人不是失业就是待业，我们可以利用这种情况给承包商施压，他们要么节省开支，要么收拾收拾走人。我并不是要压榨这些工人，相反，我给他们的价格一般都非常合理。

5 月 14 日，赌场正式开业，那天正好是阵亡战士纪念日的周末，也是一年中赌场生意最红火的三个时期之一。我们花了 2.18 亿美元，建成了大西洋城第一家既按时完工又没有赤字的赌场酒店。

开业那天的巨大反响，让我颇感意外。开业典礼有几千人出席，成了新闻媒体报道的大事件。前来参加典礼的人有很多新泽西州的政要。州长托马斯·基恩是主要发言人，他毫不吝啬地表达了对我的溢美之词。哈拉斯赌场酒店的董事长理查德·戈格莱因也表达了相同感受，他对所有人说，我们这项在预算内按时完成的工程，“简直是这个时代的一个奇迹”。

打开大门的那一刻，几千人涌了进来，人人都想看看这家新赌场的庐山真面目。没过几分钟，人们就把牌桌和老虎机围了个里三层外三层。

大家应该能猜出来，假日酒店和我有很多不同观点。在这种情况下，我想办法买走了假日酒店在特朗普广场的全部股份，具体细节在这里就不赘述了。我的所有律师都认为，依据《第一修正案》，如果我跟假日酒店对簿公堂，我肯定能大获全胜。但是生意场上，我不会这么做事的。就我而言，在商言商，即使法律允许我可以不用遵守某些合同条款，我还是会信守自己许下的诺言。

可以说，1986 年 2 月，我把假日酒店在赌场酒店的股份全部收入囊中，是我最值得回味的一笔交易。

我想独自拥有赌场酒店的一个原因和折旧价值有关。折旧是指建筑物总价值乘以一定比例所得出来的、建筑物所有者每年从税后所得款项中减去的部分，用于维护建筑，比如修补建筑物正常磨损的费用，是不应该纳税的。

简单地说，折旧可以减少纳税。举个例子，如果我在大西洋城开赌场的花费是 4 亿美元，每年的折旧率是 0.04，那么每年我要从税后收入中减去 1600 万美元折旧费。如果税前利润刚好是 1600 万美元，折旧之后我们的收入就上报为零。

多数股东和华尔街商人仅关注企业除去折旧费之后的利润，所以很多公司老板都不喜欢折旧，这让他们觉得没有成就感。我就不同了，我不必取悦华尔街的人，所以重要的不是我最后上报了多少收入，而是我实际赚了多少钱。

现在好了，所有的设备归我一人所有，我有把握经营好它们，我还打算多建一些套房和餐馆。

不过，贷款问题要我自己负责了。我刚开始在大西洋城寻找地产的时候，银行最低利率是 14%，到 1986 年中期，利率下降到 9%。利率虽低，可是我要亲自披挂上阵申请贷款，也不是易事。

所以，我打算发行债券，公共融资。这样做的坏处是，为了吸引买家，我必须提高债券利率。好处是，一旦债券发行出去，我就不用独自担负法律责任了。最终，贝尔斯登公司出资 2.5 亿美元帮我发行了债券，这么做不仅帮我垫付了假日酒店原来承担的 5000 万美元资金，还让我还清了 1.7 亿美元的银行贷款，而且用余下的钱还能建一个停车场。虽然每年我要为这些债券偿还 3000 万利息，比还给银行的贷款高出 700 万，可是我不后悔。因为不用独自承担法律责任，所以我晚上也不会担惊受怕睡不着觉了。

我把赌场重命名为特朗普广场赌场（Trump Plaza Hotel & Casino），并打算重新找一位主管。我先从自己最强劲的竞争对手里物色人选。当时，史蒂芬·海德是金砖大酒店的副总裁和运营主管人，地位仅在史蒂夫·永利之下，他之前在两家顶尖赌场——金沙赌场酒店和凯撒赌场酒店供职过。如果我问别人，谁是赌场经理人的最佳人选，大家的答案总是史蒂芬·海德。我见到这个人之后，终于明白大家举荐他的原因。他经验丰富，言辞犀利，又有竞争力，最重要的是，他知道怎么能赚回账本底线。很多经理人一心想着最大化自己的财务收入，因为这个数字多数是要公开的。聪明人就不一样了，他们虽然也知道最大化财务收入的好处，但他们更知道，真正重要的是收入和支出的分布情况，也就是最终盈利多少。

我聘请到史蒂芬之后，又挖来很多在他手下效力多年的精英，其中包括保罗·帕提，大西洋城餐饮业经理的第一把交椅非他莫属。在经营管理上，我有一条最简单的原则：用高价从竞争对手那里聘请最好的员工，并且根据他们的表现付给奖金。这也是我的经营管理能长盛不衰的原因。

1985 年，我跟假日酒店合作经营满一年时，在扣除利息、税款和折旧费之前，我们共赚 3500 万美元；1986 年，假日酒店计划赚取 3800 万美元，不过，从前五个月的经营情况看，他们有点落后于原计划。

1986 年 5 月 16 日赌场酒店全部归我后，到年底我们的毛利润是 5800

万美元，比假日酒店原计划多赚2000万美元。而且，1986年6月份的时候，为了新建车库，我们的停车场还关闭过一段时间。我们预计，到1988年，毛利润可以达到9000万美元。

也许，故事到这里就已经很完美了。不过，在海滨大道的成功经营让我看到了更广阔的发展前景。我开始物色那些拥有赌场的公司。假日酒店有一次闯入了我的视线。虽然把海滨大道赌场的股份卖给了我，他们还拥有三家赌场，一家在大西洋城，两家在内华达州，除此之外，他们在世界各地还有上千家酒店。

8月中旬，特朗普广场全部归我之后两个月，我开始收购假日酒店的股票。到9月9日，我已经买下他们公司100万股股票，占总额的5%。事到如今，我可以做两种选择:一种是手握股票，就当是自己的一项投资，另一种是收购假日酒店。

我认为假日酒店的估价偏低。因为拥有很多地产，他们有权勾销折旧费，所以他们上报的净利比实际赚取的低。1986年8月初，股票价格是每股54美元，当时，我能用10亿美元就收购假日酒店，卖掉该集团所有不设赌场的酒店，赚到大概7亿美元。然后保留三家赌场酒店，因为它们赚的钱抵得上所有非赌场酒店利润的总和。

我收购假日酒店的消息传出后，对方的股价就开始上涨。我猜一定是套利者意识到有人要收购公司，便开始哄抢公司股票。到10月初，股票价格涨到72美元一股。

11月11日那天是周三，贝尔斯登的阿兰·格林伯格告诉我，假日酒店为了抵制恶意收购，正在进行公司重组。他们还打算借款28亿，赔偿公司股东之前以每股65美元的价格买的股票。当时假日酒店的股价已涨到每股76元。我毫不犹豫地告诉阿兰，卖掉手中假日酒店的股票。我坚信即使不卖这些股票，我也能跨越假日酒店设置的任何障碍，我只是不想自己后半生都在法庭跟他们打官司。何况，卖掉股票可以让我大赚一笔。截止到周末，我把手中所有假日酒店的股票全部卖出。也就是说，仅仅八周，我就净赚几百万美元，这些钱比我当初买下他们在特朗普广场的股份用的钱多多了。

面对这个结果，我自然没什么好抱怨的。也许我是从假日酒店获利最多的人，不过，比赚到钱更重要的是，我懂得了一个道理：**生意场上一定要高瞻远瞩。**

9

希尔顿赌场之争

永利出局

Wynn-Fall: The Battle for Hilton

希尔顿集团1984年在大西洋城建大型赌场酒店的时候，我从没想过有一天会买下那里，相反，看着他们赌场一天天地建起来，我备感压力，我可不希望在大西洋城出现一个劲敌。当时，我们跟哈拉斯赌场酒店合作击败了很多竞争对手，但是总体业绩不算好。看来，希尔顿集团在经过了几年的举棋不定后，终于来到大西洋城，打算全力出击了。

在我看来，希尔顿集团让人看不透。集团1921年由康拉德·希尔顿创建，现在是世界上最成功的大型连锁酒店集团。康拉德的儿子巴伦20世纪50年代进入公司，巴伦掌管希尔顿集团只是时间早晚的问题，这跟是否优秀无关，是与生俱来的权力。1966年，康拉德退休，巴伦成为公司总裁。在这家由父亲创立并领向成功的企业里，想要树起自己的威信可不是一朝一夕的事。面对相同情况，有些大企业老板的公子要么干脆放弃，要么满足于维持父亲开垦的一亩三分地，只有少数人志在青出于蓝而胜于蓝，因为这是最难的事情了。如果这位公子的父亲碰巧叫康拉德·希尔顿，那么，难上加难。

1959年，巴伦的第一项工作是经营希尔顿集团刚收购的Carte Blanche公司的信用卡业务。他把业务搞砸了，这家公司六年里亏损了几百万美元，1966年，希尔顿只得将这家公司卖给花旗银行。1967年，巴伦说服他的父亲，把希尔顿国际酒店卖给环球航空公司，以此交换对方时价90美元每只的股票。可是，他们忽视了来自石油输出国组织（OPEC）的巨大压力。刚卖完酒店，油价就开始蹿升，这可苦了航空公司。接下来的 18 个月，环球航空股价跌了一半，到 1974 年，只剩下每股 5 美元，直到卡尔·伊坎接管公司，情况才有了好转，不过股价还是缩水不少。再说希尔顿卖掉的国际酒店，生意一直不错，最近刚以近 10 亿的价钱被转卖出去。1983 年，国际酒店赚了 7000 万美元，这个数目等于希尔顿集团在美国所有酒店盈利额的总和。之所以出现这种情况，是因为老字号的希尔顿集团正逐渐失去其在豪华酒店市场的主导地位，而万豪（Marriott）和凯悦集团已经后来者居上了，现在的希尔顿集团已不能跟"最好的酒店"画上等号了。

后来，巴伦·希尔顿总算做了个正确的决定：向博彩业进军。1972 年，希尔顿集团用 1200 万美元购买了内华达州的两家赌场，把它们改建为希尔顿拉斯维加斯赌场（Las Vegas Hilton）和希尔顿弗拉明戈赌场（Flamingo Hilton）。两家赌场逐渐崭露头角，成为希尔顿集团盈利的主力军。1976 年，两家赌场创造的利润占希尔顿集团总利润额的 30%，1981 年达到 40%，到了 1985 年，变成了 45%，赌场为希尔顿集团赚到了 7000 万美金。

赌场生意的巨大成功并没有让巴伦产生进军大西洋城的念头。希尔顿集团在大西洋城买下马丽娜海港的地块时，正值博彩业刚刚合法化却又半心半意前进的阶段。1984 年，巴伦终于下定决心进军大西洋城。此时，他在内华达州的竞争伙伴，像巴利酒店、凯撒酒店、哈拉斯酒店、金沙赌场酒店和金砖大酒店等，都已在大西洋城一路高歌好多年了。

可以想见，既然做出这个决定，巴伦就一定要做出一番成绩。希尔顿集团的地块面积 8 英亩，是当地最大的地块之一，他们打算在这片土地打造出最豪华的阵容：富丽堂皇的大门，30 英尺的天花板，还有能容纳 3000 车位的车库，希尔顿集团在年度报告里形容这项工程是"史上最浩大工程"。在这块地段上，赌场占地约 6 万平方英尺，酒店建在赌场上面，共有 615 间房间。这家赌场酒店的规模可以跟本地最大的赌场酒店之一哈拉斯赌场酒店（Harrah's）相媲美，不同之处在于，希尔顿集团还有第二阶段的扩展计划，就是扩建 10 万平方英尺的赌场空间，外加 2000 个酒店房间。

为了尽快将投资的钱赚回来，希尔顿集团一边开工建设，一边申请赌场经营许可。我在前文提过，正是因为担心工程进行到一半许可证申请被拒，我才先申请许可证才开工建设的。不过，希尔顿集团毕竟不是第一个吃螃蟹的，他们这么做一定是源自强大的自信心吧。

首先，他们在内华达州有赌场经营许可证。其次，当时大西洋城没有建设中的赌场，希尔顿集团却在市区一块尚未开发的土地上进行如此大的项目。最后，也是最重要的，博彩业吸引的是有影响力的企业，希尔顿集团在美国可谓家喻户晓，对他们而言，申请许可证不过是走走过场罢了。

希尔顿集团的人高兴得太早了，他们自以为到大西洋城是施恩来了。谁知，赌场管理委员会的人却不是这么想的，在他们眼里，所有人一律平等。希尔顿集团的自以为是犯了致命的错误。

1985 年，我听说希尔顿集团陷入了麻烦。大西洋城是个政治色彩十分浓厚的地方，那里的生意人对此都心中有数。希尔顿集团为了表现自己熟谙此道，特别聘请了一位很有政治背景的律师。表面看来，这是一招好棋，实际上，据知情人士透露，这是一招死棋。

希尔顿集团还犯了一个错误：不借鉴同行的经验教训。花花公子集团三年前申请许可证被拒，部分原因是他们聘请了名叫西德尼·卡尔斯基的律师。据说西德尼和一起犯罪活动有关联，谁知希尔顿集团还是聘请了西德尼。有 10 年的时间里，希尔顿集团每年付他 5 万美元，让他帮忙处理集团的劳资纠纷。卡尔斯基人怎么样我不知道，我只知道要讨评审委员会的欢心。既然评审委员会的人说过他们不喜欢卡尔斯基，希尔顿集团就该跟卡尔斯基断绝来往。希尔顿集团没这么做，结果，1984 年年中，希尔顿集团申请赌场经营许可证被拒。

被拒第二天，希尔顿集团炒了卡尔斯基的鱿鱼。巴伦后来对委员会的人说，他炒卡尔斯基的鱿鱼，仅仅是因为“委员会对此人非常反感”，这话非常不恰当。委员会里曾给希尔顿集团投反对票的人说：“态度不端正，希尔顿集团永远得不到赌场经营许可证。”

后来，为了弥补过失，巴伦说卡尔斯基从未代表希尔顿集团做过小动作，可是根本不顶用。几周后，卡尔斯基给巴伦写了封信，还将内容公布给媒体。信中详细介绍了他在拉斯维加斯为希尔顿集团所做的工作，还附寄了巴伦写给卡尔斯基感谢信的复印件。卡尔斯基在信的结尾对巴伦说："你给我造成了无法弥补的伤害，我一辈子都不会忘记。想知道我的厉害吗？等你拿不到大西洋城赌场经营许可证的时候，就会体会到。"

也许，巴伦认真地参加听证会，情况也不会这么糟，谁知他根本没把听证会放在眼里。他很少去新泽西州陈述证词，希尔顿集团其他高层也很少出席听证会。

1985 年 2 月 14 日，一位名叫阿尔·格拉斯哥的人给我来电。阿尔主办一份关于博彩业的简讯，名叫《大西洋动态》(*Atlantic City Action*)。阿尔比起传媒达人达蒙·鲁尼恩真是有过之而无不及，连他呼出的空气里，都是"博彩业"的味道。大西洋城每笔博彩生意的来龙去脉，他都了然于胸。在电话里，阿尔问我："你知道最近希尔顿集团发生的事情吗？"

"不清楚，出什么事了？"

"他们没得到赌场经营许可。"

刚开始我以为他在开玩笑。想得到申请，必须得到四位委员的同意，希尔顿集团当时得到了超过半数的支持。不过也不一定，之前休·赫夫纳在听证会上得到了 3 比 2 的选票，照样没得到许可证。阿尔推测，希尔顿集团很可能不参加复审，直接将在建的赌场转卖出去。

希尔顿集团原计划听证会之后三个月内开张赌场。他们已雇佣了 1000 多名员工，而且这个数目正以每天一百人的速度增长。到开业时，他们得给接近 4000 人发工资。不管希尔顿集团有多庞大，这么多张嘴等着吃饭，赌场酒店没有收入是不行的。不过，虽然时间紧迫，希尔顿集团还有一次上诉的机会。可是我担心，该集团已为赌场投资了 3 亿美元，在法庭上很可能会处于任人摆布的地位。

跟阿尔·格拉斯哥和另外一些人商量之后，我决定给身在加利福尼亚州的巴伦·希尔顿打电话。别的且不说，起码的安慰还是要有的，因为谁都知道巴伦现在处境悲惨。“你好，巴伦，最近怎么样？”我问他。不出所料，他的状态不佳，“不好，非常不好。”我说：“我理解，你最近有点不太顺利。”他答道：“唐纳德，这种情况真让我始料不及，我一点心理准备都没有。”我告诉他，我们也没有心理准备。我们的对话基本就围绕这个话题进行。

挂电话之前，我提到了生意。我说：“巴伦，我不清楚你打算怎么处理这家赌场，如果你想卖掉它，价格合适的话我愿意收购。”巴伦说他会考虑，并感谢我的致电。我认为他的感谢是真心的，也觉得事情会到此为止。希尔顿集团已经准备材料迎接复审了，我相信他们这次能说服评审委员会的人。

3 月初，伊斯迪尔房产公司（Eastdil Realty）的老板、我的朋友本杰明·兰伯特（Benjamin Lambert）打来电话。我跟本杰明相识于十年前，当时我正为康莫得酒店的生意寻找一位合作伙伴，为此，他给我出过很多主意。这么多年来，我们一起成功合作了几笔生意，可以说，我们是和而不同的好朋友。本杰明是希尔顿集团的一名董事，希尔顿集团申请许可证失败后，我跟本杰明联系过几次，他认为希尔顿赌场一定会转卖。

本杰明这次来电是邀我参加一个聚会，参加人员还有希尔顿集团所有董事，时间是集团在纽约召开董事年会的前一周。他说：“你好好跟巴伦面谈一下吧。”

原来，希尔顿集团的董事们在处理大西洋城赌场的问题上意见很不一致。虽然赌场管理委员会同意了希尔顿集团的复审申请，不过，包括本杰明在内的几位董事都觉得，如果能找到合适的买家，还是卖掉赌场为妙。他们的理由是，如果委员会没有收回原判，不给希尔顿集团发放许可证，公司肯定吃不消，这几个月不仅要继续给几千名员工发工资，而且，这种情况下转卖赌场肯定没有好价钱。

我去参加了聚会，并且经本杰明引荐，见到了从未谋面的巴伦先生。

我俩谈话非常投机，聊着聊着就去了屋外的花园。我们的话题依然没什么针对性，多数时间巴伦都在表达自己的绝望，我听着也只能深表同情。巴伦是个保守谨慎的人，有点优柔寡断，所以我决定这事不能操之过急。我们相处得很愉快，本杰明后来告诉我，巴伦说跟我一起很放松。人要根据不同场合选择咄咄逼人抑或温和可亲。

没过多久，金砖大酒店的史蒂夫·永利开始大张旗鼓地准备收购希尔顿集团。对我来说，这真是一个千载难逢的机会。如果不是永利的出现，巴伦也许根本不会和我洽谈大西洋城赌场酒店的生意。

4 月 14 日，永利给巴伦写了一封信，打算以 72 美元每股的价钱，买走希尔顿集团 27% 的股票。当时，希尔顿集团对外股票价格是 67 美元每股。永利说，如果巴伦同意，他愿以相同价格买走集团所有股票。

永利这么做的原因，居然能追溯到康拉德·希尔顿先生。康拉德 1979 年去世时几乎“榨干”了巴伦——我实在找不到更好听的词。一般情况下，大家觉得康拉德会把自己在希尔顿集团持有的大额股份作为遗产留给巴伦，至少，会留给其他家庭成员。

可是康拉德·希尔顿剥夺了子孙接受遗产的权利。临终时，康拉德持有希尔顿集团价值 5 亿美元的股票。不过，他认为大笔遗产只会瓦解子孙的道德感和上进心。这种心情我可以理解。

不过，我觉得可以先托人代管遗产，等孩子们到了 21 周岁再给他们。康拉德的想法太过绝对了。他只是象征性地给儿子巴伦留了一部分股票，给孙辈每人留了 1 万美元，他的大部分财产，也就是希尔顿集团 27% 的股份，都留给了康拉德基金会（Conrad N. Hilton Foundation），让基金会把这些钱用于加利福尼亚州天主教堂的慈善工作。

这样做让巴伦成了只有地位没有股份的光杆司令。尽管身为董事长，巴伦拥有优先控股权，可是到 1985 年，他还是只拥有小部分公司股票。

巴伦希望通过法律渠道得到康拉德基金会的股份，官司拖了好几年，输赢都是未知数。要知道，他告的可是天主教堂的修女和神父，谁敢跟他们打官司？

康拉德在遗嘱里说过，如果因为某种原因基金会没有接受他的股票遗产，巴伦有权以 1979 年的市场股价买回这些股票。联邦法规定，慈善机构和它们的附属团体拥有的企业股份捐赠不能超过企业股份总额的 20%。巴伦据此认为，他父亲捐赠了公司 27% 的股份，他有权要回 7% 的股份。

而且，巴伦还希望通过错综复杂的法律条文，买回父亲捐赠给基金会的所有股票。1979 年的股价是每股 24.6 美元，现在已涨到 72 美元。也就是说，如果可能，巴伦只需花 1.7 亿美元就能买下现在价值 5 亿美元的股票。

这就是传说中的“大买卖”吧，可是，这也叫“重写遗嘱”。我强烈好奇巴伦到底知不知道自己有多少胜算，如果他没买回股票，在史蒂夫·永利这样的对手面前，他肯定处于劣势。另外，如果在没有许可证的情况下继续保留大西洋城的赌场，那么任何有关股权纷争的官司都对他十分不利。

如果我是巴伦·希尔顿，我一定不会优柔寡断，我会和史蒂夫·永利斗争，对他的收购行为做出反抗；我也会参加复审，为经营许可证而战。我不敢说自己能战胜这一切，大不了输了破口大骂一顿，然后关掉酒店，让它自生自灭。这就是我的做事风格，被逼急了，不论花多少财力，冒多大风险，我都会奋起反抗。

再说，当时我并没有经营上市公司，自然不用害怕什么华尔街商人、公司股东和季度盈利报告，我只要让自己满意就行了。可是巴伦——我想——他一定不打算两条战线同时作战了，要么争取经营许可证，要么争取公司所有权，后者在两者中更重要。

之所以说史蒂夫·永利帮了我，是基于以下两个原因。首先，收购希尔顿集团的行为虽然让巴伦对他保持高度警惕，却也影响巴伦自己准备复审的精力。第二，永利越是咄咄逼人，巴伦越是把我看做大救星。

我没有刻意扮演救星角色，是永利“造就”了我。永利是在他父亲的宾果游戏厅里长大的，他父亲是个嗜赌成性的人，帮不了他什么忙。之所以成功，是因为他在拉斯维加斯结交了几个有用的朋友，又买了金砖大酒店的小额股份，直到后来收购了整家酒店。在他的“财富帝国”里，拉斯维加斯、大西洋城和博彩业平分秋色。他工作出色，能说会道，衣着整洁，爱穿 2000 美元一套的西装和 200 美元一件的丝绸衬衫。永利希望自己在别人面前树立完美形象，这点让很多人受不了，巴伦·希尔顿就是其中之一。

他们是风格迥异的两类人。巴伦是含着金钥匙出生的贵族，从小就被娇养着，他不需要取悦别人，因此从不刻意用风格或衣着去引人注意。史蒂夫·永利和巴伦·希尔顿，一个费劲心思，一个毫不在意。

也许永利不愿意承认，不过我确信，在收购希尔顿集团的行动中，他高估了自己的能力，认为自己占有绝对优势。很多人都觉得史蒂夫想要的只是赌场酒店，他们说，在重重困境面前，巴伦很可能会使出一石二鸟之计跟史蒂夫斡旋，他会说：“史蒂夫，如果你不收购我的集团，我就把大西洋城赌场酒店卖给你。”

事实上，巴伦已经越来越讨厌永利。永利提出收购要求的第二天，巴伦·希尔顿就认真地跟我说起了出售赌场酒店的事情。

我的第一次出价是 2.5 亿美元。这个价格虽高，不过我知道巴伦对此并不满意。我们第一次见面时，他告诉我，为这项工程，他投入了 3.2 亿美元。本来卖掉赌场就是无奈之举，卖高了没什么高兴的，可他绝对不能在股东面前说自己卖低了价钱。几天后，我把价钱提到 3.2 亿美元。我已没有时间在这个问题上忸怩作态了，要买就买，不买就走人。

那个时候，即使是 2.5 亿美元，都是我人生中的一大笔风险投资，更别提 3.2 亿美元了。一年前，我在海滨大道的赌场酒店斥资 2.2 亿美元，当时所有的资金和风险都由假日酒店替我承担。

这次，所有风险都要我一个人扛。

决定了之后，我立刻打电话给约翰·托雷尔。约翰既是汉诺制造信托公司（Manufacturers Hanover Trust）的老板，也是我的好朋友，之前跟我有过愉快的合作。我们这次的对话简短又高效。我说:“约翰，我打算花 3.2 亿美元购买希尔顿集团在大西洋城的赌场酒店，你能不能贷款给我，这周就要。”约翰问了几个相关的问题，两分钟后，他说:“成交。”这就是信任的力量，我以个人名义向约翰做了担保。

这笔生意全依仗我独自思量，我都没去过那家赌场酒店，就做了决定。有几位员工代我看过现场，让我知道了承包商的一些工作情况。鉴于希尔顿集团正处于困境中，我觉得自己不便现身。这件事要是让我父亲知道，他一定得批评我一顿。孩提时代，有一次我陪父亲去布鲁克林区考察他打算购买的楼盘，当时的购买价是 10 万或 20 万美元。我们在大楼里转悠了好几个小时，随机考察了一些公寓，把里面的冰箱、水槽、锅炉、天花板和走廊都看了个遍。

诚惶诚恐的不止我父亲一人。以前总有人跟我意见不一致，这次几乎所有人都反对我购买这家赌场酒店。

反对者认为我在给自己找麻烦。他们说，这家赌场酒店两个月之后就要开张，我却没有管理经验;巨大的经济风险要我独自承担;我只是从汉诺制造信托公司得到了口头承诺，对方反悔怎么办。他们还担心市场对这家大型赌场酒店没有容纳力;而且，现在贷款利率这么高，赌场背负巨债怎么办。所有人都问我:为什么要买这家赌场酒店?

原因只有一个，我坚信，如果经营有方，我一定可以赚到大钱。

价格谈妥了，可是正式签署合同之前，还有一大堆事情要处理。1985 年 4 月 14 日，我们和希尔顿集团在 101 号公园大道的办公室正式商谈合作事宜，双方律师都在场。

其实，一笔生意中，谈价钱并不难，难的是完工担保、过失承担，还有从合同签订到交易结束的费用分摊问题，这些问题最容易把生意搅黄。希尔顿集团从一开始就采取了强硬态度，他们打算“原封不动”地卖掉赌场酒店，合同一签好，就摆脱和大西洋城的一切干系。我想，巴伦一定是恨透了新泽西州和大西洋城，越早离开这里，与之相关的噩梦就越早结束。

不过，我必须得到一份完工担保，不然的话，出了问题我可承担不起。比如，自来水管道或冷气系统有了毛病，我就得拆掉重做。赌场酒店这么大，每一项整修都少不了几百万美元的开销。

起初，双方的谈判成果一直很合我意。可是进行到一半的时候，希尔顿集团负责谈判的副总裁格蕾戈里·狄龙接到了巴伦·希尔顿从旧金山打来的电话。接完电话后，狄龙就像换了一个人。虽然不知道内情，可是直觉告诉我，巴伦不想跟我谈生意了，有人在最后一刻开出了高价。没猜错的话，这人正是金砖大酒店的史蒂夫·永利。

于是，狄龙和希尔顿集团的律师开始针对我们刚才谈妥的条款挑毛病。我参加过不少谈判，我很快意识到，他们是想让生意做不成。打个比方，如果双方在完工担保的问题上意见不一致，他们就可以理直气壮地离开，而且把责任全部推到我方。

谈判陷入僵局。格蕾戈里·狄龙建议："今天是谈不出什么结果了，咱们明天再来吧。"表面看来，他的建议很合理。那天是周六凌晨，我们已在办公室周旋了将近 48 个小时，所有人都非常疲惫。可是，我担心谈判一旦搁置，隔天这笔生意就再也谈不成了。作为折中，我建议大家休息几小时，下午 1 点再回来碰头，希尔顿集团的人同意了。

当时我的律师杰瑞·施拉格也委婉地建议我放弃交易。由于我一直没从汉诺制造信托公司得到书面的承诺，杰瑞担心这样不可靠。我认为约翰·托雷尔的口头承诺相当于书面承诺，杰瑞却认为，即使约翰的承诺是可信的，他提的贷款要求很可能造成我做其他生意时的借款困难。

我坐在杰瑞的办公室，心里疑惑，到底是我的律师不希望我谈成生意，还是对方的律师这么想呢？这真是一种奇怪的感觉。

希尔顿集团距约定时间迟到了两个小时，让我更加确信了自己的猜测。下午 3 点半，他们出现了。我想，唯一能拿下这笔生意的办法，就是激起他们的廉耻心。我站起来，字正腔圆地问他们，怎么能跟我握手成交后却不信守诺言？怎么能跟我连连谈判了三天，却想一走了之？怎么能逼我在花了几十万元律师费之后,却不闻不问？我告诉他们,这些行为是不光彩的、不道德的，是可耻的！

我说话的口气，与其说义愤填膺，倒不如说是备受伤害。我不是不会破口大骂，不过这次，我担心破口大骂会吓走他们。我们的谈判已经进行了大半，除非我给他们一个适当的理由，不然，从心理角度上讲，他们也不好意思一走了之。而且，希尔顿集团的变脸很可能是故作姿态，是他们为了少担责任而使出的伎俩而已。

最后，我们达成了折中方案:希尔顿集团必须尽职尽责直到酒店开业，他们要列出“未完成清单”，把所有没完成的项目处理完;我先预留 500 万的购买资金，等他们按照合同条款建成一流水准的赌场酒店之后，我再把钱给他们。

我认为希尔顿赌场酒店的工程进展很顺利。即使工程进展不顺利，甚至要花 3000 万解决问题，希尔顿集团依然脱不了干系。1985 年 4 月 27 日上午 9 点，我和希尔顿集团正式签署合约。我交付了 2000 万美元不可归还的保证金，双方约好 60 天后交易结束。

5 月 1 日，我第一次去现场看了这座 3.2 亿美元的赌场酒店。一进去，我就意识到自己的选择对了。虽然很多工作尚未完成，还是掩盖不了这座建筑的风采，这种感受让我要求员工更加努力地工作。接下来的六个月里，我们完成了别的赌场至少用一年完成的工作。我们获得了临时的赌场占有证书，备好了申请经营许可的所有材料，并且新雇佣员工 1500 名……一切为赌场酒店开张大吉准备着。

我把赌场酒店命名为特朗普城堡。本来我想叫它特朗普宫殿，可是凯撒宫殿说他们享有“宫殿”二字的专有权，这事虽不至于打起来，可是我们已经花了几百万美元宣传“特朗普宫殿”，我实在不想给赌场改名字。没想到，改了名字，假日酒店又不满意了。我刚把赌场改为特朗普城堡，假日酒店就提出诉讼，说和我合营的特朗普广场跟新赌场有竞争关系，所以新赌场不能再以特朗普命名。不过，没过几周，这个诉讼就被驳回了。

特朗普城堡开张前，我和几家投资银行讨论了发行债券的问题，以尽快还清我在汉诺制造信托公司的贷款。为了尽早让自己不受牵制，我打算发行高利率债券。当时面临的主要问题是，特朗普城堡刚刚起步，别人根本不知道我们有几斤几两。再说，虽然新赌场在紧锣密鼓地准备开张，可是我们并没有任何赌场经营经验。

总之，买我们债券的人是需要很大勇气的。他们下的赌注就是我们从一开始就能取得巨大成功，而只有取得巨大成功，我们才能还得起 4 亿美元的债券。事实上，大西洋城很多赌场根本还不起这个数字。

让我出乎意料的是，几家投资银行居然争相接受我的请求，他们愿意替我寻找买家,按规定价格把债券卖出。愿意帮我的有德雷克塞尔·伯纳姆，他创造了“垃圾债券高收益”的理念;贝尔斯登公司愿意拿出 3 亿美元，也就是所需数字的 95% 借给我;还有阿兰·格林伯格和保罗·哈林比的好意都让我非常高兴。

为了让买家对债券感兴趣，必须拿高收益来吸引他们。贝尔斯登帮我发行的债券收益和其他赌场自行发行的一样，这些赌场有过销售经验，给买家的保障也多。

贝尔斯登公司的工作做得很完善，让我和买家各有所得。买债券的人收益都不错，现在债券已经卖到供不应求。

经营这家赌场酒店，一定要借鉴特朗普广场的经验教训。这次我没有聘请外人作总经理，而是让我的贤内助——伊万娜亲自上阵。通过观察学习我认识到，在大西洋城开赌场，好的管理方法跟经验一样重要，伊万娜的作为印证了我的观点。

6 月 15 号，我和希尔顿集团的交易完全结束，夏季的经营热潮也到来了。6 月 16 号，特朗普城堡开业。人们纷至沓来，生意好得出乎意料。开张第一天，我们的收入总额就高达 72.8 万美元。1985 年，开张之后不到六个月的时间里，我们的总收入达到了 1.31 亿美元。我们比三四家竞争对手做得都好，我在海滨大道的特朗普广场同期业绩也远比不上特朗普城堡。

我和希尔顿集团的合同里曾规定，我先预留 500 万美元，等他们按合同要求建成一流赌场酒店之后，再把钱给他们。随着时间的推移，赌场酒店出现了不少问题，主要出在冷气塔、下水道系统、计算机系统等方面。

开张的头六个月时间里，我方代表和希尔顿集团代表就责任分担问题进行了秘密协商。我方代表认为对方没按合同要求完成项目，造成的损失远大于 500 万美元。这个问题，我希望能以和平方式解决。

我喜欢巴伦·希尔顿这个人，对他在大西洋城的不幸遭遇深表同情。有几个月，每当听到攻击他的言论，我总替他说话。由于双方代表就谁该赔偿谁的问题讨论不出结果，1986 年 1 月，我决定亲自给巴伦打电话。

电话接通后，我告诉他，既然双方存在争议，我们为什么不坐下来好好谈谈。巴伦很高兴我给他致电，他说自己下周一二会来纽约，到时会联系跟我见面。

谁知，那个周一一大早就有人给我奉上了希尔顿集团的起诉书，内容是让我公司立刻支付 500 万美元欠款，太令人难以置信了。

看完诉讼，我马上给巴伦打了电话。我说："巴伦，我们已经约定好好谈谈，你们怎么还给我发来起诉书？" 巴伦一句话把我堵了回来："我不知道什么诉讼书啊。"他建议我给他们公司副总裁格蕾戈里·狄龙打电话。结果，狄龙也说自己毫不知情。我马上明白了事情原由，这么重要的起诉，巴伦和公司高层怎么会不知道？

在生意中，起诉书是不可避免的，这点我不否认。可是，既然巴伦跟我说好要好好聊聊，他应该遵守这个诺言，能不能谈妥则另当别论。从那天起，我再也没在别人面前说过巴伦的好话。

我让自己的律师提出反诉。1986 年 4 月 2 日，我们一共列出了特朗普城堡工程中出现的 94 处问题，而且还列出了解决方案的估价，数字远大于我们未支付的500万美元。虽然官司尚未判决，不过我相信我们一定会赢。

除去这个小插曲，特朗普城堡总体来说是成绩斐然的，这主要归功于伊万娜。伊万娜有一双“火眼金睛”，她聘用了大西洋城各层次的顶尖人才——从赌场总管到老板，再到高层主管。她负责监管酒店公共区域的装修工作，现在这个地方建得相当漂亮。因为伊万娜对卫生要求非常严格，赌场酒店总是一尘不染。好的管理自然有好的收益，1986年，开张仅一年，赌场酒店就收入2.26亿美元。我们的目标是总收入3.1亿美元，营业毛利达7000万美元以上。

生意场上，有时是要相信自己的直觉的。

10

焉知祸福

中央公园南区的较量

Low Rent, High Stakes: The Showdown on Central Park South

有时候，在一场战役里，输是为了更好地赢——只要有足够的时间外加一点运气。购买中央公园南区 100 号大楼（100 Central Park South）时，这两点优势我都占了。

本章我会讲到一群租客和我的斗争。本来，我买下了他们所住的居民楼，想拆除它并新建一座大厦，可租客就是不搬。由于他们的阻碍，我的原计划没有实施。不过，看到这几年猛涨的房产价格，我放弃了原计划。他们的阻碍虽让我原来的设想泡汤，却让我等到了更好的机会。

买下租客住的大楼非常容易：1981 年初，路易斯·桑夏已是我公司的副总裁。有一天，她找到我说，有两处相邻地产位置颇优，问我是否愿意购买。这两处地产分别是中央公园南区 100 号和巴比松广场酒店（Barbizon-Plaza Hotel）。中央公园南区 100 号大楼高 14 层，地处中央公园南路和美洲大道交会处；巴比松广场酒店高 39 层，面朝中央公园，环绕中央公园南路，东临美洲大道。

两处地产的所有人是一个联合组织，成员有：洛布家庭银行组织的马歇尔·洛布，兰伯特布鲁塞尔公司（Lambert Brussels Corporation）的亨利·格林伯格。由于地理位置得天独厚，这两处地产算得上世界最优，它们不仅位于城市最宽广高雅的街区，而且还与中央公园为伴。

巴比松广场酒店是一家正在走下坡路的中端消费水平的酒店，每年只有小额盈余。中央公园南区 100 号大楼是享受房租管制政策的居民楼，收入的租金根本不够维持整幢大楼的开支。

正是因为上述劣势，我能以较划算的价格跟卖方洽谈。另外，两处地产没在市场公开出售对我也有好处，一旦公开，就会有人竞争，我就没法为了讲价钱跟卖方罗列建筑的种种不好了。

还有一条优势助我买下两处地产。地产所有人都是富商，他们卖出这里倒不是因为缺钱，而是因为有的所有人想到自己年纪越来越大，是时候整顿一下自己手里持有的财产了。我不方便透露最后到底花了多少钱买下地产，只能说，那笔钱放在今天，连曼哈顿劣势地段三分之一大小的地块都买不来。

我从不考虑两座建筑赚了多少钱，我看中的是地段价值。要知道，我以最低廉的价格买到了最好的位置，这笔生意非常值得。而且我还得到了一笔贷款,可用作购买资金。我想过的最差结果,就是我把两座楼转手卖出。即使这样,我还能小赚一笔。因为即使时局不好,也总有人想买入优质地段。

要么我就对大楼进行简单翻新。由于租期将至，再出租时，我打算把一层商铺的价格提到市场水平，楼上公寓的租金也要提高。这些工作虽然看起来不起眼，却都能使我取得还不错的收益。

不过，“还不错”可不是我的目标。我知道，要想最大限度发挥这里的优势，就要建豪华大厦取代原有建筑。这个想法付诸实施前，要先考虑两个问题。第一，拆毁像巴比松广场酒店这样的建筑既麻烦又成本昂贵。好在我有信心，将来这里的租金收入一定可以弥补拆除的花费。

第二个问题的答案我最近才想明白,那就是:即使在法律允许的范围内，让那些享受房租管制优惠的租客搬走也是不可能的，总有租客在拒绝搬迁。时间是最有力的武器，我会一直等，不达目的誓不罢休。

其实，我对原租客的情况考虑不周。你想，住在地理位置好、面积大、租金低的房子里，谁愿意搬？如果他们住的是郊区的小公寓，搬起来肯定不费事;或者，假设他们从没享受过房租管制条例政策的优惠，而一直按市场价格交租金，那么只有找到条件相当价格便宜的房子，他们才愿意搬。

中央公园南区 100 号的租客在奋力捍卫这些得天独厚的条件。他们住的房子里有高高的天花板和硕大的壁炉，窗外还有迷人的景色。因为受房租管制条例的保护，所有租客几乎是在免费的世界里坐享其成。如果按市场价格交租金，他们要付十倍于现在的价格。换了我，也会跟让我搬家的人斗争的。

说起房租管制条例，真是政府又一个失败的政策。它除了让少数人享有特权之外，对多数人都是个灾难。而且，正是这项政策导致纽约城过去 20 年来房产市场不景气。

不能否认，房租管制条例提出的初衷是好的，可惜效果跟期望背道而驰。1943 年，房租管制条例试行。为了让退伍军人能住得起房子，州政府限制了租金。达到预期目的后，这项政策在 1948 年被废除了。谁知，1962 年纽约市也推行了房租管制条例，内容是 1947 年建的住房全部享受住房管制条例的优惠。也就是说，市政府给 500 万纽约人赋予了一项不可剥夺的权利，即享受低价住房的权利。

这个政策听起来很妙，可是政府却不愿负责到底，而是责令房东给租客提供优惠。后来，油价、劳动力价格和房屋保养费都上涨了，政府却不让房东提高租价，即使在通货膨胀时期也不例外。

最后，房东们实在入不敷出，只能放弃他们的房产。1960~1976 年间，房东放弃的住宅大约有 30 万户。他们最早放弃或纵火烧毁的都是最差街区的房子，这些地区的房租最低，房东的收益根本负担不起日益上涨的成本费用。同时，原本住在这里的穷人成了受害者，南布朗克斯和布鲁克林地区变为废弃之城。由于废弃的住宅不用上交房产税，政府也为此损失了数亿美元。

糟糕的是，最该得到保护的人却没有受益。由于很多享受房租管制政策的房子都是好房子，它们自然是有权有钱人眼里的香饽饽。为此，独立研究员和撰稿人威廉·塔克还列了一个“黑名单”。据威廉观察，中央公园西区 73 号大街的一些建筑，外观优美，室内宽敞，装修精致，有两层高的大理石大厅和窗外美丽的风景。有钱、有品位的人肯定愿意住在这里：米娅·法罗在面朝公园的位置有 10 间公寓，每间公寓每月房租 2000 美元。要是按照市值租金，月租应是 1 万美元。歌手和作曲家卡莉·西蒙在相同大厦里也有 10 间公寓，每间公寓月租 2200 元。

还是在这条街，塔克发现了纽约芭蕾舞团（New York City Ballet）演员苏珊·法璐在林肯中心附近一处有 14 间复式公寓，每间公寓的月租还不到 1000 美元；威廉姆·范登·赫维尔是一位显赫的律师，也是吉米·卡特总统派驻国外的美国大使，他的六间房公寓在东区 72 大街临近第五大道的地方，地理位置非常优越，每间公寓月租只有 650 美元；阿利斯太尔·库克是位电视风云人物，他在第五大道上的八间房公寓每间月租只有 1100 元；威廉姆·肖恩是《纽约客》的前任编辑，跟阿利斯太尔·库克住在一幢楼上，同样是八间房公寓，他的房租是每间每月 1000 美元。

“黑名单”里为首的要算纽约市长爱德·科赫了。爱德在格林威治村（Greenwich Village）拥有一处华丽的三间房公寓，也享受房租管制条例的优惠。每间公寓月租只有 350 美元，是它实际价值的 1/5。而且，爱德·科赫根本不住在这儿，他的家在政府提供的市长官邸——格雷西大厦（Gracie Mansion）。

我不像其他开发商那样提倡废除房租管制条例。我认为，应该给正在享有这项政策的人进行经济情况评审。收入低于一定数额的人继续享受这种政策，高于这个数额，就得提高房租或搬去别处。

在中央公园南区 100 号大楼，我就践行了自己的想法。买下这里之后，我对租客的经济状况做了调查，调查结果令我惊喜，不过也是意料之内的事。楼内住户可分为三类人群。第一类是住在好位置大房子的人，他们比较成功、富裕，或地位显赫。

这类人群的例子很多。比如说，时尚设计师阿诺德·斯嘉锡住在六居室的复式公寓，每间公寓每月只要 985 美元。按照市场价格，这些钱仅够租一间工作室。另一位富人租客安吉洛·德萨皮奥是一位有名气的建筑师，大厦七层的九间公寓都是他的，每间公寓月租只有 1600 元。还有一位有钱人在 63 号大街有一处豪华房产，价值至少 500 万美元。他在这幢楼的 13 层有一处四室公寓，位置优越，月租才 2500 美元。上述房产要是放在现在出租，价格绝对翻好几番。

第二类租客，我称他们“雅皮士”，即城市年轻白领。他们主要是股票经纪人、记者或律师，虽称不上百万富翁，可是经济上也比较富足。他们的公寓基本都在面朝公园的位置上，公寓内有一到两间卧室。

第三类人住的地方小、位置差。这些人收入微薄，大部分人年龄较大，靠社会保障金生活。虽然享受低租金，不过比起那些富人，他们享受的根本算不上什么，那些相邻街区条件类似工作室的租金是他们现在租金的两倍。

后来带领租客反对我的约翰·摩尔以上三类都不属于。他 40 出头，家里的经济实力和社会地位都不错。蒂芙尼公司被沃尔特·霍文收购前，约翰的爷爷曾是蒂芙尼公司的大股东。约翰不如他爷爷成功，不过能领导这些租客反对我，约翰一定觉得自己挺重要、挺有成就感的吧。况且，反对我也符合他自己的利益——约翰在面朝公园的位置上，有一间两卧的大公寓，租金很低。

相比中央公园南区 100 号，腾空巴比松广场酒店要简单得多，只要不再接收客人就行了。不过，我还是想先搞定中央公园南区 100 号。遗憾的是，我没有亲力亲为，这是我在初始阶段犯的致命错误。以前我从不这样，可我实在不愿干劝租客搬出的事情，于是雇用了一家公司替我处理，他们对劝解租客很在行。很多知名公司的高层都向我推荐城堡管理有限公司（Citadel Management），他们跟这家公司打过交道，觉得它很有信誉。这个问题还是应该谨慎为之，一来地段受人关注，二来讨厌我的人已经够多，我不能因为租客搬迁的事再引起争端。

我对自己的想法没有任何隐瞒，我要让中央公园南区100号的租客知道，他们现在住的楼和旁边的巴比松广场酒店都将被铲平。然后，我们会帮他们寻找合适的新家，还给他们一定的经济补偿。

结果，租客成立了联合组织，要聘请律师跟我打官司。他们不怕打官司，因为那些富人租客最不缺钱了。几个富人商定一年合伙出8000美金用来打官司。这个价钱真不贵，如果他们去其他地方找跟现在条件类似的房子，月租就得上万。

他们聘请的律师经验丰富，成功案例很多。这种“反房东”的律师比房东的代理律师好混多了，他们的惯用手法是想尽一切办法在法庭上拖延时间，从房东那得到的好处越多越好。

我认为，腾空中央公园南区100号大楼，并在此新建大厦既合情又合法。那些没有享受房租管理优惠的租客比较好对付，我只要向他们介绍新建大厦的计划就可以了。不过，想让政府同意我的申请，可能要满足更苛刻的条件，虽然困难较大，但也不至于无法克服。我会向政府陈述以下几点：

首先，新建大厦将比原建筑多出至少20%的住宅，这是显而易见的，那么我的盈利空间就更大了。其次，除去开支，目前建筑的盈利还不到它评估价值的8.5%。由于房租管制政策，现在的评估价值只有150万美元，政府从这里几乎得不到税收收入。而且，即使政府不让我把债息支付也算作开支的一项，建筑的盈利还是达不到评估价值的8.5%。如果算上债息支付，那简直就是倒贴钱。无论怎样，如果政府能从实际出发，他们一定会同意我的拆迁申请，并且责令留守租客搬出。

1981年初，城堡管理有限公司开始替我负责接管大楼的事情。我给他们交代了两点：第一，尽可能多地为租客找到新住所；第二，继续为租客提供原有基本服务。

其实，如果我们采取强硬手段，搬空这座建筑一定不费吹灰之力。有的房东买楼时不用自己的名字登记，后来为了赶走租客，或是雇用一些恶棍，带着斧头大锤到住宅楼里破坏锅炉，拆毁楼梯，把下水管道戳出窟窿，制造“水灾”，或是拉来一卡车的瘾君子、妓女或盗贼，让他们住在搬空了的公寓里，吓唬那些不肯搬的人。

这种行为是名副其实的侵扰。无论从道德角度还是从实际需要考虑，我都不会做这种事情。我不仅会以自己的名义购买建筑物，而且还会给自己留个好名声。我给租客提供充足的供暖和热水，虽然上东区很多高档住宅里都存在违法乱纪行为，我却以谦虚温和的态度处理这些事件。我可不想因为这些事情处理不当，让租客在法官面前参我一本。

即使这样，在这座大楼里，我们是做不到服务一流的。收入不够基本开支，奢华条件就是奢望。我们刚买下这里的时候，大厅里有一台免费电话，主要是应急时用。结果，很多租客都用它打给远在瑞士格施塔德和圣莫利兹的朋友。

为了节省开支，我们没收了门卫的制服，省下了一笔不小的干洗费。而且，我们宣布，为了大楼的安全，以后门卫不得出门迎接租客并帮他们拎行李。另外，我们还把走廊里的灯换成了低瓦数的，所有有成本意识的房东都会说，这是省电费的好办法。

我们没想到，租客们把这种高效节能的管理方式，说成一种侵扰，说我们影响了他们的正常生活。对那种在乐太阳（Le Cirque）餐厅 30 分钟等不到桌位就叫苦连天的人，或许这真是一种侵扰吧。通过这件事我明白，富人无法忍受一丁点的不舒服。

这些租客居然把我们提供的重新安置服务也作为“罪状”，写进了诉讼里。他们说，为了逼他们搬走，我们在“持续不断地施压”。因为他们商量好了处处和我们作对，所以，他们拒绝我们的帮助不足为奇。可是，有的租客说，租客联合组织不允许他们接受我们提供的任何帮助。其实，他们也不想想，对于某些人来说，我们新选的住处比他们原来的好多了。

不可否认，宣称“被侵扰”确实是一计妙招。在纽约，“侵扰”是个时髦词汇，让人立刻联想到邪恶的房东和无辜的租客形象。如果租客的律师恰巧碰到一位本身也是租客并富有同情心的法官，那我肯定要败诉，原来的租客也就不必搬迁。同时，他们还能给我扣上一个“侵扰”的帽子。如果我再为此提出上诉，恐怕只会更加遭人唾弃。

不幸的是，我们还真有把柄落到了对方手里。我们原本打算起诉些长期拖欠房租或租房长期不住的人，毕竟在纽约，这样的诉讼天天都有，它们是合法的。再说，这类案件我们也打赢不少。

结果，我们的证据存在问题。比如说，我们起诉一位租客没交房租，可他却拿出了已付支票作为证据，查实后发现是城堡管理有限公司当初没把账目记录在案。城堡公司意识到错误之后，居然让租客交出支票，条件是我们会撤销诉讼。结果，这件事让对方的代理律师抓到了小辫子。这位租客拒绝交出支票，我们败诉。在另一起官司中，法官说我们给租客的公告时间不够长。虽然各项操作都合法，可法庭却说最近法律做了变动，应该延长给对方的公告时间。

我们还犯了一个错误，就是不该给已腾空公寓的窗户镀锡。原来政府为了保护公共财产不受侵害，曾把他们手中无人居住的公寓窗户都镀上了锡，看到政府这么做我们才敢效仿。可是政府在中央公园南区没有房产，他们自然嫌我们自作主张。如果当初能以一种得体的方法处理这件事情，我们可能既省了钱，又收效理想。

更没想到的是，我给中央公园南区无家可归的人提供住所的行为引起了巨大争议。1982 年夏天，我买下这座楼已经一年了，当时，纽约市流浪汉无家可归的现象引起了广泛关注。一天早上，我经过中央公园的时候看到长凳上躺着几个流浪汉，这让我有了个想法。

中央公园南区 100 号大楼已有十几个空闲公寓。因为一直计划拆毁这座建筑，我没有接收新住户。我想把这些空房临时提供给无家可归者。一方面，让富人和穷人同住一所建筑让我感到困扰，可是，另一方面想到街上那么多流浪汉，我却有很多闲置的房子，又让我感到不安。

结果，我的想法遭到了专栏作家和报社编辑的批评。政府官员见状，意识到此事可能会引起非议，便拒绝了我的好意。一位专栏作家说，我曾拒绝一群难民使用住房的请求，却给流浪汉提供住房，真是虚情假意。这种情况让我重新考虑了自己的想法，我的律师也帮我仔细分析了形势。他说，如果现在接受新的住户，即便是暂时的，日后也很难让他们再搬出去了，这个观点说到了我的心坎上。

看来，我本不该把这个想法公之于众。可是，我也没解释什么，因为可能越描越黑。这个经历实在不是我跟媒体之间的美好回忆，不过我倒是从中吸取了教训：**做事一定不能冲动，即使你的想法是出于善意，也要先把最坏的结果考虑清楚。**

1984年初，租客到了州法庭，正式对我提起诉讼。虽然他们的诉讼都是一些小事，可我还是让手下认真对待每个诉讼。1985年1月，州法院宣布接受租客的起诉。虽然早期我们有工作做得不到位，可我们并没有给他们造成生活上的不便，这些人只不过是在打侵扰的旗号。其实，哪有什么侵扰呢？他们只是为了留住房子在使把戏罢了，或者，他们想从我这敲一大笔安家费，作为搬家的条件。

为了这场官司，租客联合组织可谓煞费苦心。50%的人都称遭到过侵扰，所有人的诉讼都是一个模子刻出来的，最后一句话都是："唐纳德·特朗普就是今天的小气财神。"我的律师经过细致调查之后，发现了一个有趣的现象：有几位富人租客在过去10年、20年甚至30年里，呈交过相同的起诉书，所有的起诉都要求政府给他们减少租金。看来，中央公园南区100号的居民都熟谙怎么用最少的开支得到最高档的住房。

我不是那种只知道保全名声或一心省钱的房东，何况这起诉讼对我本来就是不公平的。这起官司或许花费很高，也或许会逼我做出让步，不过，我不会让这么愚蠢的起诉得逞。

不过，也有一些事情对我有利，以纽约房产价值的变化为最。从1974年开始，纽约房产价格开始持续稳步上涨。1981年初，我买下中央公园南区两处地产的时候，房价停滞。接下来两年的时间里，我本打算在这里新建大厦，那时的房价已经下跌了。很多人据此以为，经济大繁荣时期已经结束了。

1984 年，市场开始回暖，经济状况的变化超出了人们的想象。1981 年秋天，联合组织一间房的平均价格是 9.3 万美元。1983 年初，价格跌到 6.7 万美元。到了 1985 年 1 月份，我跟租客的对峙有眉目的时候，房价也涨到了 12.4 万美元。也就是说，所有租客都专心致志跟我耗时间的时候，纽约房产价格已经大热了。

我曾想，大不了只在巴比松广场酒店的原址进行建设，现在这一座楼已经比两年前建两座楼更赚钱了。而且，现在中央公园南区 100 号大楼空房越来越多，法律已允许我们按市场价格租出一部分空房，等于说我已经坐拥金山了。

这段时间，建筑物设计风格和流行趋势也发生了变化。两年前我买下中央公园南区两处地产的时候，最受追捧的风格是线条流畅的玻璃大厦，如特朗普大厦。我当初也还是打算把中央公园南区的楼盘建成类似风格。

1984 年，一股新风吹到建筑界，带来了复古风潮。在纽约买顶尖公寓的人都是时尚嗅觉非常敏锐的人，这种时尚嗅觉充斥了他们生活的方方面面，包括建筑物设计。我是个务实的人，人们喜欢什么，我就建什么。我不会一意孤行，只建自己喜欢的类型，到头来却卖不出去。1985 年初，我请来设计师为巴比松广场酒店的原址画设计图，设计风格要集合新老元素，跟中央公园南区 100 号不要相差太远。

说实话，我本人不是很喜欢这种后现代主义设计风格。这种风格第一次将传统和现代元素相结合，我觉得这种结合既比不上现代风格，也比不上传统风格。很多建筑商不按要求准备材料，导致这种风格的建筑材料和工艺手段都不上档次。而且，传统的元素在设计里毫无新意，还影响了现代风格的时髦外观。

当设计师把复古风格的模型呈现在我眼前的时候，我并没有眼前一亮的感觉，而且新建筑看起来更小了。我问建筑师，这是什么东西？

他说："这是按分区规划规定建的。建巴比松广场酒店的时候没有分区规划条例，时代不同了。"

"你的意思是说，我只能翻新这座建筑了？如果拆掉原来的建筑建新的，就只能建得又小又难看？"

他说："就是这个意思，特朗普先生。"

我听了，说："如果是这样，那我还拆它干什么？新建筑物不仅难看，还得多花钱。"

他答道："拆它是为了新装窗户，原来酒店的窗户太小了，不适用豪华住宅楼。"

看来，解决方案只能是：保留原有建筑，给它装上宽大的新窗户。

好在，我的眼光也发生了变化，开始喜欢那些外观高雅装修精美的老建筑。我在中央公园南区买下的两处地产不就是这样吗？它们的线条一定为中央公园南区的天空勾勒了美丽的轮廓。

拆除巴比松广场酒店并在此新建大厦的预算是 2.5 亿美元，现在只是重新装修并新装窗户，预算是 1 亿美元。这 1 亿美元里，光是拱顶石造价就 1000 万美元，是仿照巴比松广场酒店原有那块建造的。造价再贵也肯定比不上原件。总之，翻新可以节省成本，也是一种很好的设计方案。

还有一个因素关键时刻帮了我。过去几年，我一直想买中央公园南区 100 号大楼对过的圣莫里茨酒店（St.Moritz Hotel）。酒店所有人是哈里·赫尔姆斯利和劳伦斯·维也纳，这二位是房地产界最优秀的商人。在生意中，买卖双方最关心的问题永远是价钱。他们要价很高，我却认为这与他们实际经营情况不符。有几次他们以相同的高价跟别的买家进行洽谈，却从未达成一致。对一块地产提出天价的事情我见多了，有的卖家就是本事不大，胃口不小，最后只好碰一鼻子灰。

眼看他们跟别人也没谈成生意，我给哈里·赫尔姆斯利打了个电话。我说："我很想购买圣莫里茨大酒店，这笔生意咱们应该是可以谈成的，只是你们的要价让我无法接受。”哈里说:“你提的价格太低了。”经过几个回合，我们终于谈妥。

巴比松广场酒店有1400间房间，跟圣莫里茨酒店在同一条街上。我打算一买下圣莫里茨酒店就关掉巴比松广场酒店，然后把巴比松广场酒店的经理查尔斯·弗朗菲尔德和他手下的优秀员工都调到圣莫里茨酒店。巴比松广场酒店的老主顾一定会闻风转投圣莫里茨酒店的，因为圣莫里茨跟巴比松广场酒店一样，是中央公园南区中档消费水平的酒店。虽然巴比松广场酒店原来的老主顾不会都青睐圣莫里茨，但是新酒店可以吸引新顾客。我觉得，圣莫里茨酒店一晚的收入和入住率比原来至少能增长25%。

我很容易地从银行借到了600万美金贷款。也就是说，我用不太高的价格买下酒店，还得到了600万美元贷款。结束交易的时候，哈里·赫尔姆斯利随手翻了翻合同，看到了我的贷款数额，似乎不太高兴。不过他们也没有什么损失，因为当初他们买这家酒店的时候没花多少钱。

1985年9月，我接管了圣莫里茨酒店，并在不久后关闭了巴比松广场酒店。第一年，酒店入住率和总收入增长了31%，比我预计的25%多。加上我们管理有方，酒店现在的利润是过去的4倍。

中央公园南区100号大楼的侵扰事件还是悬而未决。由于我已不打算腾空或铲平这座大楼，因此案件裁决结果对我已没什么影响。可是，我的几个律师建议我跟租客和解，最起码算是缓和一下这个不愉快的局面。有律师特别建议我把大楼以1000万美元的价格卖给租客，以此让对方放弃起诉。

这个建议听起来很好。跟购买价格相比，1000万美元确实让我大赚了一笔。不过，我没有同意。我不愿意背上租客给我的“侵扰”罪名，让他们买到比市场价低得多的楼盘，不能让他们发这笔横财。更何况，这座楼如今在纽约很受欢迎。

1985年8月，最高法院裁定，没有确凿证据证明我对租客的正常生活造成了侵扰。1986年12月，上诉法庭宣布对最高法院的判决没有异议，我跟他们的官司总算是暂时平息了。

不过，我的律师还是想通过和解解决问题。终于，1986 年底，所有的租客都同意不再提起任何诉讼。由于我也已不打算拆迁这座大楼，因此我同意放弃上诉的机会，并给他们开出新的租约。我答应，如果他们遵守协议，可以免交三个月租金，但是那些拖欠房租的人必须把钱全部付清。有的租客已经一年没交房租了，他们欠我至少 15 万美元。

虽然州最高法院不再受理此案，纽约市政府却不罢休，这种情况让租客联合组织主席约翰·摩尔也匪夷所思。他对记者说，政府对此没完没了，像在“教训一匹已经乖乖回圈的马”。其实，这件事情不能了结，真正的受害人是纽约市纳税人。政府宁愿花大量财力人力在一件已经解决的事情上大做文章，却不把这些资源用在该用的地方上，真是可惜。我认为，事情之所以如此，是因为市长爱德·科赫对我不满，我曾在特朗普大厦申请免税一事和筹建沃尔曼溜冰场时让他难堪。

另外，我把巴比松广场酒店重命名为特朗普高尚住宅（Trump Parc），开始了对它的翻新工作。我请了侯斯有限公司（Holes Inc.）帮我安装新的窗户。这家公司的人果然是吃这碗饭的，手艺都不错。没几周，巴比松广场酒店原来的小窗户就变成了漂亮宽敞的观景窗。虽然造价昂贵，可是换来了窗外迷人的景色，所以这项工作是值得的。

当时，虽然市场上新建筑迭出，我的住宅楼还是做到了独树一帜，是新旧元素结合的典范。大厦原有的外观没有做任何改动，拱形顶维持了原状，原来公寓高 12 英尺的特色天花板也没有改动——当初这项设计造价很高，现在的开发商想都不敢想。同时，新元素的加入又让这座大厦比一般老式建筑多了几分优势。我们安装了新的自来水管道，重新粉刷了墙壁，装上了新式电路和更快捷的电梯，最重要的还是要提一提我们新装的大型瑟莫潘双层隔热玻璃窗（Thermopane）。

按计划住宅楼将于 1987 年秋天完工。不过，1986 年 11 月，我们就开始面向市场出售公寓了。八个月的时间里，我们卖出了将近 270 套公寓，占总数的 80%。有的人一下子花 2000 万美元买了 7 套公寓。还没有一个住户住进来时，公寓就全售光了。当时，我尚未整理出售大厦一层的沿街商铺，中央公园南区 100 号大楼也一直闲置，可是仅靠特朗普高尚住宅的出售，我们就赚了 2.4 亿美元。

最后结果可谓皆大欢喜。中央公园 100 号大楼的原租客不用搬出大厦了，中央公园南区原来的两座地标纹丝未动，政府却能从这两处建筑得到更多的税收。我呢，在这笔为很多人不看好的生意里，赚得了 1 亿多美元的利润。这一切，还真得感谢当初那些拖累我的租客们。

11

两盟之争

冒险一试

Long Shot: the Spring and Fall of the USFL

虽说我的商业信条是只买最好的，不过，对美国橄榄球联盟投资的时候，我却改变了这种信念。

1983年秋，我买下新泽西将士队。当时，球队所属的美国橄榄球联盟战绩不佳，损失将近3000万美元，光是新泽西将士队的亏损就高达200万美元，几乎每场比赛都落败。新泽西将士队的老板名叫吉沃尔特·邓肯，是来自俄克拉荷马州的石油大亨。买下这家球队，按照房地产业的行话，等于放弃了第五大道和57号大街的地产，而去买贫穷的布朗克斯南部地区。

不过，我本来也没把买下这支球队当成一笔大生意，而是把它看作长线投资，即使失败也没关系。我是一个铁杆球迷，喜欢体育运动，梦想拥有一支球队。而且，我看不惯国家橄榄球大联盟（NFL）的自高自大和独断专行。我想，如果出现劲敌，国家橄榄球大联盟一定不堪一击。

我相信美国橄榄球联盟的潜力。我的投资数额不大，但将来的回报率是很高的。国家橄榄球大联盟的特权会员费高达7000万美元，而买下美国橄榄球联盟的新泽西将士队只要600万美元，它可是地处世界上最好位置之一的球队。如果我能让球队和联盟情况好转，很快就能赚回早期投资。即使不能，至少我也从中得到了乐趣。

美国橄榄球联盟出的问题都很明显，便于对症下药。首先是比赛时间。体育运动也有淡旺季之分，联盟赛季在春天，球迷却喜欢在秋天看比赛。

电视广播公司有播出职业赛事的义务，但他们不愿意对播出春季赛事投入大量财力。我买新泽西将士队的时候，美国广播公司用于春季赛事独家播放权的花费是每年 100 万美元。然而，美国三家电视广播公司用在国家橄榄球大联盟秋季赛事播放权的投资是每年 3.59 亿美元。可见，美国橄榄球联盟必须把赛季移至秋季。

其次，球队要提高自身竞争力，争创一流。我要不惜一切代价签到最好的球员，推销球队，让它制造激情，吸引橄榄球联盟的球迷并且让电视台愿意为我们投资。

跟国家橄榄球大联盟的竞争，有两个先例可供我们学习。美国橄榄球联盟 1962 年由八位富商建立，他们签到了顶尖球员，早期为了打响球队的名声，付出了很高的代价。1966 年，美国橄榄球联合会挖到了十来个国家橄榄球大联盟的优秀球员。面对来势汹汹的美国橄榄球联合会，国家橄榄球大联盟招架不住了，因此联盟主管人皮特·罗泽尔提出了两家联盟联姻的请求。今天，国家橄榄球大联盟里最好的特权会员队都是原来美国橄榄球联合会的球队。其实,即使两家不合并,美国橄榄球联合会也会发展得很好。

另一家跟国家橄榄球大联盟抗衡的是世界橄榄球联盟。它成立于 1973 年，老板既不太有钱，也没远见。世界橄榄球联盟里有名的球员不多，自己的特权会员队也都在小城市，没有引起电视台的注意。成立没两年，世界橄榄球联盟就破产了。好在联盟老板没什么资金损失，反正他们本来也没投资太多。

我估计，如果我们把美国橄榄球联盟的赛季改在秋天，并为它打响品牌做足努力，会出现两种情况:第一，美国三家广播公司至少会有一家给我们提供秋季电视转播机会，这样我们就能以强劲势头跟国家橄榄球大联盟竞争。第二，即使我们实力超强，可是三家广播公司还是拒绝在秋季转播我们的赛事,我们就有理由控告国家橄榄球大联盟垄断赛事。以上两种情况，对我们都有益无害。

第二种情况可能会使我们败诉，甚至让联盟也不复存在，不过我相信胜出的可能性还是很大的。反垄断案件的损害赔偿是一般赔偿额的3倍，因此，如果两方对簿公堂，我们可能会得到数额不小的赔偿款。还有可能，国家橄榄球大联盟觉得上法庭既花钱，又损颜面，所以干脆跟我方和解，像20年前他们跟美国橄榄球联合会和解一样。

我从未把联盟赛季改在秋天的想法藏着掖着。可是两年后在法庭上，国家橄榄球大联盟却声称，我的计划是秘密进行的。事实上，早在我购买新泽西将士队的时候，早已把这一想法告诉了所有来电咨询的记者。1983年10月18日，买下新泽西将士队之后一个月，我第一次到田纳西州的休斯顿市参加了美国橄榄球联盟球队老板的大会，会上也把这一想法做了透露。

我在那次会上发言时说，春季赛事是淡季，美国橄榄球联盟不能甘于在淡季比赛。现在所有球迷和电视台都把精力放在秋天的赛事上，对我们不利。我告诉所有参会老板，国家橄榄球大联盟刚刚经历的球员大罢工，让很多球迷不安。为了让国家橄榄球大联盟更难堪，我们要把他们合约即将到期的球员签过来，再招募一批就要毕业的优秀大学生球员。

在这件事情上如果说我存在失误，那就是对各球队老板的实力认识不足。所有的合作链都存在这种现象：一环软弱，全链不强。有的老板财力雄厚，心理素质超强，比如密歇根黑豹队（Michigan Panthers）老板阿尔·陶布曼和费城明星队（Philadelphia Stars）的老板迈尔斯·塔嫩鲍姆，这两位老板都是靠建设购物中心起家。其他有实力的老板有孟菲斯演艺船队（Memphis Showboats）的老板比利·唐纳瓦特和杰克逊维尔公牛队（Jacksonville Bulls）的老板弗雷德·布拉德。

然而，也有一部分球队老板，无论财力还是远见都不行，他们一想到跟国家橄榄球大联盟竞争就吓得瑟瑟发抖；他们安于现状，满足于在春季赛事打几场默默无闻的比赛；他们整天想的不是为联盟出一份力，而是处处节省开支。

发展美国橄榄球联盟，要从我刚刚买下的新泽西将士队开始入手。这支球队可谓联盟里一颗毒瘤，买下它时，队员刚比完一个赛季，赢 4 场，输 14 场。赫歇尔·沃克是此队的球星。赫歇尔·沃克来自乔治亚州，虽是赫歇尔杯（Herschel Trophy）得主，可他的表现也不尽如人意。另外，虽然球队整个赛季的比赛地点跟电视公司只有一河之隔，可是，既没有媒体关注，也没有球迷追捧。

新泽西将士队是联盟起死回生的关键。所有的球迷都喜欢赢球的队伍，也喜欢看球星，希望能从球星精彩的表现中得到感染，赫歇尔就是有这种能力的球星。不过在橄榄球比赛中，球场的灵魂人物是四分卫，乔·纳马斯就是其中之一。乔是阿拉巴马州立大学（University of Alabama）的一名四分卫球员，年薪 40 万美元。正是他让纽约喷气飞机队（New York Jets）和美国橄榄球联合会一展雄风，并带领球队和美国橄榄球联合会捧走了超级冠军杯。其实在拿超级冠军杯之前，他已经收入不菲，而且是美国橄榄球联合会最闪亮耀眼的一张名片。

我聘请的第一位球员名叫布瑞恩·赛普，他是克利夫兰布朗队（Cleveland Browns）的四分卫。几个赛季以来，赛普一直是国家橄榄球大联盟最有价值的球星，而且为人真诚。由于他跟国家橄榄球大联盟的合约还有几个月就将到期，说不定到时我能签到他。如果赛普加盟新泽西将士队，美国橄榄球联盟会更有力量跟国家橄榄球大联盟抗衡。跟赛普的签约过程有点费力，终于，1983 年 12 月 27 日，我举行了一场新闻发布会，宣布新泽西将士队跟赛普正式签约，我们付他年薪 80 万美元。

跟赛普签约之余，我们还签到了原国家橄榄球大联盟的另外几位顶尖球员。11 月 5 号，我们跟加里·巴保罗签约，加里是一位饱受赞扬的右后卫，来自堪萨斯城酋长队（Kansas City Chiefs）。跟加里的签约，向国家橄榄球大联盟的其他球员显示了，我们愿不惜一切财力，打造一支顶尖的队伍。11 月 28 号，我们跟原西雅图海鹰队（Seattle Seahawks）的后卫克里·贾斯汀（Kerry Justin）签约。12 月份，我们又从旧金山 49 人队（San Francisco Forty-niners）、威利·哈珀队（Willie Harper）和鲍比·利奥波德队（Bobby Leopold）里签到几名后卫，这三支队伍都曾是超级杯冠军队。另外，我们还从辛辛那提签到戴维·拉帕姆，他是组织后卫，主要在比赛时保护并配合赛普。

那段时间，我们聘用迈阿密海豚队（Miami Dolphins）的教练唐·苏拉的事情也备受关注。苏拉是国家橄榄球大联盟历史上最伟大的教练之一，但是他的报酬很低。请他过来，我不仅开出了高昂的报酬，还答应满足他提的一切条件。可是，当他提出在特朗普大厦要一处公寓时，我没有答应。我愿意为橄榄球队投资，但我不会拿自己的公寓当礼物。虽然最后没有达成一致，苏拉也没吃亏。为了留住他，原球队给他加了薪，这也是他希望的吧。

最引人注目的，要数我们跟劳伦斯·泰勒的签约。劳伦斯是纽约巨人队（New York Giants）优秀的后卫球员，是国家橄榄球大联盟历史上最优秀的全能型球员。1983 年 12 月 31 日，我们宣布泰勒和新泽西将士队签署了一份长达四年的合约，年薪 325 万美元。这份合约要等到 1988 年，他跟纽约巨人队的合约到期之后，才会生效。从某种程度上说，这比即刻生效更好。因为我们向国家橄榄球大联盟证明，无论是合同期满的球员，还是尚未期满的球员，我们都能签到。

没想到，跟泰勒签约的消息一经传出，纽约巨人队就炸开了锅。1984 年 1 月 17 日，巨人队提出跟泰勒续约 6 年，年薪 655 万美元。纽约巨人队迫于我的竞争压力，又不想失去泰勒，于是给他涨了 300 万美元的工资。同时，因为造成我和泰勒毁约，巨人队答应赔偿我 75 万美元。

看到我无所畏惧地从国家橄榄球大联盟挖球员，美国橄榄球联盟的其他老板也受到了感染。1984 年 1 月 4 日，美国橄榄球联盟第二轮球员招募工作开始。匹斯堡（Pittsburgh）特权会员队签到了来自内布拉斯加州（Nebraska）的海斯曼杯（Heisman Trophy）冠军得主迈克·罗齐尔，合约五年后生效。签约后，此球队的票价一下子从 6000 美元涨到 2 万美元。洛杉矶急速队（Los Angeles Express）以高价签到了杨百翰大学（Brigham Young）的校园球星——四分卫史蒂夫·杨。除此之外，洛杉矶急速队的老板唐·克斯特曼还签到了另外 14 位新秀，他们都是国家橄榄球大联盟十分为人看好的明日之星。最后，我们签到了将近一半大学生明星球员。为此《体育画报》（*Sports Illustrated*）在一篇文章中质疑："国家橄榄球大联盟怎么能眼睁睁看着罗齐尔和杨这样优秀的球员被美国橄榄球联盟挖走？"

1月17日，美国橄榄球联盟球队老板在新奥尔良市开会，会上我再次表达了把赛季挪到秋天的想法。我说，我们已经拥有国家橄榄球大联盟和高校明星球员，时机非常成熟。可是有的老板举棋不定，要成立一个长期规划委员会，具体研究这个问题。对我而言，委员会都是那些缺乏安全感的人成立的，只不过为了拖延做决定的时间。好在，至少我的建议提上了桌面。我加入了规划委员会，并对说服大部分球队老板很有信心。

这个时候，国家橄榄球大联盟已经急得像热锅上的蚂蚁，也召开了各球队老板会议。会议于1984年2月在马萨诸塞州的剑桥市举行，旨在共商联盟的未来，以及怎么对付我们。我们后来才知道，这次大会的主讲人是哈佛商学院一位德高望重的教授，名叫迈克尔·波特。为这次演讲，他准备了一篇长达47页的文稿，题为《两家联盟之争》。国家橄榄球大联盟共有65位高层领导出席了此次会议，包括管理委员会的行政董事杰克·唐蓝。

波特列出几个模块，一目了然，作为跟我们交战的对策。他的演讲一共两个半小时，包括"进攻策略"、"游击战术"、"孙子兵法——公元前5世纪的中国"等等。他建议大家说服美国广播公司放弃春季赛事的直播权，让我们的比赛无处可播；拉拢我方球员，榨干我们的资金；游说我方有钱有势的球队老板，给他们提供国家橄榄球大联盟的特权会员队资格。

1984年春天，美国橄榄球联盟第二季赛事开始。虽对国家橄榄球大联盟的阴谋有所察觉，可我们尚未重视起来。同时，我们联盟里原本就经营不善的球队出现了严重的经济危机，特别是来自芝加哥、华盛顿、圣安东尼奥和奥克拉荷马等地的球队。我们面临的威胁不是失掉几个特权会员队，而是声誉的下降。存在的问题得不到解决，媒体就不会关注我们的强队。体育报纸里写的全是我们联盟里弱队越来越低的出场率，还有一些球队老板的个人财务危机。

一波未平，一波又起。长期规划委员会经投票表决，同意聘请咨询公司帮我们分析现状。咨询公司名为麦肯锡顾问公司，算同行里做的最好的一家。不过它比长期规划委员会更令我讨厌，每次该做决定的时候，那些自恃才高的委员会成员和享受高额报酬的咨询师总是缺乏最基本的常识，而且不敢放手一搏。

麦肯锡公司的调查耗时三个月，耗资60万美元。1984年8月22日早上，美国橄榄球联盟所有球队老板齐聚芝加哥，听麦肯锡公司的经理莎伦·帕特里克宣布调查结果。莎伦告诉大家，联盟要想发展，必须继续在春季比赛，还要节省开支，以后再考虑赛季改到秋天的事。她还说，经民意测验发现，大部分球迷都希望美国橄榄球联盟的球队在春季比赛。我对这个民意测验深表怀疑。

这个结果让我们无法接受。即使节省开支，球队盈利的希望也非常渺茫。再说，很多弱队的老板已经输不起了，我们必须强硬。借用帕特里克两小时讲话时间，我重申将赛季改到秋天的想法，并让大家投票。超过2/3的人同意我的提议，大家还商定，下个春季赛季之后，实施我们的决议。

另外，我们还讨论了对国家橄榄球大联盟起讼的事情。我们委托了主席切特·西蒙斯给国家橄榄球大联盟的主席皮特·罗泽尔写了一封信。西蒙斯非常客气地转达了我们的想法，他说:“橄榄球赛市场广阔。美国橄榄球联盟是行业内新兴起的生力军，国家橄榄球大联盟已经占据很大的市场。我们希望，国家橄榄球大联盟能按照本行业的法规和条例行事。”说白了，我们想告诉他们:“你要欺负我们，我们就起诉你。”

10月份，我们跟哥伦比亚广播公司和全国广播公司的协商出现了问题。当初，我们把将赛事挪到秋季的想法透露给他们的时候，两家公司都表示很感兴趣。可是，当想法付诸实施的时候，他们却都成了缩头乌龟，显然是国家橄榄球大联盟从中作梗了。三家广播公司中，美国广播公司受到的压力最大，因为他们曾和我们签过转播春季赛事的合约。

国家橄榄球大联盟的主席皮特·罗泽尔后来在法庭说，他从没跟美国广播公司体育台的台长鲁恩·阿利奇私下交涉过，这一点我坚决不信。罗泽尔和阿利奇是关系亲密的朋友，还共事过很长时间。罗泽尔比谁都在意美国橄榄球联盟赛事调整的事情，他会不把这个顾虑告诉自己的好朋友阿利奇吗？阿利奇创办的周一橄榄球之夜（NFL Monday Night Football）正是为了转播国家橄榄球大联盟的赛事，此节目让阿利奇收入不菲。从罗泽尔那里得到这样的好处，他能不看罗泽尔的脸色行事？

事实上，美国广播公司、哥伦比亚广播公司和全国广播公司通过转播国家橄榄球大联盟的赛事，根本赚不到什么钱。他们每年花 3.5 亿美元购买比赛转播权，仅 1985 年，三家公司转播赛事期间就损失了几亿美元。

即便如此，三家广播公司还是不敢疏远国家橄榄球大联盟。橄榄球是一项很有声望的电视节目，为了互相竞争，三家公司甘愿将这笔亏本买卖做到底。看来，我们已经别无选择。1984 年 10 月 17 日，我们一纸反垄断诉状将国家橄榄球大联盟告到了纽约南区法庭。我们要求国家橄榄球大联盟至多只能跟两家电视台有合约关系，并且还要赔偿我们 13.2 亿美元。

官司要打，更重要的是，联盟不能垮。

1985 年 1 月 3 日，美国橄榄球联盟开始了第三次面向大学精英球员的招募工作。当时，新泽西将士队已大有进步，成绩是 9 胜 5 负，而且球迷数也增加到 4 万多人。可其他球队却越来越差，人心急需振奋。

我的解决方案还是去大学找最优秀、有激情的球员，人选已经物色好了，就是波士顿大学的道格·弗吕蒂，他曾带领球队拿下海斯曼杯。大学毕业时，弗吕蒂告别赛的对手是迈阿密大学队，这场比赛曾经在国家电视台转播。比赛最后一刻，他打出了一个 50 码的远射，得到了精彩的触地得分，使波士顿大学以 47 比 45 战胜迈阿密大学，他也因此扬名。很快，弗吕蒂投球的动作成了媒体即时重放的经典画面，他在一夜之间成为橄榄球界的传奇。我也多次在不同的新闻和体育节目中看见过那个画面。

弗吕蒂是一个很能“制造”新闻的人，这点让我很满意。他模样英俊，能言会道，做事勇敢，这些都是媒体喜欢写的。不过，有两个小问题不能不考虑。第一,新泽西将士队已经有布瑞恩·赛普一位优秀的四分卫球员了。第二，道格·弗吕蒂身高 5 英尺 10 英寸，体重只有 170 磅。很多球探说他体型不合格，因为一般他这样的球员都是高 6 英尺 6 英寸，体重至少 260 磅的家伙。

最后，我还是相信了自己的直觉。布瑞恩·赛普虽是公认的大球星，可也已经 35 岁了，早已过了最光彩夺目的时期，道格·弗吕蒂却有潜力成为美国橄榄球联盟里像乔·纳马斯那样的传奇人物。由于在传媒界广泛的影响力，即使在球队表现不尽如人意，道格也可以帮我们提升新泽西将士队和美国橄榄球联盟的人气。而如果做得好，他就不仅成就了队伍和联盟，更是成就了他自己。

2 月 5 日，我们跟弗吕蒂签了一份 5 年合同。虽有点不情愿，我还是答应每年付他 100 万美金薪酬。如果我不这么跟他保证，弗吕蒂这样的人才不愿意冒险跟我们这种不济的联盟签约。如果联盟最后落败了，我可以把跟弗吕蒂签订的合同卖给国家橄榄球大联盟的任意一家球队。

2 月 6 日,我成功帮布瑞恩·赛普转会到杰克逊维尔公牛队（Jacksonville Bulls）。四分卫一个就够了，我可不想花高价再养一个。

2 月 24 日,弗吕蒂签约后首次出场,客场迎战伯明翰骏马队（Birmingham Stallions）。起初他表现平平,不过很快就进入状态,第四节三个球触地得分,带领将士队直冲冠军，他的表现大大超出了我的预料。节目当时在美国广播公司播出，收视率达到了 9，是我们之前所有赛季收视率平均数的两倍。

赛季第一周，另外两件备受瞩目的事也跟四分卫有关。第一件是休斯顿冒险者队（Houston Gamblers）的四分卫吉姆·凯利首场表演赛。凯利一共投出了 574 码，5 个触地球，展示了自己非凡的实力。另一个四分卫布瑞恩·赛普则不太如意，他在杰克逊维尔公牛队的首场比赛里受了肩伤，整个赛季都不能出场了。更糟的是，这个伤病可能会终结他的职业生涯。

3 月 10 日，我们迎来了自己的主场开场赛，对手是洛杉矶急速队。如果让我选出美国橄榄球联盟最好的一场比赛，非这场莫属。6 万多名球迷到现场，期待新人弗吕蒂和美国橄榄球联盟公认的明星史蒂夫·杨能擦出竞争火花。两队球员都表现出色，最后新泽西将士队获胜。弗吕蒂在第四节有两次触地得分，带领新泽西将士队以 35 比 24 的成绩战胜了洛杉矶急速队。

这场比赛之后，我写信给我们联盟新的委员会主席哈里·亚瑟，提议付给弗吕蒂的薪酬由所有联盟委员会球队老板分摊，因为他是帮整个联盟挣得的荣誉。我知道其他老板很可能不同意我的建议，不过我想，问一下算不上什么错吧。

弗吕蒂、凯利、杨这三位球员为美国橄榄球联盟带来了希望。不过，联盟里还是有很多弱队，因为没有好的四分卫，在苟延残喘。

当时，我最害怕由于那些实力不强的球队而影响整体。不过，坏事还是在 1985 年的赛季里发生了。约翰·巴西特是美国橄榄球联盟里坦帕湾地区（Tampa Bay）特权会员队的老板，也曾是命途多舛的世界橄榄球联盟主创人之一。可以说，我们俩是话不投机半句多，特别是在赛事移至秋季的问题上。我做通了大部分老板的工作，巴西特却总跟我唱反调，好在最后他还是很不情愿地妥协了。虽然意见常不一致，我对他倒没有什么偏见，相反，我非常同情他。3 月下旬，一个周日的下午，联盟里传出消息说巴西特得了癌症，现在正与病魔作斗争。过去的几个月，他的情况一直反反复复不容乐观。

我不知道巴西特的病是否影响了他的判断力，总之，在接受美国广播公司的主持人凯斯·杰克逊采访时，表现不佳。在全国观众面前，当记者问他对美国橄榄球联盟的现状有何见解时，他恶狠狠地批评了将赛季移至秋季的想法。他说，联盟最大的敌人来自内部，还说联盟会为自己的管理不善付出惨痛的代价，他把自己能想到的所有恶语全都说了出来。我在记者席的电视监控器里看到了这一切，简直不相信自己的耳朵。我的反应是，如果在反垄断法庭上，巴西特一定是国家橄榄球大联盟最棒的证人。还有，我想巴西特一定是自觉人生失败，借此机会宣泄。

1985年中旬，我们聘请了律师哈维·迈尔森代理我们的反垄断诉讼，并帮我们铲除巴西特和其他“软柿子队”老板种下的恶果。迈尔森是芬利·昆宝公司诉讼部的主管，对反垄断案件尤其在行。当你处在不利境况时，需要的正是他那种无所畏惧的精神。我们联盟里很多老板都放弃了斗争，觉得国家橄榄球大联盟无懈可击。可是，1985年4月我跟迈尔森第一次见面时，他就告诉我自己对这起官司很有信心，并鼓励我们全力以赴，肯定会获胜。

虽然美国橄榄球联盟麻烦重重，可是新泽西将士队全队和队员赫歇尔·沃克都表现出色，也让我们在黑暗中看到了一丝希望。赛季前两周，赫歇尔并未得到重用。为此，他给我打来电话，语气十分沮丧地说：“特朗普先生，我跑的比谁都快，可就是没人传球给我。”我听了很生气，把教练沃特·迈克尔斯好好教训了一顿。沃特嘴上接受了我的批评，却不改正。后来，我拿炒他鱿鱼作威胁，终于起了作用。第七场比赛时，赫歇尔以实力证明了自己。整场比赛，他持球30次，共跑出了250码，创造了联盟新纪录；在接下来的10场比赛里，他每场都能多跑100码；赛季结束时，他创造了2411码的纪录，打破了国家橄榄球大联盟的队员艾瑞克·迪克森之前创下的能跑纪录，这件事让我十分振奋。

遗憾的是，道格·弗吕蒂在1985年赛季快结束时受了伤，成为我们夺冠路上的一个巨大损失。季后赛时，我们以3分之差输给了客场作战的巴尔的摩明星队（Baltimore Stars），曾经的主力弗吕蒂由于伤病只能在球场外侧观看比赛。

1986年2月，我们将美国橄榄球联盟的球队由原来的14支减少为8支，淘汰了那些本身有严重财务危机的球队。同时，为了加强自身实力，我们还与休斯顿冒险者队进行了合并。我敢说，新的球队绝对是一支全明星阵容，在橄榄球职业联赛史上无人能及。赫歇尔·沃克是新球队的跑卫，吉姆·凯利是四分卫。其他留下来的球队也是实力与名气兼备，他们是：孟菲斯演艺船队、巴尔的摩明星队、杰克逊维尔公牛队、坦帕湾队、奥兰多队、亚利桑那队和伯明翰骏马队。

4月，联邦法官皮特·雷哲召集了陪审团，准备5月正式审理我们起诉的案子。这个消息让我充满希望，它意味着秋季赛事开始之前，我们能得到陪审团的裁决。如果胜诉,对于我们秋季的首次登场大有裨益。如果输了，可能今后美国橄榄球联盟连生存都成问题，不过，至少我们能够不用再损失资金了。

美国橄榄球联盟的命运就寄托在六位陪审员身上了。

陪审制度的设立是为了保证案件的公平公正，缺陷是随机选出的陪审员可能在复杂案件面前能力欠缺。一般情况下这点不成问题，比如在颇具说服力的律师手中无权威性的案件，胜算就很大——但是也不好说，可能你的案子胜券在握，最后却输了，也可能本来没什么希望的案子最后却赢了。

在法庭上，我方先做陈词。哈维·迈尔森对皮特·罗泽尔进行了痛斥，简直骂得他体无完肤。26年来，皮特·罗泽尔一直把国家橄榄球大联盟管理得有声有色，反正独裁统治也不需要什么能力。如果有劲敌跟他竞争，他们可不会这么顺风顺水。

迈尔森的来势汹汹让罗泽尔不知所措，他吞吞吐吐，口齿不清，说的话也自相矛盾，有时就在生编硬造。一周的审讯还没过半，罗泽尔的身体似乎已经吃不消了。见他丑态百出，我都感到惋惜。现在回想起来，也许陪审团成员也和我一样觉得罗泽尔可怜，才有意照顾了他。

我认为罗泽尔最不诚实的一段陈述，是关于哈佛大学商学院教授给他们上的那堂名为“两盟之争”的课。其实这堂课是我们这起官司的导火索。罗泽尔说，他根本不知道有这样一节课，当时他生病了，课上完之后几个星期他才知道。

哈维·迈尔森面无表情地问:“是胃病吗？”

“是的。”罗泽尔回答。

“您多久康复的？”

罗泽尔说:“小半天吧。”

我敢说，所有在场的人都不敢相信罗泽尔的话，律师迈尔森还举出了1961年罗泽尔在委员会上说过的一些话作为证据。

以前，只有哥伦比亚广播公司转播国家橄榄球大联盟的比赛，为此一位在场众议院议员问罗泽尔:“如果所有广播公司都只放你们一家联盟的节目，这不是垄断吗？”

罗泽尔回答:“应该是的。”不过他接着说:“我们原本就打算只让一家广播公司转播我们的节目。”别人又问，1987年三家电视台都开始转播国家橄榄球大联盟的节目了，这总该是垄断了吧？罗泽尔听了，只会打哈哈。

在法庭上，我对罗泽尔进行了质问。1984年3月，我们两人有过一次会面。当时，美国橄榄球联盟各球队老板对是否将比赛挪到秋季争论不休。那段时间，哈佛商学院的教授已到国家橄榄球大联盟“传道授业解惑”，教他们拉拢我们最强的特权会员队。

那次依照罗泽尔的建议,我在皮埃尔酒店（Pierre Hotel）租了一间套房，准备我们3月12日的会面。之所以答应他，是因为我的人生信条就是选择多样化，而且也想知道他为什么约我会面。罗泽尔在法庭上说，会面期间，我提出向他购买国家橄榄球大联盟的特权会员资格，并离开美国橄榄球联盟，加入他们。真是荒唐，我从没想过在非纽约地区买特权会员队，虽然国家橄榄球大联盟在纽约有巨人队和喷气飞机队，我也没想过买它们。

那天的实情是，罗泽尔想收买我。他说他们联盟很看好我，建议我把新泽西将士队跟他们联盟的球队合并，或让我买下他们联盟的特权会员队资格。条件就是，我既不能将美国橄榄球联盟赛季移至秋天，也不能起诉他们。

罗泽尔只不过在试探我，如果只将我们联盟的几只球队纳入自己联盟就能摆脱我们的纠缠，何乐而不为？而且，如果我拒绝了，他就当作什么都没发生。我确实拒绝了，他自然在法庭颠倒黑白。

审判第一周，我们共请了 18 位证人，形势对我们很有利。迈尔森在法庭陈述了国家橄榄球大联盟怎样威胁三家广播公司，让他们不播放美国橄榄球联盟的节目。他还向大家说明，如果得不到三家广播公司的播放合同，美国橄榄球联盟就危在旦夕。迈尔森从哈佛商学院教授迈克尔·波特的报告里找到了无数证据，证明国家橄榄球大联盟这么做是故意而且不合法的。

多家媒体都觉得我们会胜诉，以《体育画报》尤甚，文章《美国橄榄球联盟完胜一局》就表达了这种观点。文章的副标题特别引人注目："年轻的美国橄榄球联盟在耗资 13.2 亿的反垄断诉讼案中完胜一局，让我们看看国家橄榄球大联盟如何应对"。

回想起来，这起官司我们后劲不足，结果让国家橄榄球大联盟赚得了陪审团的同情分。我的律师迈尔森每次出庭总是西装笔挺，上衣胸前口袋里露出丝绸小方巾的一角。他的话神采飞扬，咄咄逼人又不失条理，也许给人留下了强势和圆滑的印象。国家橄榄球大联盟看起来成了受气包。对方律师弗兰克·罗斯曼跟罗泽尔一样，官司后期也无精打采、灰头土脸，连我也忍不住要同情他。而且，罗斯曼要接受一个大手术，可还是坚持到官司结束。我想，罗斯曼的处境也博得了陪审团的同情。

官司结果不尽如人意也有我的原因。作为一名出庭证人，我的证词说的太过于专业，最起码比皮特·罗泽尔专业，这点让对方占了便宜。从开始审理的第一天，国家橄榄球大联盟就一口咬定我是一位凶狠贪婪、为了目的不择手段的亿万富翁，说我为了一己私利可以牺牲任何人。对方律师弗兰克·罗斯曼在开场词中说："美国橄榄球联盟实际上由唐纳德·特朗普控制，他权力非常大，甚至可以左右很多国家橄榄球大联盟的球队老板。"

国家橄榄球大联盟的球队老板都是有权有钱人士，他们只考虑跟自己利益息息相关的事，我怎么能够左右他们？现在想想，我们当初真该找联盟里弱势球队的老板作证人，让他们讲一些悲惨的故事，也许会更有用。

国家橄榄球大联盟战胜我们的另一利器是公共关系。我承认，罗泽尔总有办法营销自己的联盟，他有一位公关员，名叫乔·布朗，罗泽尔真是把他用到了极致。每次开庭后，布朗总会到大厅把各界媒体人士召集起来，告诉他们这次庭审对自己非常有利。我对此十分反感，找到自己的联盟主席哈里·亚瑟，问他为什么不去笼络媒体？亚瑟说："媒体不重要，说服陪审员才重要。"

遗憾的是，亚瑟错了。虽然有规定说陪审团成员在办案期间，不得阅读或参考与判案有关的报纸新闻，可是谁会不关注自己经手又备受瞩目的案件呢？即使他们忍住了，还是会从家人朋友那里听到一些风声。所以罗泽尔才费那么大劲，让乔·布朗连续六个星期都干这一件事。

虽然出现种种不如意，1986 年 7 月 25 日陪审团开始审议结果的时候，我还是相信我方会赢。

结果，这起官司我们虽然被判赢，实际上，我们却输了。陪审团用四天时间审议结果，7 月 29 日，他们宣布国家橄榄球大联盟触犯了反垄断法，影响了橄榄球业的正常发展，损害了美国橄榄球联盟的利益。可是，陪审团只是象征性地判他们赔偿 1 美元损失费。国家橄榄球大联盟触犯了法律，却不付赔偿费，这个判决有什么效力？

结果一经宣布，很多记者立刻前来采访陪审团成员。从采访结果看，陪审团内部意见并不统一，至少有两位成员希望国家橄榄球大联盟支付给我们巨额赔偿。陪审团成员米里亚姆·桑切斯是一位老师，她虽希望对方赔偿我们 3 亿美元，却不知道具体操作办法。她告诉记者："我没有理解那些法律要点，所以就把决定权交给法官了。我完全信任他，希望他能多判一些赔偿费给美国橄榄球联盟。"

听到有陪审员这么说，我心里稍微好受一点。我一直认为，凡事尽最大的努力，如果失败，就改弦更张。案件审理过程中，新泽西将士队让我损失了很多钱，美国橄榄球联盟就更别提了。既然和电视公司签订秋季赛事的转播合同无望，我也不想再做什么投资了。

联盟其他老板也同意我的观点。审判结束一周后，美国橄榄球联盟各老板齐聚一堂，就暂停联盟赛事和是否对庭审结果予以上诉进行投票。说实话，这场斗争最大的受害者是球迷。随着国家橄榄球大联盟的垄断地位得到巩固，球队老板更加不愿意新设球队了。

国家橄榄球大联盟挖走了我们好些优秀球员，比如，赫歇尔·沃克转会到达拉斯牛仔队（Dallas Cowboys）。当初沃克的合同由我个人担保，按合同规定，接下来六年时间里，即使他不上场比赛，每年也能从我这里得到 120 万美元的报酬。不过，沃克是为橄榄球而生的，他不会为了钱就不比赛了。

我跟达拉斯牛仔队的生意进展比较顺利。达拉斯牛仔队原本可以拒绝我提的条件，可是球迷希望他们签约赫歇尔·沃克，所以给他们施加了很大压力。我告诉他们，如果愿意替我支付每年付给赫歇尔的 120 万，我就放人。达拉斯牛仔队同意了。这笔交易可以说“三方共赢”，对我，对赫歇尔，甚至对达拉斯都有好处。赫歇尔 8 月份进入新球队，虽没什么训练的时间，可他却带领球队打完整个赛季，在赛场上的表现可圈可点。

另外，吉姆·凯利成为水牛城比尔队（Buffalo Bills）里闪亮的四分卫明星；原防守前锋弗雷迪·吉尔伯特去了亚特兰大，成绩也相当出色。还有道格·弗吕蒂，虽然很多人认为他年龄尚小，可能会被国家橄榄球大联盟拒之门外，不过他还是签进了联盟的芝加哥熊之队（Chicago Bears）。美国橄榄球联盟很多优秀球员都转会到国家橄榄球大联盟，成为所在球队的大明星。

每当看到赫歇尔·沃克和吉姆·凯利在国家橄榄球大联盟的比赛，我都会想，如果美国橄榄球联盟坚持下来该有多好。如果美国橄榄球联盟上个赛季节能举行比赛，新泽西将士队一定是橄榄球职业联赛里表现最优异的球队之一。

我并没有完全放弃，我相信任何事情都是有转机的，何况，我们现在还在上诉。另外，最近几个月我频繁收到一个人的来电，此人非常精明，很有毅力，他说自己打算组建一个全新的联盟，在秋季比赛，问我是否愿意购买纽约的特权会员队。我正在认真考虑这个问题。

12

与政府打交道

沃尔曼溜冰场的重建

Ice Capades: Rebuilding Wollman Rink

我从来都不制订什么总体规划。我只是每天吃饱喝足，然后再决定要做什么。

1986 年 5 月 22 日早上,《纽约时报》的头条宣布纽约市政府已经决定开始重建位于中央公园的沃尔曼溜冰场。同时，纽约市表示如果一切顺利的话，溜冰场将会在两年内重新开放。

我觉得不可思议。

首先，没有任何理由可以让我们相信一切都会顺利。沃尔曼溜冰场于 1950 年建成，并在 1980 年的 6 月进行了第一次闭馆重修。工程计划两年半完成，对于重修溜冰场来说，可能看上去工期并不短。

巧合的是在 1980 年 6 月，我负责的特朗普大厦破土动工。特朗普大厦是一座高 68 层的摩天大厦，包括了六层购物区、上千平米的办公区以及 263 套住宅式公寓。两年半的时间，特朗普大厦按计划、按预算实现竣工。

从我的新公寓可以看到沃尔曼溜冰场，但却不是一幅美丽的画面。溜冰场的重修已经投入了上百万美元，显然，从远处看，溜冰场完全没有完工的迹象。

三年多过去了,工程已经投入了巨额资金,但结果是越变越糟糕。因此，在 1986 年 5 月的一个早上，纽约市不得不宣布工程一切从零开始。

事实上，虽然我不懂如何建溜冰场，但对工程施工我还是了解的。如果给我两年半的时间建成一幢摩天大楼，那我很确定，建设一个耗资两百万美元的溜冰场只是几个月的事情。两年前，当重建工作一度陷入僵局的时候，我打电话给了场馆的负责人亨利·斯特恩，提出免费接管施工的请求，但是，我被拒绝了。现如今，在得知工程最新进展之后，我再次打电话给亨利，提出接管工程建设的事情。亨利做出了同样的答复："不需要，谢谢！我们能够自己完成。"

我说："好吧，亨利。只可惜两年前你给了我相同的答复，而且现在的建设情况你也看到了。"我决定给纽约市市长爱德·科赫写封措辞强烈的信，因为我确实对于市政府某些方面的不称职接受不了。我由衷地相信我可以出色地完成重建工程。溜冰场是属于成千上万的纽约人的——包括自己的孩子们——大家都有权利去享用它。不论别人的想法如何，我的初衷就这么简单。

信的开头这么写道："尊敬的爱德市长！几年来我亲眼目睹了纽约市未能兑现承诺，按时完工并开放沃尔曼溜冰场的情况。其实建设溜冰场的施工并不麻烦，4个月的时间绰绰有余。据我所知，工程已经耗费了6年的时间，而且还得再花两年，这对于渴望在沃尔曼溜冰场滑冰的人们来说是不能接受的。我和所有的纽约人已经厌倦了沃尔曼溜冰场的消极怠工，在这项简单的工程建设中表现出的效率低下，恰恰也反映了政府工作的失职。我不敢想象两年之后，沃尔曼溜冰场能否重新开放，事实上，广大的公众才是最大的受害者。"

我直截了当地指出："我希望接手此项工程，自己出钱来建一个全新的沃尔曼溜冰场，而且保证在今年冬天的11月竣工。我同时希望能够以合理的价格租下溜冰场，在工程竣工后，进行有效的经营。"

1986年5月28日我写信给了爱德·科赫市长，他很快回复了我的邮件。令我很吃惊的是市长根本就没看上我的好意，他说，市政府不会让我经营溜冰场的，但是，如果我愿意出300万美元重建溜冰场，却是一件皆大欢喜的事情。市长在信中讲了些风凉话，最后写道："期待你的答复。"

市长回信的语气激怒了我，但幸好被拒绝的人不只我一个。因为不想背上哗众取宠的恶名，所以索性没有把自己的信公布给媒体。可恰恰相反，科赫却决定将他的信公之于众。很明显，科赫觉得如果他嘲笑我重建溜冰场的好意的话，我可能只是静静地走开。

他完全低估了媒体的反应。首先，媒体冲到了前沿阵地。他们喜欢极端的新闻素材，不管是巨大的成功，还是严重的失败。沃尔曼溜冰场的重建就是一桩极端事件。可能在很大程度上，记者们只想充当为消费者伸张正义的角色。与其他事件相比，这种以牺牲普通公民利益为代价的事件容易激怒媒体，纽约市在重建沃尔曼溜冰场上的惨败就是个典型。

即使是我自己也非常吃惊，媒体报道几乎都站到了我这一边，显然这很意外。但就是这次，三天之内雪片般的文章、社论等都将矛头指向了科赫。

《每日新闻》的一篇社论指出："科赫政府正在犹豫是否接受唐纳德·特朗普的提议，重建并经营沃尔曼溜冰场。为什么还要犹豫呢？提议很诚恳，而且不带任何附加条件。科赫应该抓住这次机遇，为甩掉这项耗时耗钱的项目而长舒一口气。到现在，市长提出了诸多不合理的反对意见……问题可能在于浪费1200万美元重建沃尔曼溜冰场，科赫以及工程公司感到十分的尴尬。"

"特朗普提议接手沃尔曼溜冰场的重建工程，承担所有费用并保证在11月开放，"《纽约邮报》写道，"回首历时13年、耗资巨大的烂尾工程，大家似乎应该为这样的结果高兴才是。但事实却恰恰相反，市政官员好像更专注于找出理由以阻止重建的进行，而不是更多地考虑达成一致意见，实现工程竣工。市政府应该尽快为唐纳德·特朗普公开听证，因为沃尔曼重建的闹剧实在是拖得太久了。"

"就让他勇敢一试吧，"《每日新闻》写道，"毕竟纽约市在这项工程上无力证明什么，只证明了它无法完成这项工程。"

过去几年跟政客打交道，唯一的收获就是了解到媒体报道是政府采取行动的关键制约，或者更具体一点，就是政府对媒体报道的畏惧之情。在竞选中，媒体可以利用各种形式的压力，制造托词和威胁，让竞选活动不惜花费重金。虽然媒体几乎没什么好处，但却可能制造负面的新闻。即使在隐晦的出版物中，政客们都会非常敏感。确实，负面新闻会导致失掉选票，甚至落选。如果真的落选，政客们不得不重操朝九晚五的旧业，这是政客们最不想看到的事情。

我们必须了解爱德·科赫，他是个不折不扣的恃强欺弱的人。其实恃强欺弱的人往往是胆小鬼，真正恃强欺弱者只左右他们认为可以打败的人。如果遇到有能力的人，他们就会展开更强的反击；如果也遇到强势劲敌，多数情况下，他们会撤退。

确定无疑的是，一夜之间形势逆转。当媒体的报道指责到溜冰场重建时，科赫市长就给自己留了退路，很快纽约市开始请我接手沃尔曼溜冰场的重建工作。6 月 6 日在办公室，我跟市政府的官员，包括亨利·斯特恩，一起协商重建遵守的条款。像其他政府资助建设项目一样，市政府坚持招标的程序。然而，我提出了一个简单的解决办法：我自己投资重建溜冰场，反过来，也应该从溜冰场的收益中得到回报。换句话说，我不是单纯地监督工程的建设过程，而是还要在一个不确定的时间段，向政府借出 300 万美元。甚至如果溜冰场没有收益，我的借款期限就遥遥无期了。

政府很聪明，驳斥道："我们不同意你的解决方案，也不允许你利用溜冰场谋利。"

"嗨，你们没理解我的意思，我的意思是如果溜冰场确实能够赚钱，我就会用这笔钱偿还贷款，这并不是为了追求个人利益。实际上，如果我真的收回了成本，我将会把后续的收入用于慈善事业。"令我和我的律师惊讶的是市政府的确没有这项工程的预算。相反，他们提出了反提案。我需要拿出 300 万美元走招标的程序，然后在重建竣工之后，市政府全额偿付我。

这些政府官员选择了仕途而没有从商，这对他们来说是幸运的，因为他们所建议的交易是我经历的最糟糕的。我并没有贬低自己、冒犯他们的打算。

6月6日周五下班的时候，也就是我之前的提议10天之后，我们达成了最后的协议，并得到了财政预算委员会的通过。我将承担建设费用，并同意在12月15日竣工。在那时，政府就要偿付我的成本，总计资金额不超过300万美元，条件是溜冰场能正常使用。如果实际工程资金低于预算，政府将按照实际花费偿付我；如果超出预算，我只能自己承担这部分费用，这便是政府想要我做的。

我面临的只有一个挑战：快速、正确地完成溜冰场的重建。如果我失败了，比如工期延误一天或者比预算多出1美元，我就打算整理行装飞往阿根廷，因为包括爱德·科赫在内的任何人都不能容忍我再留下来。

由于我根本不懂怎样建造溜冰场，因此我准备找最好的溜冰场建设工人。从逻辑上来讲，最应该去加拿大找一找。作为全国性的娱乐运动，加拿大人对溜冰的热爱绝不亚于美国人对于垒球的热爱，我认为最棒的建筑机构应该是为加拿大专业冰球队建造场地的公司。而且毫无疑问，我的朋友都说多伦多的思姆科（Cimco）公司是最好的。其他项目中，思姆科公司还为蒙特利尔市民建造了溜冰场。我电话联系到了公司的领导，直接问道："要建设一个大型户外溜冰场需要多长时间？"

他马上给我讲述了溜冰场的建造过程，他说最主要是选择哪一种制冰方法。政府本来决定使用一种相对较为新型的技术，即使用氟利昂作为冻结剂，理由就是氟利昂制冷系统可以更节电，从而实现能源成本的降低。但是氟利昂系统的缺点就是耐用性差、性能不稳定、维护难度大，特别是在溜冰场这种公共设施环境中，人员流动比较快。思姆科公司的朋友告诉我，在所有使用氟利昂系统的溜冰设施中，至少1/3的设施出现问题。

另外一种选择是盐水冷却系统，这种系统几十年来已经在几百个溜冰场使用过，其中盐水通过管道循环。虽然这种系统比起氟利昂冷却系统稍贵一些，但是优势在于可靠性高、持久耐用。1936年开放的洛克菲勒溜冰中心就是使用的盐水冷却系统，而且从没出过大问题。

打完第一个电话之后，我决定使用盐水制冷系统重建沃尔曼溜冰场。

而且，纽约市政府也做出了同样的决策。唯一的差别在于他们之前浪费了六年的时间以及上百万的资金。

很快我发现市政府在沃尔曼溜冰场重建项目上根本没什么作为，这一结论可以扩展到很多细节的地方，无论大小。我做出决定接管沃尔曼溜冰场重建工程一周后，6 月 16 日的一份市政府报告，总结了政府于过去六年里在沃尔曼溜冰场重建工程上的错误——这个时间是我给出的工程预算时间的四倍。更糟糕的是，虽然在报告里政府的无作为例子很多，但却根本没有任何结论，比如谁来负责这次教训、今后如何避免此类事件的重演。

报告中真正提供的是凌乱无章的、缺乏决断力以及相当愚蠢的时间表。如果这不是悲哀的话，也是讽刺和闹剧了。

1980 年政府第一次关闭溜冰场开展重修。到计划蓝图出炉，投标工作结束，已经一年多过去了。1981 年 3 月，工程开始安装制冷系统。近 22 英里的管道，全部用耐用性差的铜制的氟利昂制冷管道铺设。同时，溜冰场管理人员也在考虑如何确定制冷压缩机室的位置以及选择何种制冷设备的问题。即使在管道安装完毕，所有的工作没有其他进展的情况下，仍然停留在最终选择什么样的制冷设备运转溜冰场。

虽然制冰设备已经安装完毕，但是溜冰场的设计却没有提上议事日程。具体说来，溜冰场地基的设计是斜的，因此，其中一边比另一边高出将近 8 英尺。但最后竣工，斜差是 11 英尺。其实斜角设计是有目的的:在夏季，溜冰场可以当作倒影池，因为有斜度能够更好地反射光线;然而在冬季，这种倾斜的地基是存在安全隐患的。

不用多想我们便能意识到，在这种情况下制冰会有两种可能。好的可能是顺利成冰，但是由于水的深浅不一，冰的密度可能不均匀。而坏的可能是在溜冰场较深的一边水结不成冰，即使制冰设备很强大。

更大的问题还在后面。管道铺设开始两个月后，也就是 7 月份，倾盆大雨灌到了溜冰场里，新铺设的管道上淤积了厚厚的一层泥沙。直到 9 月，场馆管理部门才着手雇人挽回损失。

同时，场馆管理部门内部也产生了意见不一致，如何设计溜冰场周围的混凝土人行道成为了争论的焦点。结果是关于人行道争论不休，而且包括地基的混凝土浇筑统统搁置了9个月。不幸的是，冬天也如此。这9个月来，新铺设的铜制管道被暴露在恶劣的天气中，遭到雨雪的侵蚀。另外，铜制管道比较值钱，蓄意破坏的人翻越围栏，切断管道，然后转卖。直到春天，22英里的管道看上去就像遭遇了一场劫难，不过却没有人考虑检查可能的损失。

1982年6月，溜冰场第一次闭馆两年后，混凝土终于浇筑到了未被测试的铜制管道上。在浇筑凹凸不平的平面时，承包人经常利用振动机以防产生气泡。然而，振动机却有意想不到的破坏作用：它会振松铜管道的连接点。同时，承包商还面临一个更大问题要处理：他远远低估了覆盖整个溜冰场需要的混凝土量。浇筑混凝土的关键在于连续不断地一次性全部做完，因为只有这样才能保证混凝土均匀地粘合在一起。承包商并没有中断浇筑，而是决定用水稀释混凝土，这恰恰是灾难的根源。

还不到一周，裂痕就开始在新铺设的混凝土表面上蔓延。并非巧合，裂痕大多集中在溜冰场的一端，因为这里的混凝土被稀释过，而且振动机在上面走过。

确定制冷设备的位置一拖再拖，导致其他问题的出现。经过16个月的深思熟虑，市政府才做出决定。承担安装设备任务的承包人坚持要修改之前的合同。实际上，就是为了赚取更多的工程费用。合同的讨价还价持续了12个月，直到1983年7月政府才根据承包人的要求通过了新的合同。最后，制冷设备的安装完成时间再次推迟到了1984年9月。

1984年秋末，这个系统终于进入了首次测试。测试结果表明混凝土表面下管道多处漏水，系统承压时间短，导致制冰困难。1984年10到12月，一共发现并整修了六处漏水点。祸不单行，系统再次测试，发现仍然不能制冰。

就在那时，我打电话给了亨利·斯特恩，并提出了我接手重建溜冰场的想法。当他拒绝我时，我说："你想跟我一起走走，去看看工程现场吗？说不定我能提些建议。"几天后，我们在隆冬时节的一天来到了溜冰场。我被看到的情况震惊了。

在我看来，混凝土表面足有好几百条裂痕。更糟糕的是，溜冰场表面的各个地方都凿开了很多不小的洞。我仔细看了下，发现这些洞穿过混凝土，到达下面管道的漏水点。不幸的是，气锤凿洞用力猛烈，下面的管道很难支撑。为了到达漏水管道，"暴力"的工人加上他们手上的气锤，实际上会让问题更加严重。

就在那时，我转向斯特恩并且告诉他："一个严重的问题就是你根本没有发现这些漏水点。同时，这只能造成更严重的漏水。算了，重新开始吧！"亨利故作镇定，其实重新开始是他最不愿意面对和考虑的。

1985 年春天，市政府提出了全新的想法。花费 20 万美元聘用一位工程顾问，研究氟利昂制冷系统漏水原因，并提出解决方案。咨询公司承诺 4 个月内提交报告，但是 9 个月过去了，直到 1985 年 12 月，公司才宣布他们对找到漏水原因无能为力。

到此离沃尔曼溜冰场第一次闭馆重修已经过去 6 年了，工程投入了 1300 万美元的巨额资金。场馆管理部门最后得出的结论是必须拆除氟利昂系统，替换为盐水系统。1986 年 5 月 21 日，政府宣布了耗资 300 万美元、历时 18 个月的重修计划，这就是我最终说服政府，接管溜冰场重修的计划。

6 月中旬，当财政预算委员会批准我的重建请求时，我已经动工了。之后我发现，市政府已经同意出 15 万美元与另一家咨询公司合作，这次合作的目的是提供运用盐水冷却系统的施工建议。合同指定了索拉公司咨询报告的时间，即从 1986 年 7 月 1 日到 12 月底。换句话说，在报告按约定提交之前重建工程就已经完成了。

因为咨询顾问能提出明智建议的可能性不大，所以我决定不只是跟他们座谈一下。了解之后，我很惊讶。经营这家咨询公司的两位先生，从来没有参与过建造溜冰场的项目。他们连清晰的工程概念都没有，何谈帮助？

我聘请了思姆科公司安装制冷系统和管道设备的专家，并得到了基本的工程建议。同时为了建设溜冰场，我聘用了 HRH 建筑公司。这家公司具备君悦大酒店和特朗普大厦工程的经验，而且之前的合作也证明，公司是讲信誉的承包人。既然如此，他们也决定按照成本完成任务。同时，作为一直以来的合作伙伴，摩根大通银行也决定无息贷款给我的工程，这是一项关系到每个人利益的工程。

当我来到溜冰场的工地时，发现情况比我想象的还糟糕。例如溜冰运动员休息室的房顶有很多漏洞，其结果就是长期的雨淋破坏了建筑的内部结构。从细节小事上，就能看出政府的工作方式。例如当路过溜冰场的时候，我看到了丢弃在路边的麻布袋，其中有些袋子上长满了杂草。我仔细一看,发现麻袋里装满了用于新景观绿化的植物,而这些植物却被丢在路边，无人问津，以至死去。当我发现这一情况的时候，一位建筑工人正好走过，踩到了麻袋里的植物，头也不回地走开了。从某种程度上说，这真是一种讽刺:溜冰场被付了钱建设它的人踩踏得一塌糊涂。

这件事让我回忆起几年前的一件事，那是在一个美丽的夏天，我正好走过溜冰场。大约是在下午 2 点钟，在未完工的溜冰场中间大约有 30 名工人。他们都没干活儿而是在打歇。大约一小时之后，我再次走过溜冰场，那帮工人还在原处，而且姿势都与之前一样，就像他们要永久地睡去。其实在那时，我并没有意识到这样的场景意味着什么。现在我明白了，这原来就是沃尔曼溜冰场最大的症结所在:根本没有人来负责项目。

负责任的领导应该是工程完成的关键。溜冰场重修的过程中，我几乎每天都会去现场勘查。大多数时候，我会一个人去工地。我将在 6 个月的时间内按期完成项目，这相对于政府的最好纪录来说，的确是一个奇迹。根据我自己的推算，6 个月中有一个月是防备不时之需的。如果一切顺利的话，我认为 4 个月完工是没问题的。

第一个重要的决定就是，不再清理旧的场地，而是在上面重建新的溜冰场。8 月 1 日，我们铺设了新溜冰场的一层底基并安装了管道，浇筑了混凝土，思姆科公司忙着建造两个巨大的、35000 磅重的制冷装置。当我接手这个项目时，我并没有意识到沃尔曼溜冰场有这么大。沃尔曼溜冰场占地 3000 多平方米，是美国最大的人工溜冰场之一。

早在动工前，我们就已经受到了媒体的关注，不断接到电话电话询问工程的进展情况。记者向来是对建筑工程没什么兴趣的，却突然想了解管道的铺设、混凝土的浇筑以及空气压缩机房的建设等细节。

这么多电话打过来，我决定召开一场记者招待会，在会上回答所有人的问题。8 月 7 日，就在溜冰场的毛坯地板上，我们与记者见面了。令我很吃惊，大约有近 40 位记者、摄影师、摄影记者出席了招待会，另外还包括了地方电视台的代表及各地通讯社。我并没有宣布什么重大的新闻，我传达给媒体的信息很简单，工程按照进度顺利进行，希望沃尔曼溜冰场在今年 12 月重新开放。第二天，每家报纸的头条都做了报道，“特朗普将还滑冰爱好者一个冰雪惊喜”、“特朗普给沃尔曼蛋糕披上了一层冰霜”。

有人说我对沃尔曼溜冰场的记者招待会有点太过热衷了。可能他们是对的，但我只能说媒体是不可能了解详情的，而且有不少记者会参加我们举行的每一场记者招待会。

溜冰场的情况不仅引起了当地的关注，其他很多来自迈阿密、底特律以及洛杉矶的报纸都对沃尔曼溜冰场的故事做了长篇报道。《时代周刊》在“国家”版花了整版进行了报道。这篇报道就是一部简明易懂的戏剧——无作为的政府与高绩效私营企业家的对比。

从9月7日到10日，我们总共铺设了22英里的管道。9月11日，运输水泥的车队到达工地，我们开始浇筑地面，仅用10个小时完成，水泥也没有出现问题。第二天，工程师检查浇筑情况，结论是浇筑很成功而且非常平坦。9月15日，新建的制冷设备安装到改建的空气压缩室内。那时唯一的障碍就是气温过高，我们浇筑水泥的那一天，气温爬升到了31摄氏度，我意识到只有气温合适了，我们才能为滑冰者负责任。

9 月底，所有的制冰设备都已经安装完毕。要测试系统的话，我只需要连续4天气温低于13摄氏度。结果却出现了连续两周晴好高温的天气，这是我有生以来第一次希望冬天的到来。

最后，在10月12日，气温降到了13摄氏度以下并保持了几天。10月15日，我们给管道注入盐水，安排了第一次新系统测试。经过测试，系统没有漏水点并且压力稳定。那天晚上还下起了雨，随后在溜冰场上结了冰，很美、很干净、期待已久的冰。自获批重建溜冰场之日起，我们总共才用了4个月的时间。而且资金方面，虽然我们的预算是300万美元，但实际盈余了75万美元。经过市政府批准，我们用剩余的资金重建了邻近的运动员休息室和餐厅。

工程建设期间，政府几乎没有参与其中，因为我要求大家不要让场馆管理人员接近工地。当他们想要干预时，那一定是场“灾难”。例如当我们竣工时，场馆负责部门的一队人马送来一棵小树，他们宣称纽约市将以此向我表示敬意。这种事可能一两个人就能完成，可偏偏来了十好几位，其中一位园艺师监督这项工作。小树是由一台带滑移装置的拖拉机运来的。

完全出于巧合，当我走向溜冰场的时候，正好这位园艺师在种植那棵小树。这可能是你见过的最丑、最矮小的小树了，我不可能忍受它的存在。更让我发狂的是他的种植方法。就在前一天，我们在溜冰场的周围种植了优质草皮。天黑之前下雨了，地面在刚刚铺好的草皮下面非常柔软。而那些所谓的园艺人员却开着拖拉机，压过草皮，践踏了铺好的草地。大约几分钟的时间，6个人——其实根本用不了那么多人——就完全破坏了美丽的草皮。这些草皮是花两天时间完成的，破坏之后却需要3个月的时间恢复。

也是在这个时间，我收到了前任场馆负责人戈登·戴维斯的来信。他在信中写道：“作为溜冰场前期问题的负责人，我很高兴，也很宽慰地看到我的错误得到了纠正。”我相信负责任的人应该不只戴维斯一个。然而，真正触动我的是他负责任的态度，与亨利·斯特恩的态度大相径庭。

整个沃尔曼工程期间，斯特恩利用一切机会向记者贬低我们完成的工作。《每日新闻》发现了斯特恩恶意的评论，而后在一篇社论中写道："亨利试着说一声感谢吧！在现在的情况下，说一声感谢其实是值得尊重的。"

科赫市长也没有因为我们的成绩而高兴多少，我想可能还是媒体起到了一定的作用。在10月，所有的地方报纸的报道让他的处境变为了守势。例如，《时代周刊》发表的社论指出"因为纽约市政府，沃尔曼溜冰场的重新开放拖延了六年，浪费了几百万美元的资金"，最后还写道"沃尔曼溜冰场的教训应该牢记"。

当科赫市长和斯特恩接受记者采访时，他们表示将在工程完工之后，会见我以及我的工人们，看沃尔曼溜冰场的经验教训是否能够运用到其他城市建设工程中。如果我听到了他们发表的声明，我肯定还能听到很多次，其中就包括11月13日在溜冰场重新开放仪式上的演讲。

我至今没有接到任何市政府官员的会面电话，但是说实话我一点都不觉得惊讶。负面新闻已经销声匿迹，这才是政府关心的焦点。

我仍然相信沃尔曼溜冰场的重建确实有许多值得纽约市吸取的教训。为什么市政府做不到的而我们却做到了，在这一点上，科赫市长给出了自己的解释。"特朗普的时间安排很有弹性，"科赫市长说，"他能够与自己的精英工人一起努力压缩时间。而且工人们知道，如果工作完成得糟糕，他们将会面临不能再为唐纳德·特朗普效劳的危险。"这个解释并不是完全错误的，科赫市长所不能理解的是我完成了市政府本应该完成的事情。我并不是建议他们像我一样能够在5个月或6个月时间里完成工程，但如果在一年内还完成不了，就很难说得过去了，更何况他们竟然用了六年，这种糟糕的事根源就是政府的无能和不作为。

市政府官员总是强调两条理由来解释他们为什么不能像私营开发者一样高效完成项目。第一，根据法律，政府必须与出价成本最低的承包人签订合同，而不管承包人是否最适合这个项目。至少有一种差强人意的办法，在市政工程上，客观的资格标准应该适用于所有的承包人，例如应该提供过去的项目经验证明。另外，任何有利于城市建设，即不误工期、不超预算的承包人都应该在未来的市政工程中获得优先权。

市政府官员提到的另一个理由就是所谓的威克斯法（Wicks）。法律规定在所有的公共项目建设中，如果预算超过5万美元的话，工程就必须分包给4个不同的承包人。这个法律的目的在于增强竞争，减少建设成本，但效果却恰恰相反。没有一个单独的主管承包人负有全部的责任，那么结果就是延误、争论和超支泛滥。

我并不否认按照这些法律，市政府可以被定罪，但是我相信最严重的问题就是领导力。

根据我的经验，即使是最好的承包人能让其按时、按预算完成工程的唯一方法就是，一定得要努力盯住进度。只要意志坚定，任何任务都是可以完成的，前提是你得了解项目。就像现在，承包人向市政府官员请示："不好意思，工程期间出现了问题，我们需要再申请100万或200万的资金才能完成项目。"没有人反驳，因为市政府根本没有官员真正了解工程建设。

最糟糕的是，没有市政府官员对工程的失败负责。我想起了一个最为经典的例子。那得回到1984年，那时纽约市已经花了四年的时间重建沃尔曼溜冰场，一个名叫布朗森·宾格的政府官员召开了一次新闻发布会。那时候，宾格担任的是场馆负责人的副职，他的首要任务就是重建沃尔曼溜冰场。宾格对出席发布会的记者做了勇敢而自信的承诺：如果沃尔曼溜冰场在下一季不能及时开放，他就辞职谢罪。

一年之后，溜冰场确实没有重新开放，宾格也兑现他的承诺辞职了，却不过只是掩人耳目而已。很短的时间内，他成为了纽约州监狱建设工程的负责人。我并不了解如何建造监狱，但是有一点是肯定的：重建沃尔曼溜冰场相比之下要更简单一些。提拔这样的人负责工程项目，你不会一无所获，只会收获更多的失败。

恰恰有一批人，因为市政府的无作为而真正获益，他们就是工程的承包商。当地铁工程或者新高速路、桥梁工程建设超出预算几百万美元的时候，市政府会来承担超支费用。在福布斯"美国财富400强"中，你看不到这些人的名字，而且他们可能根本说不好英文，但是我可以保证，只要参与纽约市政府市政工程的，许多人都已经一夜暴富。政府批准之后，他们赚了大笔的、无根据的超支费用，却由广大的纳税人买单。

溜冰场开放的庆祝活动由滑冰冠军迪克·巴顿和阿甲·扎尼奥娃－斯特德勒（Aja Zanova–Steindler）筹办。他们安排了一场世界顶尖滑冰者的盛会。佩吉·弗莱明、多萝西·哈米尔、斯科特·汉密尔顿、黛比·托马斯、罗宾·卡曾斯、托勒·克朗斯通以及双人组合托维尔和迪安、布拉姆格和塞比特都出席了这次盛会。

如果市政府把建成的溜冰场移交给二流的运营商，故事的结局仍然会是悲剧。然而，因为一般的竞标程序会使开放的时间延期，所以政府允许我暂时经营沃尔曼溜冰场一季。随后，我找到了最棒的溜冰场经纪人——白雪溜冰团（美国著名的冰上舞蹈表演团体——译者注）。除了精彩的演出之外，沃尔曼溜冰场在白雪溜冰团的运作下，成为了全国最好的溜冰场之一。

白雪溜冰团在沃尔曼溜冰场的工作无可挑剔，不仅善于经营，而且非常的成功。19 世纪 70 年代，溜冰场还开放的时候，由市政府经营，每年的平均净收益近 10 万美元，却从来没超过 15 万美元。虽然，我们现在的票价都低于所有私人溜冰场的票价——成人一场 4.5 美元，儿童 2.5 美元——但是，在我们经营的第一季中，我们的总收入就达到了 120 万美元。除去开支，我们的收益超过了 50 万美元，而且全部捐赠给了慈善事业和场馆管理部门。同样重要的是，大约有超过 50 万的溜冰爱好者快乐地“享用”着沃尔曼溜冰场。

即使在此刻，1987 年的春天，我正在完成这些文字，每次从特朗普大厦远望到沃尔曼溜冰场上成百上千的溜冰者的时候，我都会心潮澎湃。很遗憾的是，我却不是他们中的一员。许多人已经等了多少年，想看到我摔倒，但是我不打算去为滑冰事业努力，因为滑冰不是我的强项。

13

卷土重来

曼哈顿西区的故事

Comeback: A West Side Story

对我来说，最难的一次商业决策就是 1979 年对于西区 78 英亩河边地带（第 59 大街与第 72 大街之间）的选择，而对我来说最容易的一次商业决策则是在 1985 年重新买回那块地皮。

我倾向于对自己决定的生意充满热情，而且我相信所有人都认为这是美国现存最好的一片尚未开发之地。

媒体的报道是我花了 9500 万美元购置这片地，大约是一英亩 100 万美元，其实这与实际价格相差并不大。如果把货币的时间价值考虑在内的话，1985 年购买的价格比 1979 年买下来还便宜。几年的时间，曼哈顿地区房地产价格涨了五倍。甚至之前我建成的一座大厦，如果确定出手的话，一定能够卖出可观的价格，但我还是拒绝了不少买主。作一个比较，你就会知道现在的情况。我买下西区这片地之后，另外的一家开发商花了 5 亿美元买下了哥伦布环岛（Columbus Circle Coliseum），相比之下，那是一片面积不大的地产，而且与曼哈顿西区仅隔四个街区。

我以不错的价格拿下了西区那片地，原因有三。其一，银行取消了入不敷出的卖家的抵押赎回权；其二，在土地进入市场流通之前，我已经敲定将其买下；其三，除了我，几乎没有其他开发商愿意并且能够支付每年几百万美元的建设成本。

1974 年，我拿到了从宾州中央铁路购买西区地段的买卖权，这也是我在曼哈顿的第一笔大买卖。在那时，就像我之前提到的，纽约市濒临破产的边缘，曼哈顿的西区几乎被看作是无法生存的地方。但是我坚信，低价买入曼哈顿中部河边地带的地产并不是错误的选择。

在接下来的几年里，政府收紧了对中等收入家庭的住房补贴，社区反对西区开发的声音达到了白热化的程度，而且银行业表现出不愿意贷款给任何大型的开发项目。可能最重要的是，我热衷于其他项目，其中包括康莫得酒店（君悦大酒店）、特朗普大厦以及我的第一家大西洋城赌场。既然我的个人资源已经很有限，那么，我不想因为巨额的资产维持费用把自己拖垮。

通过专心地投入其他项目，产生大量的流动资金，足以维持任何项目的资产维持费用。而且，我建立了成功记录，因此，银行都乐意贷款给我。

1979 年我放弃了原来的选择，没过多久，宾州中央铁路就把西区的河边地带卖给了我的朋友亚伯拉罕·赫希费尔德，很快亚伯拉罕就出马请到了自己的合作伙伴。60 年代，弗朗西斯科·马克利因为承担阿根廷政府的路桥工程而发迹。根据与赫希费尔德的协议，马克利全权负责工程项目。赫希费尔德虽然保留了不少的利益份额，但在工程中没有具体的职位。反过来，马克利把监督工程的任务交给了名叫卡罗斯·法萨夫思奇的物理学教授，他一直负责经营马克利的阿根廷公司。

马克利团队有一大批智囊团，但是他们缺乏的却是实践经验，特别是在纽约市，已经很难开展任何形式的房地产开发了。

关于开发曼哈顿地区任何大块地皮的关键在于，在经济状况允许的条件下，得到必要的批准。重新区划是一个复杂、充满政治色彩并且耗时的过程，最终可能牵扯到多个州市的机构、当地社区团体以及政客们。

马克利最终将他的项目区划为林肯县（Lincoln West），但在整个过程中，他对市政府做出了极大的让步。政府迫使马克利卖掉这块地可能是唯一对马克利有利的事情，如果马克利按照自己同意的条款建设项目的话，他可能会损失上千万的资金。

在某种意义上，这很令人难过，因为马克利是一个好心、善良的人。但是，从一开始他就做了一个错误的判断：他认为像西区地段这样的工程，他能够负担所有可能的成本，并且最终获得不菲的利润。但事实上，除非你设计的项目能够“自给自足”，否则你就是在冒险。

马克利存在的问题之一就是他一味地把桥梁建设的原则应用到住宅开发项目中。在桥梁建设中，你能够预算成本，然后与政府签订一定数额的桥梁建设合同。要想取得收益，你需要做的就是按预算完成项目。而在房地产的开发中，情况却是完全不同。你可以预算建设成本，但却不能真正预期收益，因为你始终是受到市场支配的。市场上的变数很多，包括了单位价格是多少、销售时间多长以及资产维持费用等。所以说，之前你承诺支出越少，后来的风险就会越大。

事实上，马克利几乎花了三年的时间做徒劳的“赠予”业务。项目批准权在市政府手上，所以，马克利一而再再而三地让步。他同意提供 3000 万美元整修 72 号大街的地铁站，地铁站离项目工程很近。虽然整修只是把站台拓宽 4 英尺，但是耗资 3000 万，足以重建新的地铁站了。

接下来，马克利又承诺 500 万美元，运营布朗克斯南区的铁路平板车，取消了西区的铁路运营。接着他又承诺捐助 3000 万美元，在开发的范围内建设一座公园。后来，他决定那座公园的建设要穿越街道，与现存的城市网络相连。可以肯定，这项工程的成本能够达到上千万美元。

当联合爱迪生电力公司要求马克利承诺支付工地上公司烟囱重建的成本时，他却答应了。我觉得这种事真的荒唐可笑！在全国电力行业中，联合爱迪生电力公司已经达到了最高的电能利用率。当我见到马克利的时候，我问他为什么同意联合爱迪生电力公司提出的要求。我还问他，多年以来一直花费几十亿的资金购买联合爱迪生电力公司的电，这还不够吗？

“他们告诉我将会反对我的项目，”马克利解释道，“那么请问什么才是最重要的，一根烟囱能花多少钱？”

我突然理解了，马克利根本不屑于去计算。但是我计算了一下，建设一根高 500 英尺的通天烟囱，其成本几乎能建一座楼了。我告诉马克利说："这可能要花掉三四千万美元。"但是，他好像根本无动于衷。当他对所有人的要求"乐善好施"之后，马克利总计已经承诺了 1 亿美元的"免费项目"。更糟糕的是，他同意在建成任何项目之前，就先答应支付 1 亿美元。

同样糟糕的是马克利最终达成的区划协议。随着区划进程接近尾声，协商迫使上百英亩的地盘上，居住单元缩减到了 4300 户，这个居住密度比郊区的六层公寓区还要稀疏。具体来说，马克利决定在 68 号大街到 72 号大街这块最值钱的地段上，只建造 850 个居住单元。他承诺在项目的南部欠发达工业区，建设大部分的公寓，事实上，这里的住宅市场他根本没有全面地调查过。

曼哈顿上西区反对开发的势力与马克利展开了斗争，马克利变成了自己的敌人。

马克利犯的最后一个错误就是他从来没有为他的林肯县项目创造任何令人兴奋的事情。在他拥有这片"宝地"的四年中，没有任何媒体的报道。即使林肯县这个名字代表了全美最大、最有潜力的开发，但也无济于事，这只是在林肯中心西部的工程而已。

在纽约市，平均 150 户的豪华高层住宅销售周期为两年，并且是在采用积极市场营销的前提下。但是要在新开发的地段，销售上千套住宅，不仅需要独特的卖点，也需要大刀阔斧的销售策略。这两点马克利都不具备。他提议开发的林肯县项目，包括了 12 座砖墙建筑，无论是外观还是风格都跟 60 年代曼哈顿匆匆建成的公共社区没什么区别，平淡乏味、毫无生气。因此，三年里，马克利联系的几家银行，没有一家愿意贷款给他的项目，而银行从实际出发，则更倾向于贷款给纽约市其他的开发项目。

到 1983 年底，马克利个人的财务状况也雪上加霜。当然，马岛战争（Falklands War，福克兰群岛战争或福克兰海战，发生于 1982 年，是英国和阿根廷之间为争夺福克兰群岛的主权而爆发的一场战争——译者注）也使阿根廷的商业利益受到了沉重的打击。这个时候，计算一下建筑工人工资、环境影响评估研究支出以及资产维持的费用，马克利大概在林肯县的项目上已经投资了 1 亿美元。陷入困境后，马克利开始拖欠为了购买这块地皮而从大通曼哈顿银行欠下的的贷款债务。

1984 年春天，我接到了亚伯拉罕·赫希费尔德的电话，他告诉我马克利的处境很糟糕而且有意出售这片地。我马上去拜访了马克利，我们进行了一次长谈。他非常希望能够从林肯县的项目上大赚一笔，但是银行的不合作，大大阻碍了马克利的项目进程。毫无疑问，我们最终达成协议，到 11 月我们承诺以全现金的方式提供 1 亿美元，并且大通银行也同意为这笔交易提供资金支持。

我相信马克利同意将这块地卖给我的其中一个原因就是，我们达成的交易对他来说是帮了个大忙。1984 年初，我们见面后不久，便同意在临时协议的基础上，由马克利把项目卖给我。他并不确定是否最终想要卖掉那块地，但是他希望考虑签订意向书。对于房地产，特别是对纽约市的房地产来说，每个人必须知道的是任何时候都不要签订意向书。否则，在这一纸简单的、看似没有“约束”的意向书的官司里，纠缠几年也不一定能脱身。

马克利并没有意识到这一点，另外，我的律师杰瑞·施拉格起草了一份比一般约束力更强的意向书。

1984 年年中，我跟杰瑞在漂亮的雪莉·荷兰旅馆见证了意向书的签订，当然还有马克利、他的小儿子以及一位名叫克里斯蒂娜的美丽的翻译官。她身上散发着标准拉丁人的魅力，我们几乎被她迷住了。我永远不会忘记克里斯蒂娜在翻译到复杂的法律问题时对马克利的提醒：“您真的需要考虑聘请一位律师，帮您理解意向书中文件的含义，有些情况确实比较复杂。”

“不需要，真的，克里斯蒂娜，”他说，“只要我能够脱身，这些问题并不重要。”马克利拿起笔签了字。

结果是马克利仍然抱有幻想，能够继续完成他的项目。几个月之后，他打电话给我，问我是否可以撤回意向书。我委婉地拒绝了，但是他问我是否可以见一面，我答应了。

马克利解释说这个项目简直是在要他的命，但是他仍然不顾一切地想要做最后的努力,争取拿到贷款,使项目向前推进。我的怜悯之心油然而生，而且我很欣赏他的坦率。

我把意向书从文件夹里拿出来，当着马克利的面，撕成了两半。我对他说:“如果有一天你再次决定卖出这片地，我希望你能首先考虑我。同时，祝你好运！”

当我告诉施拉格的时候，他很不高兴，但是我坚信这次撕掉意向书一定会使马克利再回来找我，不管意向书是否对我们有约束力。

甚至在 1985 年 1 月我重新签署购回的合同之前，脑海中对楼盘的计划依然清晰。我打算建设的楼盘一定少于马克利之前的计划，而且楼盘全部沿着同一个街区延伸开来。视野是这块地最重要的卖点，而且我希望每一栋公寓都有开阔敞亮的视野，能够看到西面的哈得孙河以及东面的城市风景。我还打算建一些更高的建筑，能够充分利用视野优势;而且我相信楼越高就会越宏伟、越迷人。

我还构想在楼盘一层设计大型的零售购物商场，就沿着楼盘前那滨河地带。我觉得对于曼哈顿上西区来说最需要的就是基本的购物服务，如大型超市、鞋店、药店还有五金店等。高昂的租金把小商小贩赶出了百老汇、阿姆斯特丹大街、哥伦布大道一带，如今在哥伦布大道上找一双 100 美元的皮手套要比一条面包容易得多。这块低成本地皮的优势就是我可以向零售租户征收更加合理的租金。

当然，我得到什么样的区域类型，我的计划会随之变化而已。我没有必要进行复杂的成本分析，来确定工程可行的唯一方案是获准得到比马克利多得多的单元和可建筑面积。和马克利不同，我准备一直坚持，直到我认为的更经济有效的方案获得批准，甚至必要时进入另外的城市管理程序。

我的首要目标就是让自己的计划尽可能远离马克利的获准工程，任何与他的工程的联系都会影响我。

当马克利把那块地卖给我的时候，他与纽约市没有签署任何正式的合同，而且纽约市也没有给马克利发出任何最后的建设批文。因此，我不需要承担任何责任，兑现他的承诺。从全新的起跑线开始意味着我必须花费更多的时间和资金，但却别无选择。

我面临的第一个挑战就是要把项目建设得令人耳目一新、魅力四射，这样的话，纽约市政府才可能批准我的区划申请。关键是找到共同利益所在，当交易双方都能得其所得，一切就会变得畅通无阻。很幸运，买下那块地之后，一天早上我拿了一份报纸来读，结果答案找到了。报纸上报道，很长时间全国广播公司的总部在洛克菲勒中心，现在正在寻找新址。纽约顶尖的房地产经纪人爱德华·戈登向我确认了这一点。在所有的选择中，全国广播公司考虑搬到河对岸的新泽西州，这样的话，因为当地相对较低的税率和土地成本，搬迁确实能够节省不少的资金。

显然，对于任何城市来说，大公司的离开不是件好事，特别是像全国广播公司这样的大公司。负面的影响并不单纯是经济的因素，纽约市经济发展部门估计，如果全国广播公司搬走，纽约市的损失就是 4000 个工作岗位以及 5 亿美元的年收入。

心理失衡也同样严重。失掉一个制造业的公司是一回事，几乎无人问津，而失掉一个让纽约市成为全球媒体中心的大公司则是另外一回事。另外的两家广播电视网，美国广播公司和哥伦比亚广播公司几乎全部的业务都是在洛杉矶。全国广播公司仍然在纽约做《今日秀》、《全国广播公司晚间新闻》、《大卫深夜脱口秀》、《科斯比秀》、《周六晚间直播》等其他的节目。事实上，你不能用金钱来衡量一流的广播电视网以及它的节目给观众带来的快乐和刺激，这与你无法衡量帝国大厦和自由女神像对纽约市的深远意义一样。

在西城区这块地上，我能够为全国广播公司提供纽约其他开发商所无法提供的条件：足够大的空间，建造巨大的整整一层的演播室，风格接近好莱坞的外景场地。按照规定，全国广播公司在洛克菲勒中心的狭窄建筑面积为 120 万平方英尺。而在我的地盘上，我可以提供 200 万平方英尺的面积，以及供未来扩建的空间。另外，我还保留了足够大的空间，为以后的项目做准备。

除此之外，因为我的土地成本相对较低，所以我可以为全国广播公司开出比其他开发商更低的单价。但在那时，与新泽西的竞争也趋于白热化。所以，我需要向纽约市政府提出减税申请。而且我了解到出于经济利益等考虑，纽约市希望全国广播公司能留下。

我考虑得越多就越认同自己的想法。即使最后全国广播公司没搬到我的地段来，这仍然是建设影视演播室的绝佳选址，有没有全国广播公司演播室都是一个回报率高的不错选择。在我得到广播电视网的确认之前，我已经决定以演播室为主题打造我的项目。第一步的概念就是:电视城。

我的第二个挑战就是找到一种方法，立刻捕捉公众对项目的设想和期待。如果越多地创造为外界广泛认知的环境和热烈的氛围，就能越早地吸引买家，而很多开发商则倾向于先建设后宣传。

在我买下西区地段之前，我就考虑要建设世界第一高楼。我没有任何理由地痴迷于摩天大楼。我还记得，小时候恳求父亲带我们去看帝国大厦，在那时,帝国大厦是世界第一高楼。后来,在芝加哥建成的希尔斯大厦(Sears Tower)成了第一高楼。我热爱挑战，希望把世界第一高楼建设在纽约市，这也是纽约市应该有的。

从某种意义上说,这样的大楼确实“烧钱”。如果建高于50层的建筑,建设成本就会成倍增长。如果利益最大化是你的唯一动机，不如建造三座50层的建筑,而放弃150层的摩天大楼。另外,我认为我要建成的高楼,应该能够自负盈亏，因为它也是不错的旅游景点和观赏点。毕竟，我们可以看到，成千上万的旅游者来到帝国大厦就是为了一睹世界第一高楼的芳容。

我面临的第三个挑战就是找到一位像我一样热情的建筑师。最后我面试了两位建筑师，其中一位是理查德·迈耶，他的建筑风格是纽约市建筑的缩影。评论家很喜欢迈耶，而且他的人气很旺。但是我很快发现，迈耶并没有精力十足地、热情地投入进来，他更喜欢花时间仔细考虑和分析以及理论化。几周过去了，我等他带给我计划的比例模型，或者至少是一些初步的设计图样，可是，他什么都没做出来。

同时，我与海莫特·杨见了一次面。我欣赏他，原因跟欣赏理查德·迈耶完全不同。杨算是个外来户：生在德国，长在芝加哥，一点也没接触过纽约市的建筑。他个人有纨绔弟子的气质，但是个不错的推销员，他经常因为一些令人瞠目的事情而引起人们的注意。就项目而言，杨设计了芝加哥市中心的施乐中心（Xerox Center）以及伊利诺伊州高科技大厦。我跟他谈话的时候，他还有四个曼哈顿的建筑项目在进行中。

我特别喜欢海莫特，因为他同我一致认为摩天大楼很漂亮，他也特别喜欢壮观的景象。我跟他见面后不到三周，他就带着比例模型来到我的办公室，模型的制作包括了我想要的基本元素以及他的创意。1985 年夏，我聘请了杨作为项目的首席建筑师。

到秋天，我们反复推敲了多种可能的建筑方案。我们都觉得那块地面积太大，特色太明显，不知道什么样的创意才能使之融入周围的社区环境。事实上，我打算反其道而行之，把这个问题看作是建设一幢“特立独行”建筑的机会，外观和特点完全与其周围的建筑迥异。

11 月 8 日，我们举行了一场新闻发布会，对外宣布了我们的项目计划。好多年前，当马克利还在追求他的林肯县计划时，媒体早就开始遗忘他了。这次当地的和全国的 50 多位记者出席了我们的发布会，我大致介绍了项目计划的要点。我们打算给项目起名为“电视城”，并且希望能够吸引全国广播公司作为我们的主要承租人。我们打算建一座 1850 万平方英尺，综合商业、居住和零售的多功能大厦。项目将包括近 8000 套的居住单元、350 万平方英尺的电视电影演播室和办公室，170 万平方英尺的零售面积，8500 个停车位，接近 40 英亩的停车场和开放空间，含 13 个海滨散步长廊。在那块地的中心，我们打算建成世界第一高楼——1670 英尺高——比芝加哥的希尔斯大厦高出 200 英尺。

对我来说，这个计划的成功之处就在于它的简约和壮丽。除了世界第一高楼，我们还打算建成另外七座大厦——三座在北面，四座在南面。这些楼前面三层平台——包括了停车场和封闭式的购物区——成为了人行走廊。在水平方向上，比邻近的西侧高速公路还高。所以，我们的设计为人们提供了没有任何阻挡的视野，在那块地的任何一点，都能看到对面的哈得孙河。我们拥有足够大的停车空间。总之，我们提出的面积是马克利当时的1.5倍。即使这样，我们的整体密度还是比其他很多项目要低。

我发现大部分记者对于开发项目的细节并不感兴趣，相反，他们喜欢哗众取宠的视角。这样的话，其实正合我的口味。我准备了关于密度、交通和商住建筑混合的问题，但是记者们却喜欢谈论世界第一高楼的话题，我还给这个项目蒙上了一层神秘的面纱。当我晚上回家的时候，我打开了哥伦比亚广播公司晚间新闻，希望听到罗纳德·里根总统和米哈伊尔·戈尔巴乔夫的高层峰会。但是记者丹并没有在日内瓦报道这档节目，而是突然报道说："今天，在纽约市，开发商唐纳德·特朗普宣布了建设世界第一高楼的消息。"这完全证明了，我挖掘的"第一高楼"的符号是多么有影响力和号召力。

对于世界第一高楼的反应不可能都是积极的，这也正是我所期待的。事实上，这种争论可以帮助我们的项目始终成为新闻关注的焦点。批评家坚持认为这样的建筑是没有必要的，人们不希望居住得如此之高，而且我也不可能建成这样的建筑。《新闻周刊》对这个项目做了题为《唐纳德·特朗普的"鸿鹄之志"》的整页报道，《纽约时报》也对我们的计划发表了社论，社论提到："唯有时间能够验证什么是远大的梦想，什么是突然的幻想。判断唐纳德·特朗普的心愿是希望150层的摩天大楼，高高耸立在纽约市以及其他城市风景之上，这确实有点为时过早。"

对于世界第一高楼来说，我最欣赏的评论来自于专栏作家乔治·维尔。我喜欢维尔，其中的原因就是他从来不怕挑战时尚。"唐纳德·特朗普现在并不理性，"维尔写道，"但人又不是单靠理性活着的。特朗普相信无节制也可以是一种美德，他就像曼哈顿天际线下的美国人（指标准的美国人——译者注），这恰恰表达了共和党人无穷的力量。他说正是因为别人认为没必要，才坚定了他有必要建成的信心。他相信建筑师洋溢的热情是可以影响大家的，粗犷、热情和活力正是我们国家的品质。”

唯一遗憾的是在城市规划委员会中没有乔治·维尔的席位。

令我惊讶的是随着时间的流逝，对于世界第一高楼的反对声音似乎销声匿迹了。批评家开始关注那些争议相对较小的其他方面，这也恰恰是我所期望的。特别是《时代周刊》的评论家保罗·戈德伯格发表了关于通过改革反对“电视城”的文章。宣布我的计划一周后，戈德伯格写了很长的一篇题为《特朗普最近的计划就是一栋“空中楼阁”》的评论。除了他不喜欢高楼的事实之外，他主要指责我们的项目不能恰到好处地与周围环境相融合。

当然，那正好是我喜欢的一点。我深信，如果我建造了与周围环境相融合的建筑，那才是失败。10 年前，在重建康莫得（君悦大酒店）的时候，我仍然坚持同样的立场。中央火车站的附近正在败落，我认为唯一重获生机的机会就是建一座引人注目的、反射玻璃外墙的酒店，这样的话，酒店独树一帜，区别于老气陈旧的社区。虽然最终评论家们也向我们发起了攻势，但是酒店却取得了巨大的成功。读戈德伯格的文章，就像再次经历了康莫得酒店工程一样。

如果把我计划的高楼高度减半，让它们看起来像西区有名的战前建筑一样，我确定保罗·戈德伯格和其他的评论家就能够给出更好的评论。问题是如果这样，我的建筑项目将不再宏伟壮观，并且很难销售了。那些评论员既没有设计过也没有实践过任何建筑，却被全权委托在主要出版物上表达他们的观点，并且对于他们的批评指责我没有任何回应的空间，这真把我激怒了。**当然，我也可以激怒任何我想要激怒的人，但这没什么意义。**只要评论员为如《纽约时报》这类的报纸写文章，他们的观点就很有分量，不管你喜不喜欢。

到 1986 年的春天，我们的项目因为纽约市的城市规划而一度停滞不前，多数的解释是爱德·科赫市政府几乎濒临瘫痪。

科赫做了一些相当不可思议的事情。他主持的政府是公认的腐败无能的政府，芝加哥市的前任市长理查德·戴利能在腐败中生存，原因是他至少能够有效地管理城市。而科赫政府却面临极大的挑战:无家可归的问题不断升级，城市的多数地区仍然没有有线电视的接入，高速公路年久失修，地铁建设尚未完工，大批公司迁往其他城市，城市公共服务水平不断恶化。

同时，科赫的同事以及手下的一帮人开始陷入受贿、伪证、拿回扣的起诉，并因为承认了犯罪事实而被迫蒙羞辞职。犯罪的指控包括了纽约市出租车管理局前局长杰·图鲁夫，医院院长约翰·麦克劳克林以及前交通部部长安东尼·阿莫鲁索。维克多·伯尼克是与科赫市长关系最好的私人顾问，被指提供虚假教育背景、借公务职权之便到各地旅行，因此辞职。文化事务局局长，也是科赫的好朋友贝斯·迈尔森因被指为法官女儿提供职位，影响判案的公正性并多次否认与自己有关而引咎辞职，后来发现科赫并没有迈尔森权力行使不当的证据。

很有讽刺意味的是科赫通过大力鼓吹自己的正直和清廉，提升自己的地位。一般情况下，如果他的下属被证明贪污受贿，那最后他也应当负起责任，而这种事就不会发生在科赫市长这里。相反，如果一旦听到任何关于朋友有难的风声，科赫立刻调转风向，比谁都跑得快。例如，当他的好友皇后区主席唐纳德·摩尼在接受调查、想要自杀的时候，科赫却掉头称他是“恶棍”,即使当时摩尼还没有被定罪。那时摩尼正在医院恢复,几周之后，他还是自杀了。

科赫的下属都争取避免犯罪的指控，但是他们最大的丑闻就是行政无作为。有的确实缺乏才能，有的则总结为保住职位的“上策”就是不做任何决策，至少他们不会被指控触犯法律。问题就是当一个大城市的政府部门停止决策了，官僚政治就会陷入僵局。欺诈是不能被容忍的，但行政的无能和无作为更是百害而无一利。

无论如何，市政府在给我制造障碍，迫使我做出改变，在我看来这就是一种经济上的敲诈。只要我反对他们的想法，他们就会暂缓批示的进程，我的成本就大大提高。

特别是城市规划委员会想要我提供更多条通往滨水区的道路，增加东西方向的街道，实现项目与城市道路网的联系，把世界第一高楼向南移动，远离现在的住宅社区。我不同意他们的建议，但是我一直认为区划的问题就是协商的问题。经过努力地推进，最后我变得更现实了。如果我做出一些让步，工程能向前发展，而且保证工程的经济可行性没有遭到破坏的话，我准备做出一些改变。

3月份，我决定把世界第一高楼向南移到63号大街，这时候城市规划委员会的官员立刻变得热情饱满。几乎同时，《纽约时报》为公众做了一份关于此地段环境影响的调查报告，我认为其中的某些结论最终推动了我们的工程进程。我一直相信对于城市密度的担心都是没有根据的，事实上，曼哈顿西区是人口相对稀少的地区。根据人口普查的数据，本地区人口从1960年的24.5万下降到1980年的20.4万，在1980年到1984年之间，只有3100栋新公寓建成。

这项研究报告还指出了工程建成之后的益处。例如报告预测，西区将每年从新住户的商机中获得5亿美元经济效益，而且工程建设将带来成千上万的工作岗位。在我看来，比起创造福利项目，提供工作机会是解决失业问题更为有效的方式。最后，研究发现，通过改善地铁和公交服务，交通拥堵问题——也是评论员关注的问题之一——将得到极大的缓解。

尽管最后移动了世界第一高楼的位置，但我开始认为我必须更换建筑师。海莫特是纽约市的“局外人”，我承认我喜欢这一点，但是我认为他伤害了纽约城市规划委员会的感情。委员会所有的人几乎都与海莫特气场不合。我想这已经很明确了，我必须采取行动了。如果工程要继续向前推进，必须要有合作精神。虽然很勉强，但我决定换掉建筑师。

很多人惊讶于我选择了亚历山大·库珀。与理查德·迈耶差不多，库珀的风格与杨的风格是对立的。很传奇的是库珀热心于公益事业，而且作为城市规划师而著名，曾在城市规划委员会效力五年，协助撰写了此项目规划过程的规定。那时，与自己的合作伙伴斯坦顿·艾科斯塔特一起，库珀只是在曼哈顿南部的炮台公园完成了项目的总体规划。评论员喜欢这座建筑，并把它称为启发城市建筑的经典范例。

我自己本人并不是炮台公园的“粉丝”。原因譬如，当公园的建筑落成在滨水区之后,很多公寓都朝向其他的建筑,丢掉了美丽的“水景”。另外,我觉得很多建筑都出现了雷同。然而,库珀对于总体规划的贡献我非常赞同,他把道路、停车场以及其他设施的布局完美地融合到了我们的地盘上。

我在 1985 年 10 月第一次面试了库珀，恰巧在海莫特·杨的规划与公众见面之前。那时已经有迹象说明我们设计的开发空间存在问题，因此我有兴趣邀请库珀与杨一起为规划努力。合作对双方来说根本没什么兴趣，所以两位建筑师的合作就先抛之脑后了。

1986 年 5 月我再次给库珀打电话，希望他能独自承担“电视城”的任务，我认为他是推动工程向前发展的最好人选。虽然过去我们“道不同”,但对他来说,没有哪个聪明且野心勃勃的建筑师会放弃这个机会。“电视城”几乎是最好、最有挑战性的设计项目，我相信，库珀会渐渐适应大型的、大胆的建筑，而放弃小型的、温柔的设计，这只是时间问题。值得高兴和赞扬的是库珀欣然接受了这次机会。“我的天啊！”过后他向记者说,“长 1.2 公里，沿哈得孙河的楼面阔度，轻松走下来可不容易。”

虽然我跟库珀在各方面存在差异，但是我很快发现他具有追求完美的本性,因此我们能够相处得很融洽,虽然一般人认为我们可能“水火不容”。亚历山大·库珀增加了街道和人行道，实现了建筑项目与滨水区的直接相连，他设计的停车场使外围的人们能够很容易地到达这里。我们一致同意缩小建筑物大小，增加建筑物数量。在更高的楼层前面，库珀决定运用联排别墅(Townhouses,是由几幢低于三层的单户别墅并联组成的联排式住宅,是公寓和别墅的中间形态——译者注）调整建筑规模。

我认为有必要减少整体的平方数保证工程的经济可行性，但是库珀却没有大规模减少平方数。结果他的改变卓有成效，很快城市规划委员会对我们的规划开始有正面的反馈了。当我们在 1986 年 10 月 23 日正式公布我们的计划时，即使当初最严厉的评论员也表现得异常热情。当地的社区委员会的主席约翰·科瓦尔，虽然仍旧反对摩天大楼，但是他夸赞库珀的新设计是“特朗普愿望的最杰出答案”，“是一个更完善的计划”。

刚开始，库珀对项目规模的设计持怀疑的态度，当他投入到设计中的时候，他的热情就“一发而不可收拾”了。1987 年 4 月，他告诉《纽约时报》：“我希望这项工程能够给自己正名。现在纽约市反对开发的呼声很强烈。我们建设‘电视城’的目的也是不同的。哈得孙河旁边留有空地，我们提供的基础设施——停车场、海滨长廊等等也证明这么大的项目是无可非议的。世界第一高楼需要特别的条件，如果说有任何一个地方可以体现世界第一高楼的价值的话，那非此莫属！”

连我都尚且不能表达得这么到位。

对于吸引全国广播公司搬到我们的地盘上，我感觉美国通用电气公司 1986 年收购美国无线电公司（全国广播公司的拥有者）进一步促成了双方合作的可能。我认识通用电气公司的主席杰克·韦尔奇，他给我的印象是一个有才气的思考者，他立刻看准了全国广播公司选址在“电视城”的优势。韦尔奇“点将”通用公司高层主管鲍勃·赖特出任全国广播公司的首席执行官，他给我的感觉跟韦尔奇差不多。他们都是出色的人物，即使他们没有选择我的地盘。

通用公司调整之后，全国广播公司开始积极地考虑选址的问题，其中包括了纽约市的四家以及新泽西州的一家。1987 年 1 月，全国广播公司宣布除了继续留在洛克菲勒中心的可能，他们缩小了选址范围：我们和新泽西州斯考克斯市哈氏公司（Hartz Mountain Industrial）所有的浅海地带，从竞争中淘汰的是纽约市的另外三家。

结果让事情变得很简单：全国广播公司要么搬到我们的地盘上，要么搬到新泽西州。纽约市已经声明愿意为全国广播公司提供税项特许，大部分是以减免财产税的形式吸引广播电视网继续留在纽约市，现在的问题就是纽约市是否会开出比新泽西州更有竞争力的优惠政策。

不可思议的是纽约市满足于“静坐观望”，并不采取任何行动。我觉得不可思议是因为在1987年上半年，世界上最大的公司之一美孚石油（Mobil Oil）公司宣布将要离开纽约市迁往弗吉尼亚州。时间不长，老牌零售商彭尼公司（J. C. Penney）的高管也陆续要离开纽约市，并且带走几千个就业岗位。你可能会想，纽约市已经面临三个大公司离开的威胁，应该马上采取行动了。但是，我们无法理解爱德·科赫的想法。

1987年2月末，《每日新闻》发表的社论恰到好处地抓住了进退两难的关键。社论中还提到，对纽约市来说，损失了全国广播公司将会是“一个沉重的打击——就业岗位、收入和城市声望的巨大损失”，社论还强调了我们那块地的重要性，“‘电视城’还有很多不确定因素，工程必须走审批程序，政府的迟钝和政治上的懦弱都可能让工程中途流产。”“让纽约市政府闭着眼接受特朗普的计划不是件容易的事情。虽然点头与摇头的决策能体现效率和速度。纽约市政策的目标一定是让全国广播公司留下来，可能的最坏结果就是失掉全国广播公司。”

在我看来，这恰恰可能发生。1987年5月我前往纽约市政府提出了为项目减税的议案，如果批准减税，我就能提供比新泽西州更有竞争力的交易。纽约市经济发展委员会主席阿莱尔·汤森却说，如果没有减税政策，全国广播公司前往新泽西的话，单单这一项就能在20年的时间里节省20亿美元。

我提出一个方案就是我自己来建全国广播公司的总部，成本在3亿到4亿美元之间。我还将在30年里通过征收每平方英尺15美元的租金来补贴全国广播公司，这个租金比平均租金的一半还低，最后我还同意在未来40年里将“电视城”所有利润的25%上交给市政府。作为回报，我将获得整块地20年减税，但即使这样，也只有我将工程完成才能开始获利，最好的情况下，也得好几年后。不仅如此，我还得自掏腰包来补贴全国广播公司，一年最少需要3000万美元。

没有想到的是，我的团队几乎所有人都反对我的方案。罗伯特、哈维·弗里曼，还有诺曼·莱文都觉得在确定我们获利之前许诺支付全国广播公司一年 3000 万美元作为补贴过于冒险了，而我觉得这个冒险值得一试。减税可以让我们的住宅公寓更有市场竞争力，另外，全国广播公司还可以给这片区域带来知名度和吸引力。对市政府而言，他们没有任何损失，他们既不需要拿出任何钱来留住全国广播公司，又可以从我们的最终获利中大比例提成，以此弥补减少的税收。

在我们与市政府第一次正式协商中，我提出了自己的提议。爱德·科赫没有参加，但是他下属的官员好像基本接受了计划的大概框架。但是，经过三周多的密切协商后，5 月 25 日，爱德·科赫完全搁置了这笔交易。我坚信他做出这个决定不是因为对错，而是他根本不愿意跟我做任何交易，不管这对纽约市多么有利。

第二天，我给科赫写了一封推迟了一年多的信，信里说："爱德，您对全国广播公司是否留在纽约置之不理，实在令人难以置信，而且，我预料您的态度将使全国广播公司以及其他许多大公司搬往新泽西。"我又阐述了留下这些广播电视网的好处。信的结尾说，我真的不想无动于衷地看着新泽西和其他州把这些"命根子"从纽约市挖走。

科赫像我预想的那样回复了我。他没有针对我的细节问题进行答复，而是试图将这件事变成一种个人意愿，在爱德·科赫眼里，"贪婪的"的开发商特朗普就是他的死对头。几个月里，他都在寻找报复我的方法，因为我如此快速高效地建成沃尔曼溜冰场让他难堪，他显然将西区当作是理想的目标对象。

当《纽约时报》反对我的方案时，我一点都不觉得奇怪，那篇社论的作者是科赫的长期盟友赫伯·斯特茨。直到几周前加入《纽约时报》报社，斯特茨一直是城市规划委员会的主席，全权负责"电视城"的项目。在我看来，让赫伯·斯特茨写纽约的社论就好像是允许卡斯帕·温伯格（美国前国防部部长——译者注）撰写里根军事政策的社论一样。

不管怎样，我从《每日新闻》得到了强有力的舆论支持。"市长说政府能给全国广播公司提供多少优惠是有限的，这没错，"文中提到，"但这绝不应该是没有任何行动的理由。科赫应该把全国广播公司、洛克菲勒中心和特朗普公司的决策者召集到一起，然后提出强有力的执行计划，如果成功的条件成熟了，真是谢天谢地。”

然而，科赫给全国广播公司提供了并不完整的、打了折扣的减税提议，其中科赫还说他们可以将减税这一项用到所有在曼哈顿的选址。科赫甚至表示可以无偿地提供选择其他新址的建议。免费的建议当然没有什么实际的意义。还没等科赫的建议提出来，全国广播公司的发言人就回应道，广播电视网对其他新址不感兴趣。同时，新泽西的哈氏公司的高管们并没有坐以待毙。看到时机成熟,哈氏公司要求全国广播公司做出决定。6 月 1 日，哈氏公司宣布“30 天之后，全国广播公司就会接受我们提供的条款，而纽约市则不愿再参与竞争。”

有人告诉我，由于把爱德·科赫纠缠到了媒体的风口浪尖，因为我失去了获得区划批准的机会。他们也许是对的，但我认为仍有更严峻的问题摆在我们面前。我彻底相信了爱德·科赫对纽约市的无作为和消极作用，而且确实应该有人站出来向公众说明这一点。《每日新闻》就此开展了一项民意测验，目的在于了解公众是否支持科赫在全国广播公司搬迁一事中的立场，结果挺让人满意的，大约 10000 名读者支持我，只有 1800 名读者支持科赫。

对于在西区建设高楼，我已经等了很久，并且我能够继续等下去，直到得到满意的区划批文。最后，无论全国广播公司是否迁入“电视城”，本届政府是否连任，我都会义无反顾地建成“电视城”。

我会继续保持其他选择的开放性，因为我讲过这是唯一能够保全自己的方法。如果住宅房地产市场仍旧坚挺，无疑我的大型河景公寓会有不错的表现。如果市场真的不景气——其实在纽约这样的城市不景气也是暂时的——我会考虑只建设购物中心，相信收益也会不菲。

我的“电视城”将会生逢其时！我很幸运我可以等得起，欲速则不达嘛。我坚定决心要一直在纽约市继续我的地产生意，即使之后爱德·科赫搬出了格雷西大厦的纽约市长官邸。

14

充实的一周

达成交易

The Week That Was: How the Deals Came Out

开始决定做什么我就会勇往直前。但到最后，我们总是以结果论英雄，而不问过程中的付出。下面是我摘选的一周交易情况的梳理。

假日酒店

卖掉假日酒店的股票，我赚了一笔，但是并没有像报道中说的有 3500 万美元。几周后，我买入了另外一家博彩娱乐公司——巴利制造业公司的股票。时间不长，我已经积累了 9.9% 的股份。巴利公司采取“毒丸计划”回应我，挫败任何“邪恶”的收购行为。当巴利公司起诉我，以阻止我继续购买公司股票时，我进行了反诉。

诉讼开始两天后，巴利公司宣布以大西洋城赌场有史以来的最高价收购金砖赌场，包括债券成本在内共计 5 亿美元，这再次表明巴利公司的矛头指向了我。在大西洋城，法律上不允许一家公司同时拥有三家赌场，如果在巴利公司收购金砖赌场之后，我再收购巴利的赌场的话，我就拥有四家赌场了。

事实上，他们把我置于了一种双赢的处境。如此高价收购金砖赌场，巴利公司只能通过增加大西洋城赌场的价值来补偿，其中我的两家赌场也随之升值。

最后，巴利公司向我提出了一个解决方案，我没有拒绝。我同意不阻碍他们购买金砖赌场的交易，作为回报，巴利公司同意以高于我买入价的价格购回 9.9% 的股份，我最后赚了 2000 万美元。

1987 年 3 月，我第三次尝试收购另外一家赌场国际度假中心（Resorts International），但这次是基于友好的初衷。度假中心的创建者詹姆斯·克罗斯比刚去世，看中度假中心的几家公司竞相投标，却都没有得到詹姆斯的认可。同时，我跟度假中心的几位高管发展了不错的关系。1987 年 4 月，我与度假中心达成协议，以每股 135 美元的价格投标，买下了公司 93% 的股份。

紧接着其他的竞标者都开出了更高的价格，可是度假中心却偏偏中意我们的协议。除此之外，他们相信我是最讲信誉的投标人，能够完成詹姆斯·克罗斯比最“宠爱”的工程，即大西洋城滨海大道的泰姬陵。当时计划设计成为世界上最大、最豪华的赌场酒店，泰姬陵已经超预算地花了几百万美元，在克罗斯比辞世的时候，工程仍旧没有竣工。

我希望泰姬陵能在 1988 年 10 月开始营业。为了实现高效的运作，可能需要关闭度假中心临近泰姬陵的赌场，用来服务支持泰姬陵项目。当然，我也可以以合适的价格卖给其他的赌场。谁知道呢？可能巴利公司和假日酒店会感兴趣。

安娜贝尔·希尔基金

我们实现了为安娜贝尔·希尔基金筹集 10 万美元的目标，并用这些钱偿还希尔的抵押贷款，赎回她的农场。为了庆祝，我们把希尔和她的女儿邀请到了纽约，在特朗普大厦的中庭举办第一个，可能也是最后一个赎回抵押的庆祝仪式。

美国橄榄球联盟

美国橄榄球联盟球队的负责人集体赞成提出上诉，虽然陪审团支持我们针对国家橄榄球大联盟提出的反垄断证据，但在这场官司中，美国橄榄球联盟只得到了 1 美元的赔偿。我认为我们上诉的群众基础一定比之前要更强大。

沃尔曼溜冰场

溜冰场工程在预算内，总共花费 75 万美元，1986 年 11 月开放，整整提前了一个月，第一年就有 50 多万的溜冰者享受美丽的沃尔曼溜冰场。在溜冰场对外开放之前，市政府曾预测溜冰场的运营会出现大的损失。但是第一季之后，我们就赚了 50 万美元，而且全部捐给了慈善事业。

棕榈海滩大厦

李·艾柯卡作为我的合伙人一起购买了棕榈海滩的两栋公寓楼，总共投资了 400 万美元。当我们接管这个项目的时候，只有少数单元出售。很短的时间内，在当时供过于求的市场条件下，我们卖出或是出租了接近 50 个单元，并且努力把濒临破产的经营搞上去。来年还打算在大厦的一层开一家大型餐馆,竞标餐馆项目的有 21 岁俱乐部的老板以及哈里酒吧(Harry's Bar) 的老板哈里·奇普利亚尼。

澳大利亚赌场

虽然我们在竞标世界第二大赌场（第一大赌场是大西洋城的泰姬陵）中是最后的赢家之一，但最终我还是决定三思而后行。从纽约飞 24 个小时到澳大利亚做这笔生意的想法最后落空——尤其是我的“后院”还有一堆的事情要处理。就在新南威尔士官方发布我前往澳大利亚的消息之前，我宣布退出了竞标。

比弗利山酒店

比弗利山酒店最终卖给了出价最高的投标人，石油大亨马文·戴维斯，他开的价远远超出我愿意承担的价格。资产审查之后，我依旧开价很低。当然，如果戴维斯选择卖掉酒店，我保证他能大赚一笔。

马文·戴维斯接着成为了国际度假中心的竞标人。在我成功取得度假中心项目之后，他不仅开出了更高的价格，还怂恿莫非和克罗斯比跟我毁约。他们拒绝了，法庭也批准了我的交易，之后新泽西赌场管理委员会以5比0的结果，批准了我的项目。

差不多同时，在加利福尼亚阿德尔森和芭芭拉·沃尔特斯举办的盛大聚会上，媒体记者问我马文·戴维斯投标度假中心的事情。我开玩笑似地说，戴维斯体重严重超标，他应该关注如何减肥，而不是浪费时间来破坏我的度假中心交易。后来我听说，戴维斯被我的话激怒了，但是我一点都没感觉我说错了什么，我不会违心地对自己的敌人“笑脸相迎”。

停车场

1986年10月，新的停车场刚开始建设几个月。一天早上，我正准备给纽约的一帮商人做报告，就接到了一个紧急电话，是我的施工经理汤姆·皮派特打来的。大型起重机的操作员，将起重机的悬臂伸出过长，导致起重机和22吨重的悬臂一起坠落在停车场上。皮派特告诉我停车场的大部分设施遭到破坏。“工人们怎么样？”我问，“有人受伤吗？”

他告诉我有至少 100 多名工人在工地施工，伤亡人数还在统计中。我让他有什么情况随时通知我，然后就去作报告了。当我演讲的时候，我尽量把事故抛在脑后。演讲结束后，当我走出报告厅时，我收到了汤姆的短信。我马上打电话过去。“特朗普先生，你可能都不相信”，他说，“我们所有工人都清点了，没有人员伤亡。”

如果有一人出事，那就麻烦大了。在这个事件中，运气太神奇了，工人们那天恰巧在事发现场的另一边施工，真是好运气救了他们。

这次事故中，我们的感受是一切都是那么的脆弱，那些工人和我都是如此幸运。

工程结束了，没再发生其他的事故。1987 年 5 月，我们在停车场新开辟了 1200 个车位，并且有通道与海滨大道的特朗普大厦相连。接下来的一周，我们老虎机的收入翻了一番，这很大程度上可以归功于我们提供了便利的步行交通。到 7 月，沿着公交车站和轿车的停车点，我们开放了全部停车位，增加到了 2700 个，而且按时按预算完成了项目。

拉斯维加斯

我收回了在拉斯维加斯对赌场执照的申请。在度假中心和大西洋城的另外两个赌场项目上，我还有很多博彩生意要做。现在我的重点是在大西洋城，但是我也不会放弃未来可能在内华达州拓展业务的念头。

特朗普牌汽车

我决定生产以我的名字命名的凯迪拉克轿车。特朗普金色系列轿车是空间最大的豪华轿车，而特朗普商务系列是同一款，但是不那么奢华的车型。两款车都还没有上线生产，凯迪拉克汽车分公司就送给我一辆华美的金色艾伦特（Allante）敞篷跑车作为礼物。可能他们觉得我需要更多的玩具，让我保持忙碌状态。

与德雷克塞尔的交易

我决定放弃德崇证券向我提供的一笔酒店收购生意，而且我也会继续保持与阿兰·格林伯格和贝尔斯登的投行业务。对德雷克塞尔来说，这是一个艰难的时刻。

特朗普城堡

我说过你别跟伊万娜打赌，例如，她证明我的选择是对的，比我想象的还快。当 1987 年前三个月的数字公布时，特朗普城堡是大西洋城 12 个赌场中收入增长最快的，并且是该市最赚钱的酒店。这三个月里，特朗普城堡总计收入 7680 万美元，同比增长了 19%。城堡业绩表现不凡，其他的赌场被远远甩在后面，因此伊万娜也非常高兴。

海湖庄园豪华公寓

游泳池和网球场已经建好了，如我所愿，非常的漂亮。尽管我对享乐不感兴趣，但是我却情不自禁地喜爱这套公寓，它确实能给我带来天堂般的感觉。

莫斯科酒店

1987 年 1 月，我收到一封来自前苏联驻美大使杜比宁的来信，信里开头说，我十分荣幸转达从莫斯科传来的好消息。信里继续说前苏联国际旅游总署官员对于联合投资在莫斯科建造和运营一家酒店很感兴趣。7 月 4 日，我跟伊万娜、她的助手丽莎·卡兰德拉和诺玛一同飞往莫斯科。那是一次特殊的经历。我们去了6个可能适合建酒店的地方，有几个在红场附近。我们住在民族酒店的列宁套间，前苏联官员与我达成这笔交易的信念给我留下了深刻的印象。

特朗普基金

我反对用募集到的外界投资者的钱设立一个单独的基金，来购买二手廉价的地产。我不介意自己冒险，但是一想到要为其他人的钱负责，特别是这些人一定有我的朋友，最终也就没有兴趣了。**因为同样的理由，我也从来不会试着将我的公司上市。当你只需要对自己负责的时候，做决定往往容易得多。**

我的公寓

我公寓的翻新最终在1987年的秋天完成。我花得起时间，也乐意那样做，这世界上或许没有像它一般的公寓了。

私人飞机

最后我还是瞅准了一架飞机。1987年春天，我正好读到了《商业周刊》的一篇文章，这篇文章提到一家在得克萨斯州名叫钻石三叶草（Diamond Shamrock）的公司，公司经营不善，陷入困境。文章还描述了三叶草公司高管如何地享受职位附带的特殊待遇，事实上他们的生活如皇帝般奢侈。其中的一个例子就是，高管们可以随时乘坐一架装备奢华的727飞机，飞往各地。

我意识到这是一个机会。星期一早上，我给《商业周刊》封面上出现的钻石三叶草公司的高管打了个电话。结果这位高管已经离职，新上任的主席查尔斯·布拉克伯恩（Charles Blackburn）刚刚接受任命。我马上拨通了他的电话，我们聊了几分钟并希望他工作顺利。然后我提到我读到了公司的 727 飞机，如果公司有兴趣出售的话，我会考虑买下来。很肯定的是，布拉克伯恩说就像大家对 727 飞机的喜爱程度一样，卖掉它是他议事日程上的第一要事。他甚至提出把飞机开到纽约市，让我亲自看一下。

第二天，我去了机场，就是为了看一眼 727 飞机。我很满意。这架飞机可容纳 200 名乘客，重新改动了 15 处，其中包括豪华的卧室、带浴缸的卫生间以及一个单独的工作区。这比我期待的还要周到，我发现当一个不错的机会摆在自己面前的时候，确实比较难以放弃这笔交易。

一架全新的 727 飞机售价接近 3000 万美元。一架 G-4 飞机，大小是 727 飞机的 1/4，售价为 1800 万美元。然而，我知道钻石三叶草公司急于出售 727 飞机，而且市场上也几乎没有买家。

我开价 500 万美元，显然，这个价格出奇得低。他们提出了 1000 万美元的价格。在这种情况下，我确定已经基本达成了一笔不错的交易，不论最后协商的结果如何。接着，我继续砍价，最后我们达成了 800 万美元的价格。我相信天上没有哪一架私人飞机能与 727 飞机相媲美。

下一步棋

很幸运，我不知道下一步棋如何走，因为如果我知道的话，事情就没那么有意思了。

我知道的是，没有什么是一成不变的。

我用工作生活前 20 年的时间树立、积累和成就一些不可能完成的事情，我料想未来 20 年最大的挑战就是找到有创意的方式来将我的所得回馈给这个社会。

我并不是单单指钱，钱只是一部分。当你富有的时候，慷慨大方并不困难，任何人都可以做到，但我最崇拜的是那种不惜舍己为人的人。我从来都不对人们为什么付出感兴趣，因为人们的动机不见得表里如一，而且也不会纯粹的利他主义。对我来说，重要的是去做这件事，而且花时间去做比花钱更有意义。

在我的生命中，我发现自己擅长两点:克服困难和鼓励优秀的人尽力做到最好。直到现在，对我而言，面临的挑战仍是如何将这些技巧应用在其他方面，延续过去的成功。

不要误会，我还计划着继续做生意，做大的生意，一直做下去。

致谢

我要特别感谢促成本书完稿的朋友们，虽然他们仍肩负其他的工作。我的美丽妻子伊万娜·特朗普以及我的三个孩子，他们很理解我几个周末都在为此书努力，而没有给他们太多照顾。最初斯·纽豪斯找到我，虽然我有点勉强，但他还是鼓励我出书。霍华德·卡明斯基、彼得·奥斯诺斯以及其他很多兰登书屋的编辑都热情地支持做这样一本书。

托尼·施瓦茨，作为本书的第二作者，希望感谢为此书贡献大量时间的人们，特别是罗伯特·特朗普、德尔·斯卡特、尼克·瑞比斯、布兰奇·斯普瑞格、诺曼·莱文、哈维·弗里曼、托尼·格利德曼、阿尔·格拉斯哥、约翰·巴利以及丹·库珀。在排版、影印、文字编辑、调研和内容查证方面，感谢露丝·穆勒、盖尔·奥尔森、阿迪娜·温斯坦、黛博拉·伊美古特以及南希·帕尔玛所做的努力。如果没有亲爱的诺玛为我跑前跑后，我很难抽出时间关照这本书。我的代理人凯西·罗宾斯除了本职工作很出色外，还扮演着其他的角色：编辑、拉拉队、知己等。爱德·科斯纳是《纽约时报》知名的编辑，他经常提供好的点子、启发和智慧的建议。我的孩子凯特和艾米丽给我带来了无限的欢乐、挑战和灵感。而我的妻子伊万娜是最支持我的人，她是我的第一位编辑、最好的朋友，并且10年后，她依然会是我一生的挚爱。